江西历史文化研究工程丛书

本书系江西历史文化研究工程省社科基金

专项研究课题"明代青花瓷艺术风尚演变研究"（22ZXLS02）的最终成果

明代青花瓷
艺术风尚演变研究

王清丽——著

江西人民出版社
Jiangxi People's Publishing House
全国百佳出版社

图书在版编目（CIP）数据

明代青花瓷艺术风尚演变研究 / 王清丽著 .-- 南昌 ：
江西人民出版社，2024.9. -- ISBN 978-7-210-15652-9

Ⅰ. K876.34

中国国家版本馆 CIP 数据核字第 2024MC8004 号

明代青花瓷艺术风尚演变研究

王清丽　著

MINGDAI QINGHUACI YISHU FENGSHANG YANBIAN YANJIU

策 划 编 辑 : 王一木
责 任 编 辑 : 饶　芬
封 面 设 计 : 游　珑

 出版发行

地　　　　址 : 江西省南昌市三经路 47 号附 1 号（邮编：330006）
网　　　　址 : www.jxpph.com
电 子 信 箱 : jxpph@tom.com
编辑部电话 : 0791-86898683
发行部电话 : 0791-86898815
承 　印　 厂 : 南昌市红星印刷有限公司
经　　　　销 : 各地新华书店

开　　　　本 : 787 毫米 × 1092 毫米　1/16
印　　　　张 : 19
字　　　　数 : 282 千字
版　　　　次 : 2024 年 9 月第 1 版
印　　　　次 : 2024 年 9 月第 1 次印刷
书　　　　号 : ISBN 978-7-210-15652-9
定　　　　价 : 128.00 元
赣版权登字 -01-2024-399

序言一

青花瓷是指用含氧化钴的钴矿为原料，在陶瓷坯体上描绘纹饰，然后施透明釉，经高温还原焰一次烧成的釉下彩瓷器。青花瓷起源于唐宋时期，在明代永宣时期达到巅峰，它是中国古代陶瓷中较为著名的艺术品类之一，其精巧素雅的青花纹饰，丰富多样的陶瓷造型，蕴藏着中华民族博大精深的历史文化。清代《陶歌》中这样称赞青花瓷："白釉青花一火成，花从釉里透分明。可参造化先天妙，无极由来太极生。"

本书以青花瓷的艺术风尚演变为切入点，从历史文化、皇权思想的角度分析明代青花瓷发展由兴盛走向衰弱的社会原因；依据青花瓷艺术风尚影响下的文思之变、器技之变、纹饰之变总结艺术风尚对明代御器厂乃至整个社会发展的影响；梳理出明代景德镇青花瓷从发展、鼎盛、停滞到衰落这么一个不断演化的过程，再现了青花瓷由皇家宫廷器物到民间大众生活用瓷的时代转变，阐述了青花瓷生产和发展与明代社会经济存在的千丝万缕的联系。为了对明代每个时期的青花瓷典型器物进行解读分析，作者查阅了上千条文献史料，在深入了解青花瓷艺术风尚演变中的文思、器技、纹饰等变化特征的基础上，挖掘青花瓷器物文化中所呈现的艺术风尚观和精神价值内涵，从而揭示明代重要历史时期青花瓷艺术风尚演变的存在、表现及流行意义。

青花瓷的发展演变在不同朝代变迁中所体现出的流行风尚也有所不同，它与时代的发展、御用器物的流行、民族审美的发展同步。青花瓷对中国古代陶瓷艺术的发展起到了积极的指引作用。明代青花瓷的兴衰与大明王朝的国运息息相关，应该给予足够的肯定，引起高度的重视。

就青花瓷目前的研究现状而言，每个时期人们所关注的焦点大多围绕青花瓷的艺术形式、文化载体、工艺技术以及材料特性等，容易忽略青花瓷本身所传承下来的陶瓷技艺以及陶瓷背后所蕴含的社会习俗、文化内涵与时代精神。事实上，明代景德镇的青花瓷在当时代表了陶瓷手工业生产的最高水平，虽然是皇权制度下最神圣的价值体现，但也体现了景德镇陶瓷工匠在传承青花瓷技艺基础上的创新，提高了青花瓷的整体审美趣味，是社会进步的有力表现。本书重点对艺术风尚引领下的器型纹饰变化、审美思潮、时代画风、社会需求等进行深入分析，指出青花瓷器型纹饰的变化与时代画风的流行是艺术风尚发展的最直接体现，也是青花瓷继承与创新的重要审美价值所在。其影响与价值带有明显的历史继承性、社会认同性和文化引领性，是中华民族的整体文化符号，这个文化符号从精神层面和物质层面构成了本书从形式到内容、从技术到艺术的研究脉络。

明代青花瓷艺术风尚研究是王清丽在 2015 年至 2021 年在武汉理工大学攻读博士学位时选择的研究方向，她硕士就读于广州美术学院中国画专业，毕业后在景德镇陶瓷大学从教十余载，从事陶瓷艺术创作，专业上取得诸多成果。作为她的博士生导师，见证了她在艺术道路上的进步成长，她从实践的角度去分析青花瓷艺术风尚演变图像背后的历史场景、纹饰题材和人文故事。在论文撰写过程中，她经常赴大英博物馆、故宫博物院、历史档案馆查阅资料，甚至手绘纹饰图案，希望从艺术风尚演变的背后去了解艺术风尚与青花瓷器物之间的审美关系，借用艺术形态与装饰语言的变化去阐释明代社会对审美观、风尚观、艺术观的超理性认识。

艺术当随时代。正是因为有了明代青花瓷艺术风尚的演变，才迎来了清代康雍乾时期青花瓷在烧制技艺、纹饰风格、器物审美方面的又一个高峰时期。从历史发展的角度看，它对整个景德镇制瓷业的发展起到传承与创新的积极作用，影响了陶瓷器物的发展走向和器型纹饰审美的流行趋势，推动了中国陶瓷艺术不断向前发展。

2023.09.05

序言二　青花之魅力

　　癸卯初秋，9 月 10 日教师节当日，清丽来穗举办画展。展览瓷画作品三十余幅，大多为近两年新作。看到清丽这些年在陶瓷艺术创作上的进步与变化，我深感欣慰。

　　清丽 2006 年从河南考至广州美术学院攻读硕士研究生，跟我学习花鸟画，专业成绩突出，读书期间多次获奖。2009 年毕业后在景德镇陶瓷大学任教，很快崭露头角，中国画作品连续两次入选全国美术作品展，从较早的中国画热带雨林系列到近期的粉彩瓷画雪景白竹系列，其作品风格在不断锤炼中走向完善，形成了自己独特的风格。她的成功一方面源于她的勤奋好学、刻苦钻研，另一方面得益于景德镇深厚的陶瓷文化土壤与艺术氛围。

　　《明代青花瓷艺术风尚演变研究》是清丽在武汉理工大学攻读博士学位期间的研究论文。景德镇建镇千年，以陶瓷最为出名。而明代是景德镇青花瓷生产的高峰时期，主要以永乐宣德时期御器厂生产的青花瓷为最高水平。该时期青花瓷品种繁多、门类齐全、技艺精湛。本书主要从青花瓷艺术风尚的历史文化背景、器型纹饰变化、思想结构体系、器物功能体系四方面展开论述，一方面对青花瓷器型、纹饰发展演变的多样性与丰富性进行梳理分析，根据明朝宫廷用瓷的需求专门下达官样到御器厂烧制，推理出青花瓷的发展在不同历史时期产生了不同的流行风尚。另一方面，通过青花瓷艺术风尚的演变来探讨明代社会文化对青花瓷艺术风尚审美的影响，以及社会不同阶层对青花瓷的实用诉求。

　　青花瓷艺术风尚是在长期的历史发展中形成并不断完善的，受时代画风、文人思想的影响，艺术风尚在继承中追求变革，在创新中传承经典。从历史发展的角度看，艺术风尚的演变对景德镇整个制瓷业的发展起到传承与创新的积极示范作用，它影响了流行器物的发展走向，带动了审美水平的同步提高，推动了中国古代陶瓷工艺的创新发展，体现了工匠精神的价值。清丽作为新时代的年轻瓷画家，对青花瓷理论知识的钻研探索正是为了更好地指导她的艺术创作实践。这些年她一直在探索陶瓷材料本身所特有的自然属性和工艺属性，思考如何艺术地赋予青花瓷新的审美情感与文化内涵，进而使现代青花瓷更符合现代人的审美趣味。

当下青花瓷艺术创作处于古典与现代共存、工艺性与绘画性并行、传统技艺与综合装饰互补的发展格局中，在当代社会文化转型发展中呈现出风格多样、观念创新、文化创意等趋势，我们要在传统陶瓷技艺的基础上，把青花瓷的艺术再创造作为一种文化活动进行创造性展开，做到与时代发展同步，在传承技艺的同时，更加注重创作者的主观情感表达，在继承优秀手工制瓷技艺的基础上，更强调文化创意在陶瓷作品中呈现的价值意义。文化是传承与创新的基石，青花瓷艺术的创新性时代转化，一方面要加强对传统陶瓷技艺的传承与材料的跨界使用，另一方面要结合新时代以艺术风尚为引领的新的传播方式，这是新时代每一个陶瓷从业者在理论梳理、创作实践、艺术审美、实用需求、功能消费等方面所要做的进一步思考。

艺术需要创新，创新是社会快速发展变化的标志，列夫·托尔斯泰曾说："艺术不是技艺，它是艺术家体验了的感情的传达。"在技术与艺术的融合方面，只有艺术家的参与，给予作品情感的输出、文化涵养的备份，才能让青花瓷艺术在时代创新的路上求新求变，绽放光彩。

希望清丽在未来的艺术道路上，继续坚守对艺术的热爱，在陶瓷艺术创作中大胆创新，不断突破自己，取得更好的成绩！

方艺雄

二零二三年教师节

目 录
CONTENTS

第一章 绪论 …………………………………………… / 001

第一节 研究背景与相关概念界定 …………………001

第二节 研究现状及述评 …………………………009

第三节 研究目的与意义 …………………………022

第四节 研究方法与思路 …………………………024

第五节 研究的创新点 ……………………………027

第二章 明代青花瓷的发展背景 ………………………… / 029

第一节 明王朝国运兴衰下的景德镇制瓷业 ………029

第二节 皇权礼制对景德镇制瓷业的影响 …………043

第三节 外来文化传播的渗透 ……………………054

第四节 本章小结 …………………………………068

第三章 明代青花瓷的发展演变及风尚表现 ………………… / 069

第一节 明代青花瓷的发展演变 …………………070

第二节 社会观念的变化和风尚观念的形成 ………083

第三节 青花瓷艺术风尚的表现 …………………096

第四节 本章小结 …………………………………109

第四章 文思之变 …………………………………………111

第一节 从理学到实学 ……………………………111

第二节 文人思想与大众审美意识的转变 …………123

第三节 本章小结 …………………………………132

第五章　器技之变 ·· / 134

　　第一节　器循礼制，技进于道 ······························· 134

　　第二节　器型的转变 ·· 146

　　第三节　技艺的升华 ·· 160

　　第四节　本章小结 ·· 180

第六章　纹饰之变 ·· / 182

　　第一节　纹饰之美 ·· 182

　　第二节　皇权象征下的纹饰需求之变 ···················· 202

　　第三节　文人生活的纹饰趣味之变 ······················· 217

　　第四节　宗教影响下的纹饰之变 ························· 228

　　第五节　本章小结 ·· 234

第七章　明代青花瓷风尚观 ····································· / 236

　　第一节　艺术观 ·· 236

　　第二节　审美观 ·· 249

　　第三节　社会观 ·· 257

　　第四节　本章小结 ·· 269

第八章　结语 ··· / 270

　　第一节　研究结论 ·· 270

　　第二节　明代青花瓷艺术风尚的演变对现当代青花瓷发展的

　　　　　　启示 ·· 272

参考文献 ·· / 276

附录 A　明代各个时期划分一览表 ····························· /284

附录 B　明代早中晚时期器型纹饰演变特征分析汇总 ········· /285

附录 C　明代景德镇督陶官一览表 ····························· /293

后记 ··· / 296

第一章 绪论

第一节 研究背景与相关概念界定

一、研究缘起

在中国陶瓷艺术漫长的发展历史中，青花瓷作为极具代表性的陶瓷装饰艺术，享誉世界。早在商代就出现了原始瓷，东汉时期出现了成熟的青瓷器。魏晋南北朝时期，青瓷的生产成为主流。唐代以后瓷器烧造技术逐渐成熟，出现了以南方青瓷、北方白瓷为代表的"南青北白"的局面。宋代在唐代的基础上，迎来了定、汝、官、哥、钧五大名窑的全面兴盛。元代是中国瓷器发展的转折时期，在很多方面都有创新和发展，元政府在景德镇设置了浮梁瓷局，专门进行官办的陶瓷生产。蒙古族草原部落喜尚蓝天白云，白地蓝花瓷器受到了统治者的喜爱。青花瓷就在这样的时代背景下脱颖而出，在明清两朝达到全面兴盛。尤其是明代青花瓷，它的制作工艺传到东南亚及伊斯兰国家，还有日本、韩国，最后传到了欧洲。[①]青花瓷一跃成为中国瓷器的发展主流，创造了世界陶瓷手工业发展史上的新格局。青花瓷早期作为一种日用产品，主要功能是满足社会民众日常使用所需，但随着经济与社会的发展，人们对青花瓷的社会需求不仅仅满足于其实用功能，青花瓷的观赏性与艺术性在历史的演变中已呈现出独立的社会价值，逐渐融入人类的社会生活。

---

① 佐久间重男. 明初の陶磁と历史的背景 [M] //. 世界陶瓷全集:第 14 册, 东京:小学馆, 1982:139.

　　明朝从洪武帝建都到崇祯帝灭亡，历经十六帝，共二百七十六年。在此期间，青花瓷的生产与整个明王朝的兴衰息息相关。明代青花瓷的生产是建立在元代官窑瓷业的基础之上的。首先，从文化思想背景上看，明早期倡导程朱理学的皇权专制思想，实行八股取士；中期王守仁的"阳明心学"兴起与广泛传播；晚期开始推崇实学。这些文化学术思想的变化影响着明代的社会经济发展，也推动着青花瓷艺术风尚的演变。其次，明代对外贸易交流的扩大，西方外来文化思想的传播，对景德镇制瓷业产生了巨大的影响。尤其是永宣时期郑和七次下西洋，将青花瓷带到海外众多国家，加强了海外贸易的传播，对青花瓷烧制技术的提高起到重要作用。

　　关于明代青花瓷的研究，中外理论界及专家学者们历来关注以下三个方面：一是青花瓷的遗存及其分期断代；[①] 二是从青花瓷本身的器型、纹饰特征等方面论述；[②] 三是青花瓷的外销传播及其影响。[③] 这三个方面的研究均已取得了丰硕的成果。本书以明代青花瓷的发展演变为主要脉络，通过对青花瓷生产发展演变规律的分析，探寻青花瓷艺术风尚背后所承载的社会文化和历史变迁。重点在于厘清明代青花瓷业与社会文化、经济的关系，探寻景德镇青花瓷业的风格趋向和风尚演变规律。作为最具有时代特征的青花瓷，其器型、纹饰、文思的变化是否能够推动艺术风尚的演变，以及它们之间如何保持共生与互动的关系都是本书研究的重点。在笔者看来，青花瓷艺术风尚的演变，代表了当时一部分活跃的社会文人阶层和群体民众对流行器物的精神追求。文人的力量在明代社会文化领域的作用不可忽视，主要任务就是改造旧思想、旧文化，重新建立新思想、新风尚，进而引领时代的发展。史学研究关注的是人类自身的行为及发展，研究的目的在于增进人类的利益，而文化是人们体验和处理社会生活的方式，人类行

---

① 　胡洪波、等.景德镇明代御窑遗址出土瓷器分析研究［M］.北京：科学出版社，2011：2.

② 　景德镇陶瓷馆.景德镇古陶瓷纹样［M］.北京：人民美术出版社，1983：3.

③ 　沈福伟.中西文化交流史［M］.上海：上海人民出版社，1985：309.

为中包含的种种意义和价值,间接地体现在诸如生活关系、政治生活之中。[①]
明代青花瓷历经不同朝代的社会更迭,所体现的文化价值是青花瓷艺术风
尚演变的核心基础,它推动了明代青花瓷艺术向前发展,对整个明代制瓷
业的繁荣具有重大的现实意义。

　　景德镇作为御用瓷器生产地,聚集了全国最优秀的能工巧匠,瓷匠的
审美情趣和制瓷技术会因朝代的更迭而发生变化。通过对经典青花瓷器物
的分析、整理、归纳,可以有效地还原与推理出明朝人的生活方式与瓷匠
的造物水平。如果用艺术风尚的演变来概括整个明代社会生活、经济发展、
审美潮流的基本动向,那就是青花瓷背后潜在的生活观念、器用方式及社
会形态的改变。

　　明代青花瓷艺术风尚演变涵盖了明代早、中、晚三个时期的青花瓷艺
术发展概况。艺术风尚概念的提出,为我们研究明代青花瓷的生产、社会
历史的动荡以及官窑、民窑的互动发展,提供了新的视角与研究领域。以
每个时期的文思、器技、纹饰之变化表征为研究重点,深入到明代社会经
济和制瓷业的内部,观察在皇权思想的影响下明代社会生活习俗、审美风
尚的蜕变与演进,寻找青花瓷发展所呈现的社会文化状态和艺术审美趋向。
这种艺术风尚对明初皇权至上的御用瓷器统一管理烧造理念、晚明官窑的
衰退以及民窑的兴起都有非常大的推动作用。基于以上思路,本书试图分
析以下三个问题,第一,明代社会是如何从早期的礼制森严、崇尚简朴发
展到晚期的崇尚奢华自由的;第二,青花瓷的日常生产与使用趋向又是如
何被披上政治色彩,跟流行的奢华之风扯上关系的;第三,在不同时期的
艺术风尚面前,不同的社会群体又会呈现出什么样的流行思潮。带着以上
问题去分析研究青花瓷的艺术风尚,把问题的落脚点置于明代社会历史的
转型与变迁中,探寻艺术风尚与明代历史变迁所发生的政治、经济变化之
间的关系,从思想层面的深度变革和艺术观念的更新角度出发,明代青花
瓷艺术风尚演变是当时社会文化领域进行的一次思想改造,对推动中国古

---

① 朱刚.20世纪西方文论 [M].北京:北京大学出版社,2006:427.

代陶瓷艺术的发展具有深远的历史意义。

二、研究对象的界定及相关概念的说明

1. 青花瓷概念的历史考察

中国硅酸盐学会主编的《中国陶瓷史》记载,"青花"是指用钴料在瓷胎上绘画,然后上透明釉,在高温下一次烧成,呈现蓝色花纹的釉下彩瓷器。[①]这是学术界对青花瓷广义的概念界定。

事实上,青花瓷是传统的釉下彩绘之一,主要是用含钴的矿物原料在瓷土坯胎上彩绘,然后罩透明釉在 1300 摄氏度左右高温还原气氛下一次烧成,在釉下呈蓝色装饰的釉下彩装饰。历代青花瓷由于所用青花色料的来源不同,钴矿中所含 Co、Fe_2O_3 和 MnO_2 以及 CuO 等着色剂混合着色的效果不同,故每个朝代青花瓷的发色有所不同。(参见表 1-1)

表1-1　青花瓷碎片的化学成分分析

编号	朝代和品名	青花的MnO/Co含量	青花的Fe₂O₃/Co含量
Y-1	元青花大盘碎片	0.01	2.45
Y-2	元青花碎片	0.05	2.70
Y-5	元大都青花碎片	0.02	2.21
M-6	明宣德青花碎片	0.68	2.50
M-2	明正德青花碎片	6.08	0.41
M-4	明嘉靖青花碎片	2.91	0.17
M-7	明嘉靖青花碎片	1.09	0.82
M-8	明万历青花碎片	7.93	1.31
M-9	明万历青花碎片	1.75	1.42

表格来源:《中国陶瓷》1981 年第 2 期。

决定青花瓷色泽的主要因素是青料中钴、铁、锰的含量。含锰较高的

---

① 中国硅酸盐学会.中国陶瓷史［M］.北京:文物出版社,1982:338.

钴土矿，青花烧成后呈灰黑色。表 1-1 选取有代表性的元、明青花瓷片做标本，可以看出元及宣德青花的 MnO、Co 含量低，Fe_2O_3、Co 含量高；正德、万历青花 MnO、Co 含量高，Fe_2O_3、Co 含量低。说明元和明宣德时期的青花料并非国产，因为国产青花钴土矿中迄今为止没有发现含锰量低的品种。

就目前发现的资料来看，青花瓷最早产生于唐代，这一说法的依据主要是苏麻离青（也称"苏泥勃青"）钴料传入中原地区。钴元素分为两种，一种是矿物钴，一种是氧化钴。《冯先铭中国古陶瓷论文集》指出："英国研究专家化验唐代三彩陶器中的蓝釉，发现蓝釉原料与青花瓷器原料一样，里面含有同样的氧化钴，且认为这是波斯的原料。"这种钴料的引进，丰富了以往刻花、划花等装饰手法，直接采用含钴的青料，在陶瓷坯胎表面绘制纹饰，经施釉入窑高温烧制后呈现蓝色的图案。1735 年，瑞典化学家布兰特首次从众多矿物元素中分离出钴，由此可以推断明代青花瓷使用的钴元素为矿物钴。

元代汪大渊在《岛夷志略》中已有关于青白花瓷器外销方面的记载。1975 年，在江苏扬州唐城遗址中出土了有青色花纹的唐代青花瓷器。1998 年，在印度尼西亚爪哇岛附近打捞起的黑石号沉船上有几件唐代青花瓷器，这些青花瓷器并非景德镇烧制的，大多出自河南省巩县窑。在元代，景德镇出现了一种进口的苏麻离青绘瓷原料，这种原料来自伊朗的卡尚和德黑兰等地。通过存世的元青花发色特点以及钴料成分检测，可以发现在元末明初，景德镇烧造了大量的富有进口苏麻离青钴料特征的白地蓝花纹饰的青花瓷器，越来越多的存世作品与考古发掘出的材料可以说明，白地蓝花青花瓷器在元代已是景德镇烧制的主流产品之一。

青花瓷的概念，最早出现在明朝永乐时期跟随郑和下西洋的马欢所著的书籍中。马欢将途中见闻写成《瀛涯胜览》一书，该书成于景泰二年（1451），其中有记载：爪哇"国人最喜中国青花瓷器"[①]。早在明朝正统时期就曾经颁发禁令，不准江西饶州府私自烧造黄、红、紫、绿、青、蓝、白

---

① 中国硅酸盐学会.中国陶瓷史［M］.北京:文物出版社，1982:409.

青花瓷器。《明英宗实录》记载，正统三年十二月，"命都察院出榜，禁江西瓷器窑场烧造官样青花白地瓷器于各处货卖，及馈送官员之家"。明沈德符《万历野获编》记载："本朝瓷器用白地青花，间装五色，为古今之冠。"①朝鲜的《李朝实录》中也有大量文献记载，宣德时期："皇帝派使臣李相、昌盛、尹凤来到高丽，赐予十桌素白陶瓷，其中就有青花瓷盘大小共十个。"②《景德镇陶录图说》曰："景德镇诸窑称青亦不同，有云青者，乃白地青花也，淡描青亦然。其青皆近蓝色，分浓淡。有仿古窑称青者，则亦如古窑之青。若霁青之青，亦近深蓝色。"③

从上述关于青花瓷记载的文献来看，青花瓷的概念在明代已经形成，且其烧制门类相当齐全。与此同时，陈浏也在《匋雅》中记载："曷取乎有明之青花，其画工也"，意思是明代"以浅深数种之青色，交绘成文，而不难以他采"，这种瓷器虽名为青，但特色主要体现在画工上。景德镇青花瓷无色不花，实是蓝色，与青瓷的青完全不同，这种青花瓷在唐宋时期就已经出现，明清两代都很盛行。"正德、嘉靖、万历青花印合，每画一龙一凤，均不及宣德也。"④这说明正德与嘉靖、万历时期青花工艺技术、纹饰风格水平相当，但都不及宣德时期的整体工艺水平。最为关键的因素是"宣德青花使用苏泥勃青，至成化其青已用尽，改用平等青，则论青花，宣窑为胜。然正、嘉用回青，亦足品。但宣窑选料、制样、绘画、题款，无一不精"。由此也可以看出，明代青花瓷在中国陶瓷艺术史上的地位与辉煌成就，无论从原料的发色和纹饰画工方面，还是从当时的烧造工艺和制瓷技术上，都达到了顶峰。尤其是永乐、宣德朝的青花瓷，达到了后来者无法超越之地步。

2. 艺术风尚的含义

（1）艺术风尚的概念界定。

---

① 沈德符.万历野获编［M］.北京：中华书局，1959：663.
② 吴晗.朝鲜李朝实录中的中国史料［M］.北京：中华书局，1980：342.
③ 蓝浦，郑廷桂.景德镇陶录［M］.上海：上海古籍出版社，1993：149.
④ 陈浏.匋雅［M］.北京：金城出版社，2011：210.

海德格尔认为："艺术是作品的本源，作品是艺术家的本源，二者相辅相成，缺一不可。……艺术家和艺术品依赖于一个先于它们的第三者的存在。……此即艺术。"[①] 李泽厚在《美的历程》中也明确谈道："艺术作为各种艺术作品的总和，它不应该看作只是各个个体的创作的堆积，它更是一个真实性的人类心理情感本体的历史建造。"换句话说，艺术作为人类精神的产品，它也是人类心理情感本体的历史建构的一个方面，一种其他精神产品不能代替的成果。事实上，艺术是一个超越实体而存在的集合概念，是一个具有永恒的生命力，不断变化、日益丰富的概念，伴随时代的发展而不断变化。

对于"风尚"一词，辞海有两种解释，一指风格、气节；二指风气，如时代风尚。《晋书·傅咸传》曰："长虞（傅咸字）刚简，无亏风尚。"风尚，是风与尚的结合体。所谓风，乃风气、风俗、风貌；尚，则有崇尚、高尚之含义。顾名思义，风尚就是人们在特定历史时期，对某种事物或某种社会现象一时的崇尚。而艺术风尚就是指人们在一定历史时期内，对某种器物或艺术流行样式的崇尚，它涵盖了艺术、文化、生活方式等多个方面，表现创作者的思想情感和审美。

风尚不同于时尚，广义上的风尚与时尚、潮流的语义相近，都是指社会的流行风气或流行文化，是在当时的社会环境下能够引导社会大众审美需求的一种文化现象。这种文化现象应该是年轻时尚、个性多变的，能够得到大众认同和仿效崇拜的文化。从生活艺术化的角度来看，青花瓷被市场接受的范围比较广泛，书画、器玩、家具等物质形态的艺术品已被广大民众普遍接受，且形成一股时尚之风。而时尚的概念起源于15世纪欧洲贵族社会流行的社会风气和现象。法国学者吉勒斯·利浦斯基将"时尚"一词的实质概括为个体主义的美学和诱惑的美学。所谓个体主义，指表达个体身份意识、个性诉求的渴望。而诱惑的美学则追求感官欲望的

---

① M·海德格尔.诗·语言·思 [M].彭富春，译.北京:北京文化出版社，1991:21.

满足，强调世俗化的快乐。[①] 中国古代关于"时尚"一词早在唐代就被人提及，常用来形容社会流行风气，是一种社会现象。到了明代，时尚就具有现代意义上时尚的内涵了，这与当时的社会风气和社会思潮密切相关。就青花瓷的生产发展而言，深受当时流行风尚的影响，明代沈德符在《万历野获编》中记载："玩好之物，以古为贵，惟本朝则不然。永乐之剔红，宣德之铜，成化之窑，其价遂与古敌。"[②] 每个朝代经典的流行器物样式都或多或少地影响整个社会流行之风。青花瓷的流行之风不仅包含当时的种类、大小、风格、造型、纹饰等，还包括文化思想、消费模式、社会风气的流行。

艺术风尚是社会风俗的一部分，是由人类社会审美形态所表现出的一种社会行为。本书研究的艺术风尚主要指引领青花瓷器物生产行为方式的一种审美标准和流行样式，这种样式无论在具体的生产实践中，还是在文化的内在需要上都是一种思想高度的存在。明代的风尚观在晚明人的记载中，主要以服饰、器物类生活用品和生活方式等外在形式体现。从社会学的整体角度来看，社会风尚的演变意味着社会关系与社会秩序的变动。演变一词中，演为演化、传承的意思，变即变革、变化。演变一词重点在变，即每个时代的青花瓷相对于上一个朝代一定有所变化，找出时代的变化以及变化背后的内涵意义才是本书讨论的重点。

宋应星在《天工开物·陶埏》中记载，瓷器既是商品经济中的重要商品，又是文人士大夫"格物穷理"的新方式，更是世俗风尚繁荣的反映。制瓷技术所体现出来的风尚特征，不仅与中国传统工艺观念和造物水平相联系，而且体现了理学思想中封建君主专制的历史必然性。[③] 故研究青花瓷艺术风尚的演变势必会涉及诸多因素，如政治、经济、思想、文化、风气、习俗等。

---

① 赵强."物"的崛起——前现代晚期中国审美风尚的变迁［M］.北京:商务印书馆，2016:99.

② 沈德符.万历野获编［M］.北京:中华书局，1959:662.

③ 赵宏.中国陶瓷史史学史［M］.北京:中国文史出版社，2014:71.

（2）艺术风尚研究对象的限定。

艺术风尚是一种审美文化的象征，是人类在漫长的生产劳动和社会生活中形成与创造的成果，是为了满足自身的审美需求，以一定的艺术形式或载体，表现人类创造者的思想情感的审美意识形态。这种意识形态必须能给同时代或下一代留下深刻的印象，能够引领时代的潮流，是同时代的精神引领者和倡导者。它涉及人类生活的各个方面，如衣着打扮、饮食文化、器物消费等。本书所研究的艺术风尚限定在青花瓷的纹饰、造型、工艺技术、饮食文化、器物文化等方面，指在当时社会上流行并形成的一股热潮，反映了当时社会大众阶层的心理与社会风气的变化，有一定的规律性和周期性。①

第二节　研究现状及述评

一、国内研究现状分析

明代景德镇制瓷业经历了高峰、平缓、衰退三个阶段，即早期以永乐、宣德时期为代表，中期以成化、弘治时期为代表，晚期以嘉靖、万历时期为代表。艺术风尚伴随这三个阶段的社会变迁呈现不同的特征，也经历了一个由萌芽到发展再到全盛的演变历程。关于明代青花瓷的相关研究，从古代文献记载到现当代陶瓷专家学者对青花瓷某一领域的具体研究，可谓是成果斐然。

通过对古代文献史料的整理分析，发现《明史》《江西省大志》《天工开物·陶埏》《格古要论·古窑器论》《景德镇陶录图说》《陶说》《匋雅》《南窑笔记》等相关文献都有对青花瓷烧造的详细记载。其中，《明史》中记载了大量关于明代饶州府景德镇瓷器的烧造、管理、御用情况，包括礼制下瓷器烧造的特定品种，器型以及纹饰上图案、颜色的规定，都有详细

---

① 美术辞林·工艺美术卷［M］.西安:陕西人民美术出版社，1989:17.

的记载。①《大明会典》记载了明代天顺、嘉靖、隆庆等朝的瓷器烧造品种、烧制的数量、瓷器的供应地、祭祀用瓷的配备、召商买办瓷缸等等。《明宣宗实录》载:"宣德二年十二月癸亥,内官张善伏诛。善往饶州监造磁器。"《明英宗实录》《明孝宗实录》则主要记载了民窑兴旺、官窑缩减的时状。如《明神宗实录》载:"万历十二年三月己亥,工科都给事中王敬民极言瓷器烧造之苦与玲珑奇巧之难。得旨,棋盘、屏风减半烧造。"②

明代学者王宗沐在《江西省大志》中对 15 世纪御器厂的建置、砂土、人夫、设官进行了介绍,并且在该书中还专门对"回青"进行了研究。"陶用回青,本外国贡也。"从烧制瓷器的种类、式样出发,对陶政管理、制瓷工艺、窑制、供亿、御供、料价等方面都有详细的记载,便于全面了解明代的瓷器生产。③ 宋应星在《天工开物·陶埏》一书中有专门章节论述制瓷工艺的发展,不但详细记载了工艺流程和表现技巧,而且通过瓷匠对自然世界的独特感受而深入观察,生发出制造灵感,达到制瓷者与自然、器物的完美融合。

清代蓝浦、郑廷桂所著的《景德镇陶录图说》介绍了景德镇烧瓷历史和明代御器厂的运作情况,包括 15 世纪的瓷器贸易、地理水土、制瓷工艺、瓷器样式、玩好之物、瓷器习俗、制瓷名人、名器物、名品种、陶政、残器修复、瓷神祭祀、制瓷原料等。④ 朱琰的《陶说》中就有许多关于青花瓷不同青料的记载,如回回青、苏麻离青等。书中将明代官窑瓷器按朝代细致划分,并在此基础上对各窑的工艺技术进行总体概括及重点介绍。⑤《南窑笔记》中有永乐窑、宣窑、成弘窑等的记载,直述明代官窑的时代特点,如永乐窑:"今仿造者多青花为上,脱胎翠薄,造作维艰,且不适用。"《南

① 张廷玉、等.明史［M］.北京:中华书局,1974.

② 熊寥,熊微.中国陶瓷古籍集成［M］.上海:上海文化出版社,2006:21.

③ 王宗沐.江西省大志［M］.北京:中华书局,2018.

④ 蓝浦、郑廷桂.景德镇陶录图说［M］.济南:山东画报出版社,2004:5.

⑤ 朱琰.陶说卷三［M］//全国图书馆文献缩微复制中心编.中国古代陶瓷文献辑录.北京:全国图书馆文献缩微复制中心,2003.

窑笔记》所记工艺与唐英的《陶冶图说》相比不够系统详细，但大部分是景德镇实际的制瓷情况，还记录了坯胎、匣钵、窑炉、青料等部分烧造情况。

以上众多古代文献为该书的写作提供了大量的史料来源和论证依据，而本书正是从研究历史的真实性出发，在不断积累的文献史料基础上，用社会发展的眼光和最新的理论研究成果去分析明代青花瓷的发展演变，从艺术风尚的角度论证明代青花瓷业的经济发展、社会功能和艺术价值。

1. 关于青花瓷的研究成果

关于明代青花瓷的研究，在史学方面比较有代表性的专家学者有冯先铭、王光尧、马希桂、张省卿、叶喆民、曹建文等。冯先铭主编的《中国陶瓷史》介绍了青花瓷的发展历史，对每个朝代不同历史时期的窑炉、造型、纹饰、烧制工艺都做了详尽的阐述。其中对明代青花瓷的器型、纹饰等方面做了详细的介绍。这对后来者研究明代青花瓷文化、陶瓷烧制技术和明代社会历史文化都有很好的参考价值。王光尧主编的《明代宫廷陶瓷史》分别就明代宫廷用瓷的特点及当时的烧造与对外的传播和影响做了总体概述。其中就景德镇御器厂的地理位置、分工制度、官样制度及管理运输、落选品之处理等细节问题进行了深入讨论。[①] 马希桂的《中国青花瓷》主要从造型、胎釉、纹饰、年款等方面，具体地论述了不同时期青花瓷的主要形式特征与艺术特色。[②] 张省卿所著的《明代青花瓷》，从青花瓷的源流、官窑与民窑的时代特征和精神属性等方面阐述了青花瓷造型与线条完美结合的问题，以及如何追求诗、书、画的意境。曹建文的《景德镇青花瓷器艺术发展史研究》分别对明清时期青花瓷的分期断代和各个时期的制作工艺以及景德镇青花瓷艺术的传承与创新作了详细深入的论述。[③] 叶喆民的《中国古陶瓷科学浅说》对整个古代陶瓷科技方面做了全面的梳理，对明代青花瓷的原料、瓷土、釉质、温度做了详细阐述。

此外，刘新园也一直致力于明代瓷器的个案研究，出版了《明宣德官

① 王光尧.明代宫廷陶瓷史［M］.北京:紫禁城出版社，2010.
② 马希桂.中国青花瓷［M］.上海:上海古籍出版社，1999.
③ 曹建文.景德镇青花瓷器艺术发展史研究［M］.济南:山东美术出版社，2008.

窑蟋蟀罐》，撰写了《景德镇珠山出土的明初与永乐官窑瓷器之研究》《景德镇出土明成化官窑遗迹与遗物之研究》《明宣宗与宣德官窑》等长文，在景德镇青花瓷研究领域具有举足轻重的地位。汪庆正对明末民窑青花瓷的发展提出自己独特的见解，代表作有《十七世纪——明末清初景德镇民营窑业的兴盛》等。肖丰的《器型、纹饰与晚明社会生活——以景德镇瓷器为中心的考察》采用以图证史的方式，论述景德镇的瓷器与明王朝的兴衰，通过器型与纹饰来分析晚明时期的社会分层和社会风气的转变。[①] 王光尧在《明代御器厂的建立》一文中，对明代御器厂建立的时间问题做了详细的说明，并涉及了皇权与陶瓷质量的关系问题。[②] 朱景林在《封建皇权专制与中国古代制瓷业的发展》中对中国古代制瓷业的皇权因素进行了专门论述。[③] 刘明杉在《明代前期祭瓷的种类、功能及地位》一文中，从祭祀用瓷的角度论述了明代的红、白、黄、蓝祭祀用瓷的需求与造型、功能、身份、地位的关系。

在鉴定收藏方面，比较有代表性的有民国邵蛰民的《增补古今瓷器源流考》。该书比较系统地介绍了古代瓷器的发展，综合论述了明代青花瓷器的器式，有瓶、炉、罐、盆、熏、碗、盘等，重点介绍了洪武龙缸、永乐压手杯、宣德三果盘等。赵汝珍的《古玩指南》主要介绍了将瓷器作为古玩而迎合社会鉴定求利的心理，主要讲了明代青花瓷器源流以及宣德窑、成化窑、正德窑、隆万窑等瓷器的研究要点。耿宝昌的《明清瓷器鉴定》，对青花瓷的起源、生产、产地、各个时期的时代特征以及青料的使用都做了深入细致的梳理，重点就明清两朝官窑与民窑的时代特征、生产技术、工艺特点和鉴定方法做了详细的介绍，在明清陶瓷研究领域有很强的学术影响力。[④]

① 肖丰.器型、纹饰与晚明社会生活——以景德镇瓷器为中心的考察 [M].武汉:华中师范大学出版社，2010.

② 王光尧.明代御器厂的建立 [J].故宫博物院院刊，2001（02）:78-86.

③ 朱景林.封建皇权专制与中国古代制瓷业的发展 [J].前沿，2010（23）:192-196.

④ 耿宝昌.明清瓷器鉴定 [M].北京:紫禁城出版社，两木出版社，1993.

2. 关于社会风俗、艺术风尚方面的研究

关于艺术风尚方面的研究，目前国内外研究者甚少，通过查阅相关专业网站及书籍，发现与之相关的有《明代中后期社会风尚的嬗变》①《明代青花瓷崛起的轨迹——从文明交融走向社会时尚》②《再论明代中后期江南地区社会风尚的变化》③《礼制规范、时尚消费与社会变迁:明代服饰文化探微》④《世变与秩序——明代社会风尚相关研究评述》⑤《晚明城市风尚初探》⑥《元明工艺美术风格流变》⑦《王学与中晚明士人心态》⑧ 等。梁淼泰的《明清景德镇城市经济研究》⑨ 详细介绍了明清时期景德镇的城市经济情况，对当时景德镇的城市经济如何以瓷业为中心进行全面发展，官窑与民窑之间的雇佣关系以及市场与行帮之间的矛盾等问题进行了阐述。王尔敏的《明清时代庶民文化生活》是明清世俗文化研究的代表作,该书提出从"社会流品"即高雅文化和世俗文化的角度来看待明清文化，打破了传统的以社会等级来评判文化之高低的局限性。台湾学者徐泓的《明代社会风气的变迁——以江、浙地区为例》以江浙地区的地方志为主要资料，探讨在商品经济发展的冲击下，明代社会风气的变迁及其对经济、社会与政治的影响。他将社会风气的变化分为三个时期:早期从洪武至宣德年间，社会风气俭朴淳厚、贵贱有等；中期从正统至正德年间，社会风气淳朴如旧；末期从嘉靖至崇祯年间，奢靡之风日甚一日，而大多数风气淳朴的地区也开始渐趋奢

①　陈爱娟.明代中后期社会风尚的嬗变［J］.阜阳师范学报（社会科学版），1999（02）.

②　万明.明代青花瓷崛起的轨迹——从文明交融走向社会时尚[J].故宫博物院院刊,2008(06).

③　牛建强，汪维真.再论明代中后期江南地区社会风尚的变化［J］.河南大学学报（社会科学版），1991（01）.

④　张志云.礼制规范、时尚消费与社会变迁:明代服饰文化探微［D］.武汉:华中师范大学，2008.

⑤　林丽月.世变与秩序:明代社会风尚相关研究评述［J］.明代研究通讯，2001（04）:15.

⑥　刘志琴.晚明城市风尚初探［M］// 中国文化研究集刊:第一辑.上海:复旦大学出版社，1984.

⑦　赵琳.元明工艺美术风格流变［D］.上海:复旦大学，2011.

⑧　左东岭.王学与中晚明士人心态［M］.北京:人民文学出版社，2000.

⑨　梁淼泰.明清景德镇城市经济研究［M］.南昌:江西人民出版社，2004.

靡。此文是近年来台湾明清史论著中引用率最高的一篇论文。邱仲麟从明代礼制和价值观的转变等方面来探讨社会风尚的变化，具体到官民的服饰、车马、器用等方面的僭越现象，对明代社会风尚的变化与风尚的流行、模仿问题进行了细致深入的分析。张晓虹、郑召利作了有关明清时期陕西社会风尚的研究。他们指出，陕西也是从明代中期开始等级身份制度渐渐模糊，嘉靖以后更甚。从商品经济的发展来看，明末陕西"以奢为尚"的消费观只在西安地区较为流行。但整体而言，风尚的流行与挖掘还有待充实。

林丽月在《世变与秩序：明代社会风尚相关研究评述》一文中，作了明代区域社会风尚变化曲线图（如图 1-1 所示）。从图中

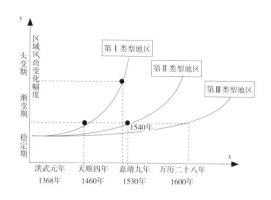

图 1-1　明代区域社会风尚变化曲线示意图
（来源：《世变与秩序：明代社会风尚相关研究评述》）

可以看出，社会风尚的变化随环境、区域的不同而有所改变，从洪武时期的稳定期到渐变期、头变期，风尚变化幅度加大，该区域社会风尚的变化为本书论述青花瓷器物造型、纹饰、文思、饮食、消费等方面的演变提供了一个思路。邵金凯、郝宏桂在《略论晚明社会风尚的变迁》中对明晚期的社会风尚现象做了细致的梳理、论述，折射出明代社会文化下的生存状态。[①] 赵强在《"物"的崛起——前现代晚期中国审美风尚的变迁》中论述了以物为载体的生活时尚观的形成，体现了晚明社会文化的商业化、世俗化倾向，以及文化与资本、传统与当下的双向博弈。[②] 万明在《明代青花瓷崛起的轨迹——从文明交融走向社会时尚》一文中，从海外瓷器遗存、

① 邵金凯,郝宏桂.略论晚明社会风尚的变迁［J］.盐城师范学院学报（人文社会科学版），2001（02）:58-62.

② 赵强."物"的崛起——前现代晚期中国审美风尚的变迁［M］.北京.商务印书馆，2016.

珠山御器厂遗址挖掘等方面入手，认为明代青花瓷是中外文明交流与互动的产物，改变了传统手工艺市场的发展走向。

谈谭在《"定制"还是"内销"——论明代中前期青花瓷的主要消费群体》中，论述了青花瓷与伊斯兰文化的关系以及对世界各地的影响。刘朝晖的《瓷画、版画和文人趣味——转变期青花瓷器装饰与社会风尚研究》和《明末清初景德镇转变期瓷器成因探究》，分别从青花瓷的绘画技法、内容题材、装饰手法等方面，探讨文人趣味同瓷画、版画与青花瓷的装饰艺术风格的关系；从宏观上对明末清初转变期的文化背景和社会成因进行了阐述，对于官窑的衰败和民窑的兴盛也进行了历史成因分析。

上述研究以社会风气或风尚变迁为视角，不拘泥于器物的具体描绘，从宏观上把握青花瓷发展的时代趋向与流行样式。本书系统考察明代御用瓷器的使用与管理制度，内容涵盖使用等级范围、器物所适用的场合、器物纹饰所属的阶层等。尤其是明代早期，封建礼制思想渗入到社会的每个角落，统治阶级试图通过礼制来规范社会等级秩序、引导社会风气、传达社会价值标准等。艺术风尚属于社会流行文化的一部分，它的发展走向与社会的兴衰变迁息息相关。刘志琴在《晚明城市风尚初探》中叙述晚明风尚变迁的主要原因有三：一是晚明社会风尚的变迁主要表现在商业繁荣、消费人口集中的城市；二是没有新的阶级基础，缺乏深刻的思想内容；三是清人入关后，重新强化礼法，加强对社会生活的控制，遏制了明代中叶以来越礼逾制风气的蔓延。①

正是这样多元化的社会成因和生活方式的改变，才引发了越来越多的学者对青花瓷器物文化方面的研究。

3. 关于考古学方面的研究成果

近现代关于明代青花瓷的相关研究经历了两个重要时间节点，一是20世纪八九十年代，伴随御器厂遗址的不断考古与挖掘，发现大量的明代青

---

① 刘志琴.晚明城市风尚初探［M］// 中国文化研究集刊：第一辑.上海：复旦大学出版社，1984.

花瓷残片。从1982—1994年，出土了洪武至嘉靖时期的落选御用瓷片"十数吨"，并做了大量修复，为研究明代官窑瓷器提供了重要的实物资料。

20世纪80年代，景德镇考古研究所在珠山明御器厂遗址一带进行考古发掘，发现大量永乐、宣德、正统、成化、弘治及正德时期的官窑瓷器碎片，品类丰富，器型多样，尤其以宣德青花蟋蟀罐罕见。从出土的遗物中可以看出，官窑选瓷标准极为严格，生产标准远远高于民窑。成化官窑遗址于1987年春到1988年冬进行发掘，景德镇考古研究所在珠山东北侧进行发掘，发现遗存极其丰富，在成化堆积层内，发现了3处瓷片堆积层，仅成化斗彩就有300多件，还有罐、碗、盘、杯等品种。1988年11月，景德镇陶瓷考古研究所在珠山御窑厂西墙一带发现正统官窑遗址，将出土的遗物与传世瓷器联系起来，进一步确认了正统时期官窑的面貌。虽然目前尚未发现景泰、天顺官窑遗存和传世官款瓷器，但近年来珠山出土的若干遗物已经引起研究者的重视。由此可以看出当时官窑烧造量不大，品种亦不如前代丰富。

1994年7月，在景德镇珠山东门头建筑工地南段考古发掘时发现不少洪武、永乐时期的瓷器和碎片。这次出土的瓷器，经整理修复和精心挑选之后，选出81件，其中洪武瓷33件，永乐瓷48件，包含青花大盘罐1件、玉壶春执壶3件、碗5件、大盘17件等。从这些器物中，可以很清晰地看到洪武、永乐官窑瓷器的烧造面貌。

2002—2004年，考古发掘又进入一个新的阶段，根据发掘简报记载，出土瓷器中以永乐、宣德、成化、弘治及正德时期的数量最多，器型有碗、盘、罐、把盏、果盘、炉等，窑具有匣钵、套钵、垫饼等。且专家认定第五层是明代宣德时期的御用原生堆积层，大量残片底部刻有"大明宣德年制"双圈楷书六字款。此外，此次的发掘报告多次提到成化时期的"青花、仿宋官窑青釉、白釉、斗彩及斗彩半成品瓷片，另有匣钵等"。实物显示，大部分瓷片为民窑所产，从中可以看出青花瓷官民窑的发展轨迹，为全面了解明代官窑瓷提供了有力的考古论证。

从景德镇御器厂发掘报告来看，宣德时期是青花瓷烧造的黄金时期，为宫廷烧造了许多精品瓷器，但仅仅是满足皇室阶层用瓷的需求，能够走进百姓生活的瓷器还是民窑生产的青花瓷日用器皿。

本书在写作过程中以耿宝昌的《明清瓷器鉴定》为基础，对每个朝代的时间划分以及不同朝代的纹饰、器型特征都做了深入细致的研究。书中所选取的代表性青花瓷器物，大部分与艺术风尚的演变有一定的关联性，透过器物去分析艺术风尚与青花瓷器型、纹饰之间的内在关联，以及礼制影响下的社会风气对景德镇青花瓷生产的影响。瓷业的发展如何带动景德镇的经济消费和增长，风尚的形成又如何在社会经济的增长下发挥导向作用，也是该书研究的重点。

由于景德镇的官窑与民窑之间有许多关联，本书在论述中没有过多地细分官窑器与民窑器，大多数以具有时代特征的官窑器物为例证对象，去分析器物的风尚特征和背后的人文内涵。

二、国外研究现状综述

英国著名研究学者哈里·加纳（Harry Garner）在他的专著《东方的青花瓷器》中，对明代青花瓷的历史、器型特征、纹饰特点等进行了详细总结。他对中国青花瓷的研究，是建立在对大量博物馆藏品和私人收藏研究的基础上，有一定的理论和实践价值。[①] 霍布森的《明代陶瓷》一书里有很多代表性的明代青花瓷，他也在书中发表了自己的观点："明官窑和璀璨的三彩瓶天生具有稀缺性，所以相应的就非常昂贵。它们成为百万富翁才能拥有的明瓷。"他在《古董家具》中写道："所有明瓷的收藏家都知道布洛克森收藏"，这表明明瓷的流行并非转瞬即逝的时尚，明瓷的需求量很大，很快成为富人们追逐的对象。按照霍布森的观点，收藏明瓷一直非常流行，且有专门的藏家。英国年轻学者白兰士敦 1938 年出版《景德镇明代早期瓷器》，该书的重点是通过考古和科技相结合的手段来鉴定瓷器，

---

① 哈里·加纳. 东方的青花瓷器［M］. 叶文程，罗立华，译. 上海：上海人民美术出版社，1992.

书中大量的照片也是白兰士敦亲自到景德镇拍摄的，并记录了实际使用的制造技术。

　　日本学者佐佐木达夫在《元明时代窑业史研究》一书中，从考古学的角度研究明清两个朝代的景德镇制瓷业，对明代景德镇的陶瓷生产从原料开采到工艺生产再到产品流通的全部过程都做了深入细致的论述。另一位古瓷研究者三上次男在《陶瓷之路》一书中指出，装饰独特花纹的中国中世纪青花瓷在埃及和中东地区考古发掘中大量出现，他认为这是应中东市场的需求而烧制的订货。吉田光邦的《景德镇的瓷器生产与贸易》一文根据西方资料概括了16—18世纪景德镇瓷器的对外贸易和外销情况。饭田敦子的《有关明代景德镇御器厂经费的一个考察》，对御器厂当时的烧造费用、青花瓷的价格、陶瓷工匠的价格、解运的费用等进行了分析，有很高的理论水准。弓场纪知在《青花之路——中国陶瓷器的东西交流》一书中对中国的青花瓷在东西方文化交流史上的贡献做了详细论述，尤其是在元明清时代对青花瓷作为一个独特的品种在世界陶瓷文化传播中所起的作用进行了系统的梳理。

　　法国学者阿里·玛扎海里教授在《丝绸之路——中国—波斯文化交流史》中描述了明代青花瓷在波斯地区的丧葬习俗中具有一定的魅力与市场需求。①美国历史学家罗伯特·芬雷所著的《青花瓷的故事》从世界文明发展史的角度论述了蒙古帝国时期频繁的文化交流对元代青花瓷生产的作用以及对后世青花瓷发展的影响。英国学者柯律格（Craig Clunas）的专著《长物：早期现代中国的物质文化和社会状况》，从明代的文学作品、文学主题、奢侈性消费及收藏古玩等几个方面，探讨了明代的物质文化和社会文化的关系。与此同时，他在另一本专著《明代的图像与视觉性》②中，采用图像学的研究方法，结合明代具体的漆器、陶瓷、绘画、家具等艺术载体呈现的图像故事，透过图像的历史，分析解读图像背后的政治、社会

---

① 阿里·玛扎海里.丝绸之路——中国—波斯文化交流史［M］.耿昇，译.北京:中华书局，1993.

② 柯律格.明代的图像与视觉性［M］.黄晓鹃，译.北京:北京大学出版社，2011.

及文化意义。这是一个新的研究视角，借用古人流传下来的图画故事，来观看明代社会生活中的"视觉文化"，此种叙述方法为本书的写作提供了启发。此外，大英博物馆的 Jessica Harrison-Hall 出版了 *Catalogue of Ming Ceramics in the British Museum* ，这是大英博物馆的明代景德镇瓷器藏品目录，作者对明代瓷器的演变按时代进行了介绍。[①]

通过整理有关国外专家学者对景德镇青花瓷的研究成果，发现日本研究成果斐然，例如佐久间重男、三上次男、佐佐木达夫、吉田光邦、弓场纪知、高中利惠等都对景德镇的制瓷业进行了大量的多视角、全方位的研究。其中以佐久间重男、三上次男比较具有代表性。他们以文献史料为依据，对景德镇的制瓷原料、烧制工艺、官窑与民窑的发展作了详细深入的调查。欧美国家研究成果相对较少，通过查询国外一些有代表性的陶瓷期刊，如德国的 *Keramik Magaine*、*Stil and Markt*，美国的 *Ceramics Monthly*、*American Ceramics*、*American Craft*，英国的 *Ceramic Review*，意大利的 *Ceramic*，澳大利亚的 *Ceramics Art and Perception* 等，可以发现陶瓷在每个国家的学术研究领域中都占据重要的地位。但针对明代青花瓷的专题研究成果并不多，比较有代表性的人物有阿里·玛扎海里、柯律格等，且大部分成果主要就景德镇官窑生产的瓷器原料、社会文化、制作工艺、生产、运输、出口等方面作了探讨，涉及面比较广，缺乏细致深入的专题研究。

三、国内外研究现状述评

上述古今中外研究成果为本书的写作提供了大量的知识储备和研究思路。这些研究成果在不同的研究领域、不同的论证视角下都有一定的价值，为后来的研究者提供了诸多的参考。

第一，从现有的研究成果看，艺术学、考古学、文化遗产学领域的成果丰硕，但使用设计学方法研究明代青花瓷的成果相对较少。这些成果大

---

① Jessica Harrison-Hall.Catalogue of Ming Ceramics in the British Museum［M］.London：British Museum Press，1991.

多围绕历史、工艺技术、器型、纹饰等方面，缺乏系统的设计理论梳理与分类研究，各学科之间的联系与穿插不够。在中国知网（CNKI）查询关于明代青花瓷的研究发现，以纹饰、图样、外销为切入点的比较多。已发表的硕博士论文中，比较有代表性的有韩娇娇的《明早期官窑与民窑青花瓷的比较研究》、魏理的《明清瓷器装饰纹样艺术研究》、尧迟月的《西沙群岛出水景德镇明代青花瓷器研究》、袁书君的《"线"的表达——景德镇明代民窑青花瓷中线条装饰艺术研究》、李华龙的《明代体育题材青花瓷婴戏纹的艺术特征和社会表达研究》、刘光甫的《明代景德镇青花山水纹饰艺术特征的演变规律研究》、祝桂花的《中国古代陶瓷婴戏纹服饰演变研究》等。在重要期刊发表的成果有周璐的《青花瓷器的修复工艺探讨——以明代青花双龙戏珠纹瓷梅瓶为例》、蒋小兰、高颖的《明代青花瓷器上的〈携琴访友图〉研究》、李琼璟的《谈明代青花瓷器及其对外影响》、万明的《明代青花瓷的展开:以时空为视点》、方李莉的《景德镇辉煌——明代陶瓷的艺术之美》、许书瀚的《浅谈〈婴戏图〉题材在明代青花瓷上的文化内涵》、王芳的《论明代景德镇青花瓷的艺术魅力》、李伟的《明中期民窑青花瓷艺术特征》、邱雪婷的《从景德镇龙纹瓷器看明代社会变迁》、牛江涛的《明代青花瓷的审美特征》等。从这些已发表的重要成果可以看出，以青花瓷器型、纹饰、图样为研究视角的成果最多，分析其原因，主要是器型与纹饰是青花瓷发展变化的根本着眼点。通过对具体器物的微观变化分析，可以看出事物发展的本质。故青花瓷艺术风尚演变论述的最终落脚点也要回归到器型与纹饰的变化特征上来。

第二，已有的研究成果将青花瓷作为明代瓷业发展的主流形态，主要围绕宫廷用瓷的功能需求展开，缺乏宏观整体的眼光，很少将青花瓷置于一个特定的社会背景下去分析论证。刘江辉等的《历史的必然:明代陶瓷御器厂在景德镇的设置》一文，从历史发展的角度，论证御器厂在景德镇的设置是历史发展的必然结果，对明代御用瓷器的生产起到至为关键的作用。事实上，大部分研究成果以"物"为中心展开，但物与人之间的生产、消费关系未能系统地厘清，将青花瓷的发展与当时的社会风气、风俗习惯、消费观念等方面联系起来的学术成果不多。例如常建华的《论明代社会生活性消费风俗的变迁》主要论述明代的社会生活和消费习惯，这些消费是否会促进青花瓷的生产与发展，带动整个经济的发展，也是一个值得探索和思考的问题。陈爱娟的《明代中后期社会风尚的嬗变》，主要从社会学、经济学的角度去看明代中后期的生活水平和消费观念，风尚奢靡、僭越礼制成为时尚潮流，影响了人类的生活方式和生存观念，破坏了传统中国封建礼制的稳定，这些习惯方式的改变对青花瓷的发展也产生了很大的影响。田原的《青花瓷艺术发展流变》只是对元明清青花瓷的发展、艺术特征、审美特征做了简要的梳理，缺乏整体深入的科学论证。

第三，已有青花瓷研究偏重于某一个朝代的器型或某一种纹饰的演变，侧重于现象的描述，很少结合实物图例或历史文献去分析解读，研究的理论深度不够。如张宇的《明代青花瓷器婴戏图与仕女图初步研究》、王越的《明代青花瓷器人物纹饰研究》、王菁菁的《明代青花瓷的器型和纹饰研究》、周忠彦的《明代青花瓷装饰纹样研究》、李银苟和秦俊的《论明代青花瓷鸟纹的审美特征与文化内涵》、张春明的《伊斯兰文化与儒家的融会——以明代青花瓷的器形设计为例》、郑子非的《明代青花瓷的绘画探析》等，主要针对青花瓷某一领域具体论述，缺乏深入的分析以及历史文化背景的挖掘，对艺术发展规律的分析深度不够。

第四，关于艺术风尚研究的成果较少。截至 2024 年 9 月，在中国知网以"青花瓷艺术风尚"为关键词进行检索查询，只有 1 篇与主题相匹配的检索结果，是李素芳在《南京艺术学院学报（美术与设计）》上发表的《时代风尚——明宣宗的文艺政策对宣德朝青花瓷器繁荣之影响》。以"艺术风尚"为关键词进行高级检索的结果为 108 篇，与风尚相关的硕博士论文 18 篇，期刊文章 58 篇，其中审美风尚 10 篇，艺术风尚 6 篇，时代风尚 5 篇。而以"明代青花瓷"为关键词检索的结果却为 208 篇，其中青花瓷占 83 篇，明代青花瓷 53 篇，景德镇 19 篇，明代民窑青花 16 篇。通过这些数据显示，目前青花瓷艺术风尚领域的研究基本处于一片空白。通过分析检索结果，可以得知大部分研究成果主要论述明代青花瓷早中晚时期的器型或纹饰特征、官窑瓷器的烧造、民窑瓷器纹饰分析、外销瓷的对外交流与传播、空白期的研究等方面，主要谈及制瓷工艺、纹饰变化和生产传播等内容，极少以明代青花瓷艺术风尚为切入点展开论述。究其原因，是因为该特定时期内所产生的青花瓷艺术风尚的演变不是偶然的，是该时期社会发展的产物，具有一定的论证深度与广度，不是简单地梳理社会现象，而是要探究风尚演变背后的人文思想和审美内涵。这种上升到审美文化与哲学思想方面的思考，代表了我们本民族的审美文化和精神内涵，植根于我们悠久的历史文化传统和中国人特有的哲学理念基础之上，这是一个新的研究领域，也是本书的前沿性所在。一方面，艺术风尚追溯到当时的历史条件下，是瓷器生产领域中最流行的观念或时代样式，因社会主流形态的变化而变化。另一方面，艺术风尚在不同的市民文化阶层中蓬勃生长，建立在"雅俗共赏"的物质精神需求之上，且对传播中国陶瓷文化具有不可低估的引领作用。因此，以艺术风尚为切入点来研究明代青花瓷的发展演变具有一定的开拓性与前瞻性。

第三节　研究目的与意义

一、研究目的

明代青花瓷艺术风尚的发展演变与明代的社会经济、思想文化密切相关。儒、释、道思想的交流与融合成为社会文化发展的主流趋势。青花瓷经过明代早、中、晚不同时期的历史变迁和朝代更迭，艺术风尚的演变也形成了永、宣的全面兴盛到成、弘的平稳不前，再到嘉、万的多元发展、互补共存的局面。本书以明代青花瓷艺术风尚的发展演变为切入点，结合具体的青花图例进行实物分析和逻辑推理，尽可能还原当时的生产形式与绘制技巧，厘清每个历史时期的社会变迁和审美变化，以及不同时期呈现的不同风尚特征，推理出明代复杂的历史背景下青花瓷所呈现的艺术观、历史观和社会观，为整个青花瓷理论体系的研究提供一定的参考。

二、研究意义

明代青花瓷艺术风尚既是明代物质文化形态的一种展现形式，又是明代各个时期精神文化的反映，对中国陶瓷艺术的发展具有重要影响。首先，从明代青花瓷发展演变的历史进程上看，经历了从高峰到平缓，从平缓到多元的跨时代转变。这些历史文化演变的背后，蕴含了艺术风尚形成的社会原因和不同时期的审美变化。由于不同历史时期有不同的社会文化和历史背景，故分析这些具体的变化可以探知当时人们生活方式与思想文化的改变。明代皇权至上的生产管理理念，决定了御器厂的特殊地位和瓷器的生产品质，也决定了青花瓷在明代瓷器中的地位与高度。2015 年 3 月和 12 月，习近平总书记先后两次对景德镇明清御窑厂遗址保护工作作出重要批示，充分体现了党的十八大以来，以习近平同志为核心的党中央对中国传统文化保护与传承的高度重视，久经风霜洗礼的景德镇御窑厂如今成为国家级考古遗址公园。这个埋藏在地表下层的明代青花瓷遗址，成为诸多专家学者研究的时代课题。

青花瓷作为明代陶瓷艺术发展中的主流形态，其艺术风尚演变研究中包含的大量地理环境、人文特点、工艺技术等，既是明代政治、经济、文化及意识形态在特定历史条件下多方运行的产物，又是中西陶瓷文化交流史上极其重要的物质财富和精神财富。本书从艺术风尚的视角出发，挖掘青花瓷潜在的物质文化特征与精神文化内涵，有益于人们对传统文化的认同与回归，加强对中国器物文化的重新认识。青花瓷艺术风尚以物质文化与精神文化高度融合的一种社会形态呈现，其中蕴含的艺术价值与审美价值凝结在物质形态之上，以一种全新的风尚观引领青花瓷艺术的传承与创新。针对青花瓷艺术风尚的演变研究应该分重点、分层次，跨学科、多角度，把器型与纹饰的变化有机结合起来，挖掘青花瓷发展变化的规律。通过本书能让我们对明代特定时期的青花瓷艺术风貌有一个总体的把握，对研究中国古代陶瓷审美文化体系具有重要的参考意义。

三、研究范围

从《中国出土瓷器全集》中关于明代青花瓷在全国各地的出土情况来看，宣德、嘉靖、万历是青花瓷生产最多、消费最多的时期。从出土的地点来看，有浙江、黑龙江、新疆、四川、福建、云南等地，江西景德镇、高安、庐陵、永丰、玉山等地均有发现。明代青花瓷艺术风尚演变研究的对象主要是景德镇地区的官窑、民窑青花瓷发展状况和时代特征。时间范围界定在洪武时期到崇祯时期，以明代御器厂生产的官窑青花瓷器为主要研究载体，穿插明末的民窑青花瓷。研究内容主要包括青花瓷的类别、器型、纹饰、绘画等工艺技术和时代特征，其他五彩瓷、单色釉瓷器品种不在本书研究范围内。其中，成化青花斗彩的时代特征鲜明，在青花瓷艺术风尚演变中占据重要的地位，故本书中有少部分章节论述，它是青花瓷从外在造型转变到内在纹饰转变的一个重要论证。

本书的写作基于大量的明代陶瓷文献史料，结合每个朝代具有代表性的青花瓷一手文献图例来进行分析研究。研究藏品大多是大英博物馆、中国国家博物馆、故宫博物院、中国陶瓷博物馆等馆藏的官窑器物。因晚明时期的风尚转变中大量涉及文人的生活方式和审美趣味，且民窑青花瓷开始盛行并大量出口，故在论述方式上有针对性地以官窑为主、民窑为辅，以此展现青花瓷艺术风尚演变的核心内容与艺术规律。

第四节　研究方法与思路

一、研究方法

明代青花瓷艺术风尚演变的研究，主要以《中国陶瓷史》《明代宫廷陶瓷史》《景德镇陶录图说》《陶说》《明清瓷器鉴定》等陶瓷类的专业书籍，以及《中国古代陶瓷文献影印辑刊》《明史》《江西省大志·陶书》等历史文献作为依据。具体方法为通过具有代表性的明代青花瓷图片的收集、整理和数据分析，查阅相关的史料记载和文献，结合具体的实物图片资料，采用历史学、艺术学、社会学、美学、图像学、文献学等研究方法展开跨学科论证。研究的重点不局限于造型、纹饰、工艺等技术层面，还对审美情趣、人文思想、社会风俗、器物文化等方面做了重点论述。结合具体的青花瓷图例，采用文献检索法梳理明代青花瓷在明清史料文献中的六百余条相关记载，有效地还原了青花瓷在明代御器厂的烧造历史和制瓷工艺；运用分类比较法对每个朝代的流行纹样和器物造型进行归纳整理，了解青花瓷在不同历史时期所承担的社会功能；以手绘还原图例的形式研究纹饰背后所蕴含的社会流行文化与时代审美样式，探究明代陶瓷画匠如何迎合帝王的审美喜好而创造富有时代特色的流行样式；采用田野调查、博物馆考察的方法，加强对青花瓷典型器物来源的背景分析，内容主要包括青花瓷的器物特征、制瓷水平、纹饰风格所呈现出的时代特征和文化内涵，分类展开对青花瓷艺术风尚演变规律的分析解读，内容涉及艺术学、社会学、美学、历史学等学科领域。

青花瓷艺术风尚是明代不同历史时期社会上流行的艺术思潮或时代风气，它渗透在社会的方方面面，体现了明代社会不同阶层的审美需求和物质文化需求。明人尚礼，非常重视器物的等级制约，青花瓷作为他们的身份象征在明代具有非常高的社会地位，不同阶层的人对青花瓷器物的拥有，折射出不同时代审美观念的变化和社会文化认同感的差异，以此形成的演变规律和社会分层对艺术风尚观的形成起到积极的推动作用。

二、研究思路

明代青花瓷艺术风尚演变研究涉及陶瓷历史、陶瓷工艺、陶瓷文化、陶瓷美学、陶瓷考古等多个研究领域。从历史文化的角度上看，是对中国传统文化一脉相承的继承与发展，是社会生产发展、皇权作用下的历史产物。从思想文化领域上看，先后受到程朱理学、阳明心学以及实学的影响。从外来文化的角度上看，汉藏文化的交流与传播，帝王对道教、伊斯兰教的信奉与支持，还有西方思想文化的交流与渗透，这些都对明代青花瓷艺术的继承与发展、深化与创新起到重要作用。

格罗塞在《艺术起源》中说："艺术的起源，就在文化起源的地方。"这说明艺术是一个综合的文化现象，它的起源并不是受单一的社会因素影响，而是由于人类的某种需要自发引起的一种内在的、先天性的和无意识的自然本能。青花瓷艺术的发展遵循了人类艺术的发展规律，经历了从写实到抽象的转化过程，但它并不是单一的艺术思维所演化的不同阶段，而是造型艺术变化的一个轮回单元。

基于此，对青花瓷艺术风尚演变的研究将从以下四个维度去分析论证。

第一，考察青花瓷艺术风尚的文化历史形态。明代青花瓷艺术风尚的演变，并非单纯的社会文化现象，它实际上也承载了明王朝由兴到衰的历史更迭，具有独立的、符合社会规律的连续性与发展性。它体现了一种文化与精神的传承，必须在历史文化的演变中寻找艺术风尚的演变规律。因此，研究明代青花瓷，要从社会历史背景着手，包括明代重大的历史事件。如郑和下西洋、设立御器厂、废除丞相制等，以及明代的社会管理机制和广泛的对外贸易交流活动。本书立足于明代社会发展背景，探讨了景德镇独特的地理环境、制瓷条件、人力资源、政治环境等因素对明代青花瓷生产的影响。需要特别强调的是，明朝是中国社会的转型期，农耕经济向商品经济的转变引发了一系列的社会变革，在明晚期体现得最为明显。商品经济持续发展、科学技术不断进步、手工业生产越来越专业化，这些都对景德镇制瓷业的发展起到了推动作用。

第二，分析艺术风尚与文化思想体系的关系。艺术风尚作为文化思想的载体，它的整体形态影响着明代青花瓷艺术风尚的发展方向。不同历史时期的艺术风尚都涵盖了理学、实学、心学的思想观念，这些思想观念在精神上引领着青花瓷艺术风尚的发展演变。明早期重在关注理学思想对人们的影响，以及礼制思想在制瓷业的渗透与融合。中晚期伴随着阳明心学"心外无物""心外无理"等思想的出现，由对人的生命状态的关注转向对主体内心世界的精神追求的关注。尤其是晚期的实学思想，更是把人的主体性推向历史的高峰，反映在陶瓷生产方面，最为明显的就是官窑的衰败和民窑的兴盛。

第三，归纳青花瓷器型与纹饰的变化特征。从青花瓷的器型与纹饰方面来分析论证艺术风尚的发展演变规律。器型和纹饰是青花瓷最重要的艺术载体和表现形式，包含一定的工艺技术，尤其是纹饰图案绘画风格的掌握较烧制工艺和使用青料更具技术难度。所有的青花瓷生产，不管适用对象是宫廷阶层还是普通百姓，都要为人类的日用需求和审美趣味服务。本书对日用器皿的型制、主要功能进行阐释，结合当时的社会风俗和流行文化，梳理出青花瓷器型生产的多样性和装饰纹样的多元性，并将器物的实用功能与审美功能进行对比分析，以此深入探讨明代社会文化对艺术风尚的影响，以及不同社会阶层对青花瓷的实用诉求。

第四，从青花瓷的艺术观、审美观、社会观三个方面构建青花瓷艺术风尚的价值体系。青花瓷作为明代景德镇最具代表性的手工业产品，是社会生产力发展的结果，也是实用功能和审美功能相结合的时代产物。本书主要通过对青花瓷代表性器物的分析，探寻青花瓷背后所蕴含的社会文化内涵与瓷匠们创作的个人审美趣味。纹饰的发展与演变体现了每个朝代的流行审美文化，把个人的审美情趣运用到青花瓷纹饰创作中，挖掘青花瓷纹饰变化创新中的时代美感和艺术价值。

因此，本书用现代学术的视角风尚去研究明代陶瓷文化，通过具体的青花瓷器物去分析解读，论证它们在特定历史时期的存在价值与社会意义。针对青花瓷艺术风尚的整体美学风貌和瓷匠个体的艺术实践给予全新的审视与定位，并对当时特定历史时期的文人画家和御器厂瓷匠们的审美情趣、表现技巧和语言符号等进一步深入研究。

第五节　研究的创新点

明代青花瓷是陶瓷学术界研究的一个重点，因为这个朝代在政治、经济、文化、思想及社会各个领域都有鲜明的时代特征与个性特点。本书从设计学的视角去论述明代青花瓷艺术风尚的发展演变，运用艺术学、社会学、历史学、美学、文献学等方法来归纳整理艺术风尚演变的历史规律和文化内涵。对于青花瓷艺术风尚的研究，不能将探寻的目光停留在器物本身，而要通过器物的变化特征挖掘其文化内涵。本书通过研究明代青花瓷在器型、纹饰、思想、文化、技艺、审美等方面的时代特征变化来论证艺术风尚的发展演变，创新点具体体现在以下三个方面。

其一，以皇权礼制影响下的官窑青花瓷作为主要研究对象，总结了明代先进的制瓷工艺和生产技术，分析了明代青花瓷在不同历史时期所呈现的不同社会功能和风尚特征。全书围绕"风尚演变"与"器物文化"，对青花瓷艺术风尚观和社会形态的变迁做了深入细致的分析，从而揭示艺术风尚演变的社会根源，进而论证青花瓷艺术风尚演变的核心规律及艺术价值。

其二，以艺术风尚为研究视角，以青花瓷的发展变化为研究背景，在大量实物图例与史学文献的基础上，运用艺术学、社会学、历史学、美学的理论观点，跨学科论证明代青花瓷艺术风尚在不同历史时期演变中的存在、表现及流行意义。

全书主要从文思、器技、纹饰三方面的变化特征来分析论证青花瓷在明代早、中、晚时期经历了从高峰到平缓、从平缓到多元的跨时代演变，此种演变促进了青花瓷艺术不断向前发展，具有一定的学术研究价值。

其三，青花瓷艺术风尚研究在陶瓷领域目前还是一个比较新兴的发展方向，研究成果较少。青花瓷艺术风尚研究不仅包含陶瓷的生产发展与特征演变，更体现了当时社会发展的主流形态与艺术思潮的发展方向。青花瓷这种符合时代潮流的艺术，对整个明代的文化艺术发展起到了强有力的推动作用。

第二章　明代青花瓷的发展背景

第一节　明王朝国运兴衰下的景德镇制瓷业

1368 年，朱元璋在南京建立明王朝。洪武帝统治期间，采取了许多促进农业生产发展的措施，使遭受战乱破坏的社会经济得以恢复。1399 年，洪武帝病逝，皇太孙朱允炆继位，次年改元建文，是为建文帝。1399 年，建文帝推行削藩政策，燕王朱棣发动武装叛乱，于 1402 年攻克南京，建文帝自焚,燕王自立为帝,第二年改元永乐。1424 年永乐帝病逝于北征途中，皇太子朱高炽继皇帝位并改元洪熙。1425 年,洪熙帝执政八个月之后病逝，皇太子朱瞻基继皇帝位，第二年便改元宣德。宣宗在位十年，仁宗仅在位八个月，但史学家仍把这一时期称作仁宣之治。明早期的仁宣之治对当时各地的政治、经济、文化、科技发展都产生了重大影响，其中就包含景德镇御器厂的官窑生产。

在官窑体制方面，明初承袭了元代的地方官管理模式和匠籍管理制度。洪武二年，编制全国户籍。洪武三年，朝廷将用于祭祀的礼器定为瓷器。洪武十八年，朝廷下达瓷器税课的征税办法。匠役制度方面承继了元代旧有的匠籍制度,即单独为匠人立籍,所有的在籍匠人必须以"住坐"或"轮班"的方式无偿地为朝廷服务，即在官府作坊内从事各项手工生产。明御器厂等官府窑场，是那些在籍陶瓷手工匠人服务于朝廷的基本职能机构。明代瓷器铭记材料中，景德镇明代窑场旧址出土的洪武时期白釉瓷碗残片上见有"官用供器"四字铭。[1]洪武十九年，对匠役中的轮班制作了明确规定：

---

①　王光尧.中国古代官窑制度［M］.北京:紫禁城出版社，2004:83.

"定以三年为一班，更番赴京，输作三月，如期交代，名曰轮班匠。"[①] 轮班制实施以后，工匠在轮班之余，可以自营生产。该匠籍制度，给景德镇的瓷业生产带来了巨大的影响。一方面，规定工匠对朝廷的赋役，保证了官窑的生产；另一方面，间接地促进了民窑的兴盛。这些制度的制定，说明了明朝初年，政治、经济百废待兴，统治者采取一系列的整改措施，推动制瓷业的发展。正德以后，官窑编役匠大多是本土乡民，被招募而来，以雇佣的形式被编服役。从当时的社会环境来看，班匠银这种制度促进了景德镇瓷业的发展，调动了窑工的生产积极性。匠籍制在明后期处于从属地位，发展速度极为缓慢，被雇役制取代是时代发展的必然趋势。

在明代，主要以瓷局来管理瓷器生产，每年进贡的瓷器都在景德镇的御器厂管理烧造。其管理方式沿袭两宋以来的管理旧法，一切都交给景德镇所在的地方督陶官负责。《明史》记载："宣宗始遣中官张善之饶州，造奉先殿几筵龙凤文白瓷祭器，磁州造赵府祭器。逾年，善以罪诛，罢其役。正统元年，浮梁民进瓷器五万余，偿以钞。禁私造黄、紫、红、绿、青、蓝、白地青花诸瓷器，违者罪死。宫殿告成，命造九龙九凤膳案诸器，既又造青龙白地花缸。王振以为有瑿，遣锦衣指挥杖提督官，敕中官往督更造。成化间，遣中官之浮梁景德镇，烧造御用瓷器，最多且久，费不赀。"[②] 这是明代最早关于烧造御用瓷器的记载，也是督陶官因处置御用瓷器违规而受到严惩的第一例。据此可知，成祖朱棣从建文帝手中夺取皇位后，为了维护和巩固他的皇权地位，制定了很多整改措施，主要体现在强化礼仪等级制度，区分皇帝用瓷和亲王用瓷，严防僭越。这也是永乐皇帝之祖训，故在景德镇设置御器厂专门用来烧造宫廷御用瓷器，作为强化皇权的一种手段。

当时的景德镇，地处长江以南的东南部，江西省的东北部，赣、皖、浙三省交界处。景德镇境内河流密布，属于长江流域鄱阳湖水系，具备充

---

① 李东阳，等.大明会典［M］.扬州:广陵书社，2007:2563.
② 张廷玉，等.明史［M］.北京:中华书局，1974:13.

足的水源，不仅便于建立从事陶瓷生产的窑址，更有利于制瓷原料的淘洗和产品的运输。从地理位置上看，景德镇属于丘陵地带，四面环山，自然资源丰富，周围盛产木材。而釉料制作的主要成分蕨类植物，以及烧窑用的大量松木，都可以在窑区附近的山丘上找到。其周边的麻仓山、高岭、瑶里、星子、东乡、余干、祁门等地都是瓷土的重要产地。正是这种水土宜瓷的自然资源，加上得天独厚的自然环境，促使景德镇成为当时最重要的瓷业中心。朝廷专门派宦官监督烧造宫廷御用瓷器，对工艺技术、优质原料和产品均实行独占和垄断。正如曹昭在《格古要论》中所记载的："古饶器，出今江西饶州府浮梁县。御土窑者，体薄而润，最好。有素折腰样，毛口者，体虽薄，色白且润，尤佳。其价低于定器……新烧大足，素者欠润。有青色及五色花者，且俗甚。今烧此器，好者色而白莹，最高。"曲永建先生在其著作《残片映照的历史：北京出土景德镇瓷器探析》中分析道："北京出土的明早期瓷器数量上显示，明代龙泉窑和磁州窑的销量大约与景德镇旗鼓相当，说明当时是一种三分天下的状况。"[①]《天工开物》记载："中华四裔驰名猎取者，皆饶郡浮梁景德镇之产也。"[②]《明史》记载："浮梁之磁，南海之珠，玩好之奇，器用之巧，日新月异。遇圣节则有寿服，元宵则有灯服，端阳则有五毒吉服，年例则有岁进龙服。"[③]可见，景德镇瓷器在当时的重要影响力。图2-1为明清景德镇瓷器生产状况，可见其生产规模之壮观和分工之明确、工匠之忙碌，非今人可比。

英国学者哈里·加纳对青花瓷颇有研究，他在《东方的青花瓷器》一书中，系统地阐述了青花瓷的历史："青花瓷在14世纪上半叶仍在发展中，

① 曲永建.残片映照的历史：北京出土景德镇瓷器探析［M］.北京：中国建材工业出版社，2002：1.
② 潘吉星.天工开物译注［M］.上海：上海古籍出版社，2008：199.
③ 张廷玉，等.明史［M］北京：中华书局，1974：6531.

图 2-1　明清景德镇瓷器生产作坊
（来源：《文史中国——走向世界的明清陶瓷》）

还没有达到举国一致喜爱的程度。"①青花瓷的发展与流行，首先是满足宫廷统治阶级的需要，其次是满足社会大众的审美文化需求。而到了明代以后，青花瓷引领时代潮流，在全国普及开来。其关键因素在于明初朝廷对景德镇御用瓷器生产的高度重视，巨大的市场需求促使明晚期景德镇成为全国最著名的瓷业生产基地，推动了当时整个制瓷业的发展，仅万历时期，景德镇"镇上佣工，皆聚四方无籍游图，每日不下数万人"。

一、市镇经济促进制瓷业的发展

明朝自洪武时期开始，本着重农抑商、打击富户、提倡节俭、禁止奢靡的国策发展经济，颁布了一系列改革法令和整顿措施，如改革赋税、扶

---

① 哈里·加纳. 东方的青花瓷器［M］. 叶文程，罗立华，译. 上海：上海人民美术出版社，1992：38.

植屯垦、保护工商、降低俸禄、严惩贪吏等促进明早期的经济发展。同时，也采取一系列政治手段来加强皇权，如匠籍制度、货币制度、税务制度、管理制度等。很多制度的落后与不完善，阻碍了明初工商业的发展。洪武帝在明朝之初，建立中央集权的专制统治，诛杀功臣，废除丞相制，铲除一切有可能威胁其统治的因素，维护其神圣不可侵犯的地位。以皇权专制为基础的宫廷文化艺术得到繁荣发展，例如宫廷画院的繁荣、御器厂的兴盛和手工业的复苏，都体现了皇权思想下社会文化的发展。明代早期，对外交流的主要形式是朝贡贸易，即允许外国使臣携带货物来华，与官府进行贸易交换。据《明成祖永乐实录》记载，永乐时期，陕西、福建、四川等省份的财政收入可以支付当地俸禄十年甚至上百年，可见当时的社会经济十分富庶。宣德时期，整个社会都呈现繁荣发展的景象，其中江南地区最为繁华。正如《明史》所言，"洪、永、熙、宣之际，百姓充实，府藏衍溢。盖是时，劝农务垦辟，土无莱芜，人敦本业，又开屯田、中盐以给边军，军饷不仰藉于县官，故上下交足，军民胥裕。"①

在对外贸易方面，由于元末残余势力蠢蠢欲动，沿海倭寇猖獗，致使朱元璋推行海禁政策，限制民间海上贸易。然而到嘉靖时期，东南沿海的民间走私贸易日益频繁，朝廷已无力控制，于是，多年的海禁政策得以放开，向东亚、东南亚、西亚、北非等地出口景德镇青花瓷。发展到16世纪末17世纪初，通过荷兰、葡萄牙等政府与民间的努力，景德镇青花瓷大量出口欧洲，其造型和装饰画面大多按欧洲人的需求设计制作。这种大量的对外贸易直接刺激了欧洲陶瓷工艺技术的革新与发展，也带动了景德镇本土瓷业经济的发展与样式技术的革新。

经济史和社会史研究表明，在农业种植技术、粮食生产和社会生产力水平大幅度提高的前提下，明代早期瓷业的迅猛发展是经济发展作用下的历史产物。明早期的永乐、宣德皇帝励精图治、勤政爱民，明王朝社会稳定，国库充盈，经济繁荣，客观上给景德镇的制瓷业发展提供了有利条件。宣

---

① 张廷玉，等.明史［M］.北京:中华书局，1974 :1877.

德时期的官窑瓷器不仅质量精湛，而且数量庞大，品种丰富；不仅用于皇帝日常生活，还用于祭祀、外交、赏赐等各种社会活动。张应文在《清秘藏》"论窑器"中评价宣德瓷器："我朝宣庙窑器，质料细厚，隐隐橘皮纹起，冰裂鳝血纹者，几与官、汝窑敌。即暗花者、红花者、青花者皆发古未有，为一代绝品。"

明王朝中期以后由盛转衰，社会矛盾日益尖锐，景德镇瓷业也受到很大影响。空白期，社会动荡，经济下滑，从御器厂生产的官窑青花瓷与民窑青花瓷对比就可以看出，官窑的精细严谨与民窑的简约粗犷虽然各有特色，但瓷器生产整体质量是下滑的，正如《明英宗实录》记载："江西饶州府造青龙白地花缸，暇璺不堪，太监王振言于上，遣锦衣卫指挥往，仗其提督官，仍敕内官赍样，赴饶州更造之。"①

嘉靖、万历年间，民间工商业比较发达，商品经济活跃，尤其是江南地区已出现资本主义萌芽。手工业以棉纺织业、制瓷业、矿冶业和造船业发展最为迅速。当时大量的棉花、布匹、绸缎已成为交换的重要商品，相比之下，社会下层的民众文化生活受到许多限制。虽然万历时期张居正进行了社会改革，重点在整顿赋役制度，扭转财政危机，也只是促进了短暂性发展，无力改变整个时代的命运。

由此可见，皇帝的重视，加上大量的皇室用瓷需求，御器厂生产的瓷器精美，品质精益求精，成型、修坯、上釉、烧造等各个环节都非常细致精微，才有宣德时期的"如婴儿肌肤一般细腻的沙底"和成化时期的"瓷胎薄如蝉翼"。这些御用瓷器的高品质要求，让景德镇制瓷工匠们不得不想方设法提高生产效率和制瓷技术，来完成朝廷下派的烧造任务。因此，可以说经济和皇权思想在御用瓷器的生产上起到极为关键的决定性作用，不仅提高了青花瓷在瓷胎釉料、器型纹饰、品质发色等方面的技术水平，还创新了许多其他的品种门类。这些都是经济和皇权思想双驱动下带动整个景德镇制瓷业发展的结果。

---

① 明英宗实录［M］. 台北："中央研究院"历史语言研究所校勘本，1982:2344.

二、明代景德镇官窑的兴盛

明代以来，全国的商品经济开始走向繁荣，手工业作坊发展迅速，商业城镇大量兴起。其中，以江西景德镇、广东佛山镇、湖北汉口镇、河南朱仙镇最富有代表性，皆是因手工生产和商贾贸易繁荣而闻名。这种建立在工商业基础上的手工业城镇，具备发达的手工业生产规模和繁荣的商业贸易，使得景德镇作为全国的制瓷中心迅速发展起来，形成了名工云集、窑户林立的生产格局，打破了中国传统的由中央到地方的郡县发展模式，体现了中国封建社会后期商品经济迅速发展的潮流和趋势。

明代王宗沐在《江西省大志》记载："陶厂景德镇在今浮梁县西兴乡，水土宜陶，宋景德中始置镇，因名，置监镇一员。元更景德镇税课局，监镇为提领。国朝洪武初，镇如旧，属饶州府浮梁县。正德初，置御器厂专管御器。""瓷器，浮梁出，景德镇最佳，湖田市次之，麻仓洞为下。白者佳洁如玉，亦有青花纯翠交描金者，极为精致。"①浮梁县在当时属于饶州府管辖，以生产青花瓷为主，在明早期与处州青瓷声望并存。据明代王世懋《二委西谭》记："江西饶州府浮梁县，科第特省，天下瓷器所聚。其民繁富，甲于一省。余尝以分守督运至其地，万杵之殷地，火光烛天，夜不能寝。"由这段记载可知，浮梁瓷器生产可谓富甲一方，窑工为了完成生产任务，经常通宵达旦地烧制瓷器，以至于从远处望去，窑火照亮整个夜空。图2-2为当时景德镇所处的地理位置以及御器厂生产官窑瓷器所在的核心地带，四周的山脉、河流都为景德镇御器厂的生产提供了优越的环境和丰富的资源。"故形成景德镇一隅之地，屹然东南一雄，则固东南一大都会也。四方商贾，观业陶者于斯，贩瓷器者萃集于斯。天下大受陶之利，殖陶之利，五方杂居，列市受尘，延袤十三里，烟火逾十万家。陶户与市肆当十之七八、土著居民十之三，凡食货之所需求，百货俱陈，熙熙攘攘称盛观也。"

明代制瓷业的生产和发展主要以工商市镇经济为基础，随着生产规模

---

① 熊寥，熊微.中国陶瓷古籍集成［M］.上海：上海文化出版社，2006：32.

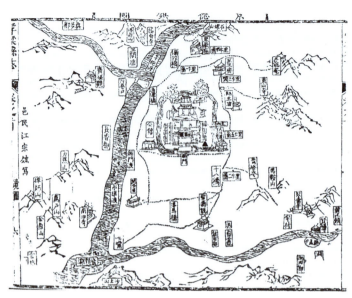

图 2-2　康熙《浮梁县志》所录景德镇图及御器厂位置
（来源:《明代宫廷陶瓷史》）

的逐渐扩大，制瓷技术的发展，行业分工更加细致化、专业化。明朝廷在景德镇设御器厂，命饶州知州李唐创司，设提领，在景德镇收税。次年知县王文德在镇建官厅三间，石库一间。洪武三年太庙祭器都用瓷簠、瓷簋、瓷登、瓷豆。洪武二十六年规定:"所有烧造器皿，必须定夺样式，计算人工、物料。"① 建文四年始于景德镇珠山下设厂，命工部员外郎段廷珪烧造宫廷用瓷，每岁上解，号称官窑，以区别民窑。永乐官窑有 20 座，规模宏大，到宣德年间，皇帝朱瞻基派营缮所丞专门办理御厂，官窑多至 58 座。这些官窑是专门为朝廷烧造御用瓷器的，是朝廷授权管理下的官府手工业机构，主要实行轮班匠役制。烧造瓷器的标准是:只求出品精良，不计成本高低。此后景德镇官窑生产的御用瓷器，都是按照这种标准进行生产制作的。

　　明代御器厂的整个生产组织分工相当完备，它将制坯业和烧窑业全部集中在厂内，厂内设御窑若干座，开设制坯作坊、舂碓陶土作坊、圆琢器

---

① 王光尧:中国古代官窑制度［M］.北京:紫禁城出版社，2004:137.

坯胎作坊、彩绘作坊等。明晚期由于瓷器的大量需求，隆庆后期已分为23座和6种窑炉。正是由于这些作坊和窑炉的不同分工，才形成了当时集约化、流水线似的生产模式，提高了生产效率。行业内部分工促使了生产技术的提高，也实现了官府对整个制瓷手工业的管理，使得从事生产的每个匠人都不可能单独完成御用瓷器的生产，从生产技术上保证了政府对御用瓷器的控制，同时也实现了官方制瓷业的垄断。

御器厂匠役制度管理方面，制定了完善的人事管理制度和窑业分工制度。除督陶官管理整个窑业事务以外，人事管理还包括御器厂管事一名、副管事一名，档子房听事一名、听事吏一名、书手二名、机兵十六名、铺兵一名、禁子一名、门役一名、库役一名、阴阳生一名、里长十三名、老人十三名、皂隶八名、轿伞夫五名、鼓吹手六名，巡选守卫地方夫二十名。在窑业分工方面，工匠分为两种：一种是被划入匠籍的官匠，一种是雇佣工匠。官匠也分两种，一种是轮班匠，一种住坐匠。景德镇的陶瓷工匠属于轮班匠，编入御器厂二十三作服役。二十三作分工有：大碗作、碟作、盘作、印作、钟作、酒钟作、锥龙作、写字作、画作、匣作、泥水作、色作、大木作、小木作、船木作、铁作、竹作、漆作、索作、桶作、染作、东碓作、西碓作。作头五十五名，匠三百三十四名。[①]在二十三作中，大碗、酒钟、碟、盘、钟、印等六作是成坯之作，分圆、琢器成坯。其坯件制作，按每样坯器各计，规定每名成素坯之数。其工序有造坯、利坯、洗补、上浆，均由该名工匠完成，并无分工。素坯画青上色和烧坯成器，必须经画作、色作、写字作，有的还需经锥龙作，然后入窑烧制而成。官匠是划入匠籍的留存工匠，整个御器厂三百余人，他们是编役，叫上班匠，一有烧造，由入籍匠户例派，四年一班，遇烧造，拘集各厂上工，赴南京工部。上纳班银一两八钱，自备工食。官匠以外，其招募来的，曰雇役，如敲青、弹花、裱褙匠等。工匠以外，尚有夫，有雇夫、砂土夫、上工夫之征，俱派饶州七

① 江西省轻工业厅陶瓷研究所.景德镇陶瓷史稿［M］.北京:生活·读书·新知三联店，1959:103.

县或饶州千户所。总计御厂生产劳动力，正如隆庆间巡按御史刘思问所言："大小工匠约有五百，奔走力役之人不下千计。"① 御器厂的这些官匠、雇役因身份不同待遇方面也有所不同，班银制度为嘉靖年间规定的以银代役的办法，每班征银一两八钱，分为四年，每年征银四钱五分。雇役是按劳取酬，如画役日给工食二分五厘（一年九两）；龙缸大匠和敲青等匠，则日给工银三分五厘（一年十二两六钱）；上工夫和砂土夫，日给工食银二分（一年七两二钱）。②

明代的匠籍制度，从宏观的角度上来看，它是将分散的人才集中起来统一管理。景德镇在当时是一个本地居民只占十分之二三，外来人口却占十分之七八的城市。作为一个"匠从八方来"的手工业城市，外来工匠不仅带来了各地的制瓷技术，也带来了不同地区的文化和风俗习惯。外来人与本地人在陶瓷生产与经营销售管理上也存在很大的冲突，也涉及青花瓷烧造的方方面面。因为御器厂的匠籍制，主要是针对全国招募有专门技术的高级工匠，形成一支稳定的专业工匠队伍，为皇室御用瓷器生产服务。当时由于匠户的身份地位极其低下，他们自身的陶瓷手工技艺只能通过子承父业或者师父带徒弟的方式世代相传，没有别的传播途径，相互之间也缺乏交流与共同提高的机会。因此，传统的匠籍制度对提高陶瓷生产发展的速度以及工艺技术的提升，有一定的限制性，无形中制约了陶瓷工匠自身发展的积极性与创造性。所以，这种制度也伴随着制瓷技术的提高和管理机制的完善，被后来的雇役制所取代。

三、官窑与民窑的互动发展

20世纪90年代景德镇陶瓷考古研究所在珠山御器厂遗址宣德地层中发现一个白瓷盘，有釉下钴蓝书写的"乐一号"及"乐三号"字样，认为

---

① 吴允嘉. 浮梁县志陶政［M］// 中国古代陶瓷文献辑录. 北京：全国图书馆文献微缩复制中心，2003：913.

② 吴允嘉. 浮梁县志陶政［M］// 中国古代陶瓷文献辑录. 北京：全国图书馆文献微缩复制中心，2003：913.

是当时用作试烧青花色调的试料盘。说明宣德时期钴料就在给景德镇民窑使用，薄胎纯白器、青花以及各种颜色釉器也在民窑中大量生产，质量足与官窑媲美，并且出现了一些有名的民间制瓷艺人。童书业认为，"明代瓷器，明初起就比元代高明，此时瓷器制造已经集中于景德镇，无论民窑、官窑都得到了极大的发展。"①景德镇和其他各地的民窑所生产的日用瓷中，也有不少精美的瓷器，花样简朴自然，用笔轻松豪放，表现了民间艺人轻松自由的特点。据《江西省大志》卷七《陶书》记载："嘉窑瓷器，首列青花，共五十一种，其他杂色瓷器，合共三十六种。隆庆窑之列青花器十五种，不列他种瓷器。万历窑首列青花，共五十八种。仅万历定陵出土瓷器共十余件，青花居绝大多数。"可知明代中晚期之后的民窑青花发展非常迅速，青花种类繁多，存世量也很大。

《江西省大志》中详细记载了官窑订单的组织与生产，包括器型、纹饰设计以及生产的数量。通常情况下，官窑只接朝廷或官方的订单，官窑完不成的情况下就会设法分摊给民窑。据1684年《饶州府志》记载，当时的民窑接到一宗官方订单后，能够完成任务的窑厂按单生产，不能完成的则需付罚款并从官窑处购买短缺产品以充数。事实上，很多官方订单都是由民窑完成的。景德镇优秀的瓷匠大部分时间在御器厂工作，少部分时间在私下也会接点私活，仅成化年间，其雇佣工匠，买办柴土、颜料，每年烧瓷用银不下数千余两。到了嘉靖后期，朝廷对瓷器的需求量显著增大，导致官窑根本无法完成朝廷下派的任务，只能借助民窑来完成全部陶瓷的生产。宫廷所需要的御器，实际上大多是由民窑中的官古器窑户烧造的。《江西省大志·陶书》中记载："今遇烧造，官窑户辄布置民窑，而民窑且不克事也。斯官匠独习惯其制，悬高贾以市之，而民窑益困匮矣。"讲的是官窑把朝廷下达的烧瓷任务摊派给民窑，使民窑资源受到掠夺而陷入困境。②当时，仅官搭民烧的青窑就有二十几座。御器厂通过官搭民烧的形式直接

---

① 童书业. 童书业说瓷［M］. 上海：上海古籍出版社，1998：177.
② 赵宏. 中国陶瓷文化史［M］. 北京：中国言实出版社，2016：191.

控制民窑，使民窑成为官府手工业的延续和补充。这种搭烧的从业方式促使了民窑对官窑瓷器纹饰图样的仿效。尤其在嘉靖之后，青花料用云南的回青代替了进口的苏麻离青，使青花瓷的烧制成本降低。民窑生产作坊为了好的青花发色，不惜以高价从御器厂的官匠手中私买回青料，然后去仿制官窑青花瓷的纹饰和发色，以至于出现"真青每插于杂石……匠户取其赢以市于民。于是青色狼藉，流于民间"①之记载，这些都在一定程度上促进了民窑烧成技术的提高。再加上隆庆间开海禁，那些"视波涛为阡陌，倚帆樯为来耙"的贸易商人为景德镇瓷器开辟了广阔的海外市场，使得越来越多的民窑得以蓬勃发展起来。

明代官窑和民窑青花瓷各具特色，二者相互吸收、相互促进，共同发展。官窑器物常以瓶、尊、罐、坛、盘、花觚、水注、花浇等基本造型为主，装饰形式繁复多层，表现手法工整细致，多以龙凤、麒麟、牡丹、山茶、莲花、菊花、灵芝、葡萄等为装饰题材。民窑常以碗、盘、杯、碟、罐、壶等生活常用器皿为主，装饰形式自由洒脱，题材较官窑更加广泛，有人物、动物、花鸟、山水、树石、花果等大众喜爱的题材。从风格特征方面来看，官窑器物胎质厚重，瓷质精良，造型端庄大气、浑厚古朴，构图饱满柔和，画工精细。尤其以宣德、永乐官窑重器最具有代表性。民窑器物瓷胎粗糙，造型相对自由，缺少官窑的规整，构图相对松散，缺乏官窑的严谨。民窑青花用笔娴熟豪放，点、画错落生动，任意挥洒，不受约束。

从社会需求与审美价值的角度分析，官窑与民窑有雅与俗的内在精神之别，二者有不同的审美价值取向，主要取决于服务或适用的对象。官窑器物题材偏重于文人兴趣和社会时尚，主要是满足帝王和上层统治阶级御用瓷器的需求。如宣德蟋蟀罐、正德回回纹瓷器、成化斗彩杯、嘉靖葫芦瓶等，这些都是为了迎合帝王的审美喜好而专门生产的瓷器样式。一般来说，官窑器物在明代是主流的、精英的、时代的流行文化，在特定时期具

---

① 江西省轻工业厅陶瓷研究所.景德镇陶瓷史稿［M］.北京:生活·读书·新知三联书店，1959:206.

有较高的审美价值，为上层社会或文人雅士所接受，属于高雅陶瓷器物，具备把玩、鉴赏之功能，具有相对规范、严谨、雅致、时尚的审美特性。而民窑更多的是满足普通百姓的审美喜好和日常生活，反映的则是通俗的、民间的、地域的、行业的陶瓷文化，具有广泛的民众基础，深受百姓的喜爱，无需过多装饰，更加注重器物的实用功能。官窑的高贵与民窑的平实在青花瓷器物文化上体现得淋漓尽致。

官窑与民窑最大的差别主要体现在青花瓷的纹饰风格上。官窑吸收民窑生动活泼的绘画风格，民窑吸收官窑精细严谨的笔意。正德时期的青花瓷虽然保留了成化、弘治时期的遗风，但总体制瓷水平呈下降趋势，出现底部粗糙、胎体

图 2-3　明万历青花龙纹穿花碗（故宫博物院藏）

变厚、瑕疵明显的现象。发展到嘉靖、万历时期，皇帝信奉道教，不理朝政，奢靡风气盛行，统治阶级自上而下贪污腐败，开销巨大，导致国库空虚，民不聊生。这些反映在青花瓷上，就是虽然官窑瓷器数量庞大，但整体制瓷水平下降，已没有明早期官窑瓷器的精细优良，大多胎体厚重，画工粗糙，纹饰呆板。从明代万历青花龙纹穿花碗（如图2-3所示）可以看出，碗的外壁图案纹饰相比于成化官窑青花碗，瓷胎工艺技术下降，纹饰绘制略显粗糙，尤其是龙的体态，毫无生趣可言。虽然底部有"大明万历年制"落款，但瓷质水平远不如成化、宣德时期。透过此件官窑青花瓷，可以看出象征皇权的青花瓷重器逐渐失去了其神圣崇高的地位和影响力，朝着民窑生产生活日用器的方向发展。这也正如史料记载的："至宣德中，将龙缸窑之半，改作青窑。厂官窑遂增至五十八座，多散建厂外民间。"[①] 景德镇民窑款识很多，大多以大明年制署底款。青花器有富贵佳器、长春佳器、万福攸同、

① 　熊寥，熊微.中国陶瓷古籍集成［M］.上海:上海文化出版社，2006:509.

上品佳器、天永佳器、食禄万钟等。比较具有代表性的民窑有崔公窑、周窑、壶公窑等。

崔公窑的烧造者为崔国懋，嘉靖至隆庆时人。《景德镇陶录》称他："善冶陶，多仿宣、成窑遗法制器，当时以为胜，号其器曰'崔公窑瓷'，四方争售。诸器中惟盏式较宣、成两窑差大，精好则一。余青、彩花色悉同，为民陶之冠。"① 周窑的烧造者为周丹泉，隆庆、万历时人，出身封建士大夫阶层，在苏州以画为生，人称其画绘事苍秀，追踪往古。"来昌南造器，为当时名手，尤精仿古器。每一名品出，四方竞重购之，周亦居奇自喜。恒携至苏、松、常、镇间，售于博古家，虽善鉴别者，亦为所惑。"② 壶公窑的烧造者为吴十九，号壶隐道人，万历间浮梁人，别号十九。人称壶公窑，其作品以卵幕杯、流霞盏闻名。"盏色明如朱砂，杯极莹白可爱。一枝才重半铢，四方不惜重价求之。"当时吴十九造的瓷器非常精良，极尽人工的精巧。曾制作卵幕杯，洁白光润，极可爱，一件体重不过一两。御史樊玉衡亦与之游，寄诗云："宣窑薄甚永窑厚，天下驰名吴十九；更有小诗清动人，匡庐山下重问首。"

还有一些无窑但非常有名的陶瓷名匠。如陈仲美，明代安徽婺源人，在景德镇来去无定，因此无窑名。《阳羡茗壶系》载，江阴周高起曰："陈仲美，婺源人，初造瓷于景德镇。以业之者多，不足成其名，弃之而来。好配壶土，意造诸玩……心思弹竭，以夭天年。"③ 吴明官，明代徽州人。《陶庵梦忆》云："嘉兴洪漆之漆，张铜之铜，徽州吴明官之窑，皆以行与漆与铜与窑名家起家，而其人且与缙绅先生列坐抗礼焉。"说明徽州吴明官之窑，皆以一工一器而出名。吴明官在景德镇造的瓷，大受封建大夫的珍视。④

① 蓝浦、郑廷桂.景德镇陶录图说［M］.济南:山东画报出版社，2004:137.
② 蓝浦、郑廷桂.景德镇陶录图说［M］.济南:山东画报出版社，2004:137.
③ 熊寥、熊微.中国陶瓷古籍集成［M］.上海:上海文化出版社，2006:644.
④ 江思清.景德镇瓷业史［M］.北京:中华书局，1936:143.

表 2-1　明代具有代表性的官窑与民窑的情况

名称	烧造年代	主要特点
永窑	永乐年间御厂造	质尚厚，但有脱胎素白器，彩锥拱漾始
宣窑	宣德年间御厂造	质骨如朱砂，青花最贵，色淡彩厚
成窑	成化年间御厂造	质尚薄，以五彩为上
正窑	正德年间御厂造	质厚薄不一，色分青彩，红最好
嘉窑	嘉靖年间御厂造	质腻薄，红色用红，青用回青
隆万窑	隆庆、万历间御厂造	质有厚薄，色青彩，制作最巧
龙缸窑	洪武年间制	专烧大瓷缸用
崔公窑	崔氏烧造	仿成化宣德窑，为民窑之冠
周窑	吴门周丹泉烧造	仿古最精
壶公窑	吴十九造	流霞盏、卵幕杯最著名
小南窑	小南街民造	体薄而坚，花止兰朵、竹叶二种

由以上史料记载可以看出，明代民窑的兴盛与官窑的关系密不可分，类似周丹泉、吴十九、陈仲美等民窑工匠，其制作陶瓷的水平不亚于官窑。表 2-1 是归纳整理出的明代具有代表性的官窑与民窑的生产时间与时代特点，从永窑到小南窑，每个时代都有流行的生产样式与流行风尚，这些风尚引领青花瓷从早期官窑的质朴厚重演变到晚期民窑的大放异彩。这说明了流行风尚是时代的产物，是主导官民窑青花瓷艺术风尚演变的核心力量。

第二节　皇权礼制对景德镇制瓷业的影响

明代皇权思想的空前强化，主要体现在明太祖朱元璋对制度的改变上。朱元璋出身贫寒，自幼饱受磨难，性格多疑，权力欲望极其旺盛。加上当时元末几十年的腐朽统治，民族矛盾恶化，阶级矛盾突出，给当时的经济带来严重伤害。在这种内忧外患的情况下，朱元璋首先想到的是要改制，他采取了一系列手段加强皇权，发展经济，巩固地位，此后的几任皇帝都依次效仿。第一，废丞相，设六部，分散丞相权力，六部对皇帝负责；第二，废行省，改设三司，即提刑按察使司、都指挥使司和承宣布政使司，从而有效分散地方的权力；第三，设锦衣卫，直接对皇上负责；第四，设都察院，加强对官员的监察;第五,将大都督府分为五军都督府,分散了军权;第六,以严刑峻法治理天下,一旦犯错,皆要严惩。这些制度的颁布,对明朝的政治、经济、文化各方面产生了深远的影响。正是这一系列的制度,促使明代的皇权空前强化,明统治者试图建立天下之权收归一人的封建主义中央集权制。故明代早期呈现政治清明、经济发展迅速、百姓安居乐业的发展局面。与此同时,景德镇的青花瓷业也处于稳步上升阶段,瓷胎、釉色、造型、纹饰都达到优质水平。正是基于这样的社会环境和思想意识,促使每个朝代的统治者都十分重视御用器物的生产、烧造与督造管理。

御器厂是官府专门生产御用瓷器的专属窑场,由朝廷指派官员管理烧造事宜。永乐、宣德时期,皇帝对制瓷业高度重视,各种制瓷技术得以迅猛发展,这一时期的青花瓷是出口贸易、商品交换的主要流通产品。官府对御用瓷器的生产有明确详细的规定,甚至会下发详细的官样,集中景德镇最优秀的陶瓷工匠,垄断优质瓷土和进口的青花钴料,每一个生产环节都彰显着当朝统治者的权威和尊严。正如《江西省大志·陶书》所载:"陶土出浮梁新正都麻仓山,曰千户坑、龙坑坞、高路坡、低路坡,为官土。"[①]这表明明代统治者为保障御器厂生产所需原料,以"官土"的形式将麻仓土(即高岭土)划为官窑烧瓷用土,禁止民间其他瓷窑开采,以确保官窑生产用瓷原料的需求。与此同时,为防止民窑作坊逾越官窑制度,官府对民窑生产器物的种类、纹饰、造型都做了严格的规定。如"正统十二年十二月甲戌,禁江西饶州府私造黄、紫、红、绿、青、蓝、白地青花等瓷器。命都察院榜喻其处,有敢仍冒前禁者,首犯凌迟处死,籍其家赀,丁男充军边卫,知而不告者连坐。"[②]《元典章·工部·杂造》也记载:"磁器上并不得用描金生活,教省里遍行榜文,禁断者。钦此。"[③]明代早在建立之初就规定民间禁止使用五爪龙纹,文武百官禁止穿戴有龙纹的服饰。官窑所烧造的瓷器在市面上不得流通,仅供统治阶级使用,每次生产的瓷器都要经

---

① 熊寥,熊微.中国陶瓷古籍集成[M].上海:上海文化出版社,2006:33.
② 熊寥,熊微.中国陶瓷古籍集成[M].上海:上海文化出版社,2006:17.
③ 熊寥,熊微.中国陶瓷古籍集成[M].上海:上海文化出版社,2006:7

过多次严格的筛选，稍有瑕疵或不合格的器物必须要打碎掩埋，避免流向民间。

最能表明皇权兴衰的莫过于御器厂的管理与烧造样式流行等。正德年间，朝廷将御厂改名为御器厂，专门派官员在景德镇管理烧造事宜。不久宁王叛乱，御器厂一度停止烧造，直至平乱后复烧。景泰五年，皇帝采纳大臣意见，减饶州岁造瓷器三分之一。弘治元年，孝宗继位之初，就下发诏书停止饶、处二州府的瓷器烧造。弘治十五年，"光禄寺岁用瓶坛缸，自本年为止。已造完者解用，未完者，量减三分之一。"几次停烧对当时全国的官窑业来说均产生了很大的影响。此等减造记录一方面反映了皇权的衰落，一方面也说明晚期经济下滑，繁重的烧造任务给景德镇窑工带来巨大的压力。《明史·食货志》记载，成化官窑"烧造御用瓷器，最多且久，费不赀"，其费用为"广信、抚州、饶州三府三十县的钱粮，每年消耗白银数万两"[①]。每年上百万两白银的消耗给朝廷带来沉重的经济负担，迫使御器厂的瓷器生产逐渐减少，民窑开始兴盛。

御器厂是专为皇家烧造御用瓷器服务的，皇帝的审美喜好通过每个朝代的流行器物造型样式和纹饰特点也能直接反映出来。现藏于大英博物馆的明宣德青花扁壶（如图 2-4 所示），高51.2cm。此壶造型源于西亚地区的金银器扁瓶，是伊斯兰教用于盛装净水的容器，横截面为椭圆形，壶身布满缠枝纹、灵芝纹，花开正

图 2-4 宣德青花扁壶（大英博物馆藏）

① 王光尧.中国古代官窑制度［M］.北京:紫禁城出版，2004:136.

盛，即将结出莲子，胎体细白坚致，釉面莹润，纹饰精美，画工精湛。肩部一侧署六字宣德横款，具有浓郁的伊斯兰风格，无论造型还是纹饰方面，都是一件宣德时期的精美之器。

嘉靖、万历时期还有一种流行现象就是青花瓷器物上出现了大量道教题材的纹饰图案及相关造型，形态各异的葫芦瓶一度流行开来。如嘉靖青花葫芦大瓶（如图2-5所示），现藏于大英博物馆，高55cm，最大直径30cm，瓶体厚重，瓶身上小下大，上下分别绘海景和陆景人物图案，下半部分为仙人和他的信徒们正在向一位留有长须的道教神仙进献礼品。这位神仙坐于石座上，头顶是松树，身旁伴有吉祥的仙鹤，

图2-5　嘉靖青花葫芦大瓶
（大英博物馆藏）

以此推断此人物可能是寿星，这个场景或许是将八仙祝寿和其他神仙融合在一起了。葫芦上半部分画的是神仙乘着叶子在海上漂行的景象。此类葫芦瓶造型、纹饰的流行与当时统治阶级的审美取向与精神需求息息相关。嘉靖皇帝信奉道教，一直渴望寻找长生不老之术，皇权思想或多或少体现在瓷器生产上，影响了这一时期社会民众的整体审美倾向，并且这种流行风尚也直接影响到景德镇官窑青花瓷的生产，对该时期器型、纹饰的流行风格起到潜移默化的作用。这些可以从明末嘉靖、万历时期遗存下来的表现道教题材的瓷器上得到印证，具体分析会在本书第六章第四节"宗教影响下的纹饰之变"中进行论述。

一、御器厂的规制

《元史·百官志》记载浮梁景德镇设置了一所专为皇家生产瓷器的官窑——浮梁瓷局。浮梁瓷局归将作院诸路金玉人匠总管府管辖，瓷局长官

称大使，为正九品，掌管官匠八十余户。1994 年，景德镇陶瓷考古研究所在景德镇御器厂遗址发掘出土的洪武时期的材料里，发现"官匣"铭匣钵和带有"监工浮梁县丞赵万初"题记的黄釉盖瓦，可以证明洪武官府窑场的存在。此外，还有大量出土的元青花瓷器残片等实物，与文献印证后，进一步证明了元代的官窑延续到了明代。

洪武二年，朱元璋在元官署（浮梁瓷局）所在地恢复官窑生产，并派遣官员为朝廷烧造瓷器。当时官窑有二十座，规模宏大，永乐承其旧制，制瓷技术较洪武时期更加进步。《景德镇陶录》云："洪武二年，设厂于镇之珠山麓，制陶供上方，称官瓷，以别民窑。"又云："明洪武二年，就镇之珠山设陶厂，置官监督，烧造解京。"洪武三十五年开始烧造御用瓷器，规模比较大。正如史料记载："有御厂一所，官窑二十座。宣德中，以营膳所丞专督工匠。正统初罢，天顺丁丑，仍委中官烧造。嘉靖改元，诏革中官，以饶州府佐贰督之。"[①]

图 2-6　明代御器厂

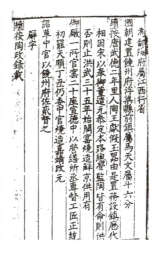

图 2-7　御器厂建烧年代的
　　　　文献记载

（来源：《千年窑火——景德镇陶瓷历史图片集》[②]）

①　熊寥，熊微 . 中国陶瓷古籍集成［M］. 上海：上海文化出版社，2006：47.

②　冯林华 . 千年窑火——景德镇陶瓷历史图片集［M］. 北京：中国文史出版社，2004：11.

　　据清代学者蓝浦等人考证，明代御器厂建于洪武二年，当时由朝廷派官员赴景德镇监督烧造，经验收合格后通过船运走水路运往京城。图 2-6 为作于嘉靖年间的明代御器厂图，是台北故宫博物院的藏本，可以看出当时御器厂的地理环境和建筑布局。御器厂内有窑式六种：曰青窑、曰龙缸窑、曰风火窑、曰色窑（烧炼颜色者）、曰爁熿窑（窑制大小不一）、曰匣窑。厂内还有三个神祠：曰佑陶灵祠、曰真武殿、曰关帝庙。

　　厂外有一神祠，曰师主庙。桂案《邑志》载："厂大堂旧题曰秉成，仪门外为厂场，左右四门，东曰日熙春，旋改为迎曦，南曰阜安，西曰澄川，北曰待诏。又阜安门外有秉节制度坊。珠山上有朝天阁，有冰立堂，有环翠亭。今并改替，惟厂署规制如旧，环翠亭犹存。"图 2-7 是《江西省大志》记载的御器厂建烧年代最原始的文献版本。上面明确记载："唐武德二年，里人陶王献假玉器……洪武三十五年……有御厂一所，官窑二十座。"此文献为御器厂的年代划分提供了原始可靠的依据。

　　明代御器厂自洪武二年开始，一直延续到明末万历年间，每个朝代烧造数以万计的瓷器，是专门管理和组织烧造御用瓷器的官方生产机构。 如《浮梁县志》所载，明代御器厂："中为堂，后为轩，为寝，寝后高阜，为亭。堂之务为东西庑。东南各有门，左为官署，前为仪门，为鼓楼，为东西大库房，为作二十三，曰大碗作、酒钟作、碟作、盘作、钟（盅）作、印作、锥龙作、画作、写字作、色作、厘作、泥水作、大木作、小木作、船木作、铁作、竹作、漆作、索作、桶作、染作、东锥作、西锥作。为督工亭、为狱房。……"明代御器厂有一套完整的管理和生产制度，在机构设置上主要分为管理部门和生产部门。管理部门设有官署、正堂和狱房等。其中，官署是用来接待上级官员、商讨事情的场所；正堂是审理案件、举行重大活动的场所；而狱房的主要功能则是为了监督工匠。管理制度也较为系统完善，有专门的督陶官，所生产的产品不能对外出售，工艺技术也要保密，对瓷器的质量、样式、纹饰都有严格的要求，进贡筛选之后的次品更是要打碎掩埋，不能流向市场。生产部门以分工协作的方式组成，按照不同的生产工艺流程，划分小的生产单位，称之为"作"。《景德镇陶录》记载当时的编制为 92 人，瓷工是划入匠籍的，不计算在内，里长、老人、机兵、卑隶、巡守、轿伞夫和鼓吹手等就有 84 人之多，专业管理人员只有 8 人。其中，最重要的就是督陶官，为了生存的需要和陶瓷生产的正常进行，对人员结构、利益关系、社会关系、行业规范进行统一管理，形成一套约定俗成的行规习俗。具体体现在以下几个方面：成熟的行业运作机制、高度的社会分工协作、行业的自律意识、完善的销售渠道、以诚经商的理念以及相对公平的市场环境等。①

御器厂建立之初，由工部官员驻厂管理，到宣德时期开始派遣宦官督造。由于宦官督陶喜欢欺上瞒下、贪污扰民，经常生出许多弊端。所以到了宣德五年，朝廷改派工部来管理御器厂。依据《明宣宗实录》记载，陶瓷烧造应该先由"工部奏请官烧"，宣德八年，又由工部的"尚膳监"差本官一员监造。从文献记载来看，明代这种以工部管辖御器厂，以中官督造的制度是在宣德九年前后才开始确立的。这个制度执行的时间很长，直到嘉靖九年才有所改变。当时御供瓷器分为两种：一种为钦限瓷器（御用），一种为部限瓷器（赏赉之用）。嘉靖九年，皇帝下诏革除中官管理御器厂，派出饶州府一名官员专门管理。浮梁知县朱贤仪向皇帝奏请派遣工部主事一名来管理，没有得到批准；江西巡抚马森、巡按徐绅议，在各府中佐选委任；后来给事中徐甫奏请皇帝：将吉安推官减少一名，添设在饶州，令其专门驻扎御器厂，专理窑务，并限定此人为进士出身，不许巡抚安排他其他事务。奏报事下勘议，没有通过。嘉靖四十四年，皇帝批准设通判驻扎御器厂管理烧造事宜。依据《浮梁县志》记载，后来御器厂实行"一年一任"轮流督管制度，该制度虽然可以抑制督陶官在位过久而专权的弊病，但也造成了官员不负责任的心态，对御器厂的管理并没有投入过多的精力。所以到了万历十年时，《浮梁县志》载："万历十年会议，本府督捕通判驻厂"，将轮流督管制度改为专责制度。②

---

①　肖绚，陈致敏.景德镇陶瓷文化景观符号空间研究［M］.南昌：江西美术出版社，2018：106.

②　中国硅酸盐学会.中国陶瓷史［M］.北京：文物出版社，1982：368.

万历二十七年，饶州通判沈榜因督陶不力而被贬，江西矿税太监潘相乘矿税役兴的时机，掌握了御器厂的督陶事务。后因官吏营私舞弊，克扣工银，迫害工人，以致窑工童宾投火自焚，激起了民变。这一重大事件也成为明代御器厂走向衰亡的重要见证。万历四十八年，神宗晏驾，遗诏"罢一切矿税，并新增织造烧等项。奉太子令旨，尽行停止，税监潘相等俱撤还"[①]。从此，御器厂烧造御用瓷器的差役也渐渐止息。

通过梳理明代御器厂的兴衰演变，可以发现皇权思想在青花瓷器烧造事务上的直接体现，御器厂由盛到衰的时代变迁深刻地反映了大明王朝国运的兴衰。作为封建统治阶级生产机构的御器厂，承担着生产皇家宫廷用瓷的功能，在生产管理与制瓷技术方面均要符合封建统治的管理规范。生产流程主要分为以下三个阶段：第一个是根据帝王的旨意定制专属阶段，也就是陶瓷生产之前的准备工作，例如器型、纹样的设计样稿以及生产所需要的资金。通常由宫廷画师根据皇帝的喜好绘制御用瓷的官样，审核通过后再由朝廷直接下达官样给御器厂，由督陶官组织生产。第二个是内部生产阶段。督陶官接到下达的烧造任务后，组织厂内所有优良工匠，严格按照管理制度，针对纹饰的种类、器型的样式以及生产的数量进行统一安排，分工协作，实现以工匠为主体的专业流水线生产。第三个是瓷器验收阶段。由于御器厂生产的瓷器最终是要进贡给皇帝的，验收非常严格，合格的进贡运送到北京，不合格的就地打碎掩埋。

二、落选品的处理

由于明朝是中国封建专制最为集中的朝代，为了强化政权的合法性以及自我认同感，每朝的君王都非常强调自身的尊贵地位，并通过一系列的外在形式及封建礼仪制度，把皇权置于统治阶级顶端，因此，对御器厂的生产管理及御用瓷的挑选都非常严格。

本书所述的落选品的处理主要是指官窑瓷器。明代御器厂烧制达到

① 江思清.景德镇瓷业史［M］.北京：中华书局，1936：78—81.

验收标准的成品比例并不高，万历十三年任江西巡抚的陈有年在奏折中称，当时御器厂奉旨烧造鲜红朱砂古碗、大红鱼碗、红鱼酒盏等器，"广询博诹，经心设法、重悬赏格、召募智巧匠人，采择泥土、广造坯胎，入窑屡次试烧，百无一成，悉数拆裂……工人束手、法无可施；至如檠台、龙缸、二样花瓶……内多奇巧，妆实五彩，或口面阔大，或上大下小，均属难成，虽经造解，然皆百选一二……龙缸花瓶之类，百不得五，谓之难成"。由此可见，御窑厂每年烧造的更多的是御用落选的瓷器，且数量庞大。

1982—1994 年，景德镇陶瓷考古研究所在官窑遗址范围内清理发掘出的明代洪武至嘉靖时期的次色瓷器碎片就有数十吨，若干亿片，并依据地下表层堆积情况得出结论，不同时期御器厂对残次品的处理方法是：洪武时期把所有残次品集中销毁并成坑掩埋；永乐时期，也是挖坑掩埋；宣德时期只是打碎后集中倒在某个角落或自然的凹处；成化至正德时期，随窑业垃圾一起成片成层地倾倒，已不再集中掩埋。正德以后如何处理落选品，据现有考古资料暂不能证明。明代王世懋在《二酉委谭》中记载："方物即至小，亦须手捻而成，最难完成，供御大率十不能一二，余皆置之无用，殊可惜也。"

迄今为止，已在御器厂遗址内出土大量的洪武、永乐、宣德、正德、成化、弘治、嘉靖瓷器碎片，未发现隆庆朝落选瓷器碎片，万历朝的数量也极少。"嘉靖三十二年题准：通行折价，每缸一只折银二钱，瓶、坛一个折银一分。……通行解部，召商代卖。如遇缺乏，止行磁州、真定烧造，免派均州。"《江西省大志》记载："按逐年存贮器皿，堆积日多，库役皂快乘机盗窃，董事者且拣择馈送。是以公家之物，徒济贪鄙之私。隆庆五年春，蒙抚院议行将存留器皿委官查解折奉……近年如此，远可类推。节经建议发卖或兑民窑，乞无成兑者。"[①] 可见，当时官府有人提议将落选御器折俸发卖，当成商品处理，这种建议在明朝并未得到采纳。万历十一年，钦限

---

① 王宗沐.江西省大志 [M].北京：中华书局，2018:372.

烧造瓷器 96624 件，其后又命："内评分屏风、棋盘、烛台、花瓶、新样大缸，烧成有好的，着拣进；不堪的，听彼变卖；未烧的停止，以省费息民。"结合史料分析，隆庆、万历朝的落选品瓷器的处理方式为存储库房，登记造册，不再打碎掩埋。这也说明当时这些落选瓷并未受到重视，也不能流向民间，只能存在库房听天由命。之所以选择这样的处理方式，一方面是为了维护皇权，百姓不能用，民窑不能仿；另一方面也是为了维护官窑生产技术的专有性，防止民窑工匠学习。

三、"官搭民烧"制度

明中期以后，传统的匠籍制已不适应当时生产力的发展。嘉靖时期面临青花瓷器出口的大量需求，烧造费用带来巨大的压力，导致官窑生产的某些工种短缺，迫使采用新的佣工机制，即招纳民间的工匠以维系官窑的生产。嘉靖八年，明政府下令废除轮班制，工匠一律改纳班匠银，官为代雇，公私交变。实行班匠银，完成了以服劳役为特征的徭役向税制的转化。按照官匠改制后的规定，轮班匠每四年一次赴南京工部上纳班银一两八钱，纳过班银后，可以不应役而自行生产。这就给官窑生产的优秀工匠以机会，可以摆脱差役，进入民窑生产体系。该制度真正确立是在嘉靖九年，朝廷下令革去中官，以饶州府佐贰轮选一员管理，制定了官搭民烧制度，把官窑瓷器的生产分一部分给民窑完成。[①] 该制度制定的主要原因在于嘉靖、万历时期，瓷器烧造数量巨大，而生产的瓷器大多粗糙不精，瓷胎工艺水平下降。此现象也反映了宫廷用瓷需求量的膨胀与官窑生产管理不协调的弊病。

关于"官搭民烧"制度的最早记载是"正统元年,浮梁民进瓷器五万余,偿以钞"[②]。明代青花瓷，瓷器成色上品为青。陶专供御，明嘉靖七年以前，案毁不可考，嘉靖以后，代有岁解额数。嘉靖二十二年以前，每年烧造，

---

① 赵宏.中国陶瓷史学史［M］.北京:中国文史出版社，2014:64.
② 熊寥.中国陶瓷古籍集成：注释本［M］.南昌:江西科学技术出版社，2000:176.

不过一万件，二十二年以后，逐渐增多，三十三年以后，有时达到八万多件。隆万年间，达到九万六千件，在"官匠因循"的情况下，乃以散之民窑。"散之民窑"是官搭民烧最为常见的形式，还有两种形式是"分派散户"和"定给民窑"，三种形式在明代瓷器烧造中都有详细记载。

官搭民烧的窑在当时称为民间青窑，也要经过严格的筛选，大约二十座。明代民窑容量比官窑大很多。以青窑为例：青窑前宽五尺，后五尺五寸，入身四尺五寸。每座窑烧盘碟中样器，只烧二百多件，小器三百余件，稍大者一百五十六件，大盘二十四件，尺盘三十件，大缸止烧十六七件，小酒杯五六百件。由此可见，民间青窑约二十窑，制作阔大，每座容烧小器千余件，用柴八九十扛，多者不过百扛。这与御器厂的官窑烧瓷数量相差很大。王宗沐在《江西省大志》中记载："今器贡自京师者，岁从部解式造，特以龙凤为辨。然青色狼藉，有司不能察，流于民间，其制无复分。"①《明英宗实录》中记载："天顺三年光禄寺奏请于江西烧造瓷器共十三万三千有余，工部以饶州民艰难，奏减八万，从之。"《大明会典》记载："凡直隶宁国府解到岁造酒瓶一十万个，送南京光禄寺交纳。嘉靖七年题准：止解一万五千个。"龙凤纹饰瓷器流向民间，可以看出官窑与民窑之间的关系渐趋模糊。《陶说》中记载："每次开窑征集工料，都由内务府开支，定期按照市上行情给价。运输由国家办理，不从当地摊派，并不妨碍政事。公私认为便当，当时所造瓷器很精致。"②不妨碍政事，又官民俱乐，也是当时景德镇窑户最理想的生产状态。可见，官搭民烧的流行符合当时社会生产力的发展和景德镇窑业的需要，在一定程度上促进了景德镇制瓷业的发展。

明代御器厂从万历三十八年开始逐渐停烧，传世文物中，并未见泰昌以后的官窑器物出现。由此可以确定，泰昌时期官窑已完全停烧。但在御器厂范围内，窑业生产还在进行，且生产的产品具有很高的工艺水平，瓷

① 王宗沐.江西省大志［M］.北京:中华书局，2018:378.
② 傅振伦.《陶说》译注［M］.北京:轻工业出版社，1984:10.

胎纹饰品质与官窑器相差无几，纹饰风格接近外销的克拉克瓷。由此可见，御器厂周围存在一定规模的高质量民窑生产，且民窑可以接受官府订单，生产官窑瓷器。据考古资料验证，景德镇观音阁瓷窑遗址就是嘉靖时期官搭民烧的窑场之一。

从本质上来看，明晚期的官搭民烧制度其实是御器厂管理者对民窑的一种剥削。官搭民烧制度明确规定了赏给银两、定烧赔造等事宜。在搭烧时，其能成器者，受嘱而释之。不能成器，责以必办，不能办，则官窑悬高价以市之。"本来钦限瓷器，细腻脆薄，最为难成。"因此民窑"历年赔贩，习以为常"[①]。事实上，御器厂封建落后的管理制度，影响了民窑的发展，加上瓷器生产成本较高，运输徭役繁重，给景德镇及周边带来极大的灾难。尤其是隆庆五年，刚经历天灾，人民在饥寒线上挣扎，朝廷却强迫景德镇烧造御器十万余件，引起工匠罢工。[②]

官搭民烧最大的意义在于促进了民窑技术的提高，皇权作用下的商品经济步入民间。青花瓷器纹饰的世俗化流行趋势就是一种明证，官窑纹饰的权威性与神秘性正在褪色，民窑经济开始蓬勃发展。

第三节　外来文化传播的渗透

一、来样定制与画风植入

明代早期，在中国海禁政策影响下，青花瓷大部分靠走私或朝贡的途径流向海外。永乐时期郑和七次下西洋给中东、东亚、波斯地区带去了大量的青花瓷器，为青花瓷在海外的传播奠定了坚实的基础。"正德以后随着海禁的开放和欧洲商人来华通商，青花瓷器开始出现在欧洲各国宫廷，甚至在青花瓷器上加烧欧洲的徽章，并促成欧洲各国的仿烧，在新大陆的

---

① 江西省轻工业厅陶瓷研究所.景德镇陶瓷史稿［M］.北京:生活·读书·新知三联书店，1959:110.

② 中国硅酸盐学会.中国陶瓷史［M］.北京:文物出版社，1982:363-364.

墨西哥也掌握了该青花技术，从
而形成世界青花文化。"① 发展到
明末，西方传教士进入中国，他
们不但将西方的科学文化知识传
入中国，而且将中国的文化以书
信、翻译典籍、来样定制的形式
传到欧洲，引发了中西文化交流
的"中国热"现象。这些"西学
东渐"思想对景德镇青花瓷的器
型样式和纹饰风格都产生了巨大
的影响。伊朗阿德贝尔伊斯兰教
寺院与土耳其卡普·沙奈博物馆
收藏了 15 世纪早期的宣德官窑
青花烛台（如图 2-8 所示），现
藏于英国维多利亚和阿尔伯特博
物馆。此件宣德官窑青花烛台与
12 世纪伊朗的金属烛台造型几
乎一样，由此可以推断此件烛台
很可能是接受了原件定制，否则
各个部位的细节及比例关系无法
达到一致。② 清宫旧藏永乐青花
缠枝莲纹双环耳扁平大壶（如图
2-9 所示），高 46cm，口径 7cm，
背径 35cm，壶直口，一面扁平，
中心凹进，一面隆起如龟背。肩

图 2-8 宣德青花烛台
（维多利亚和阿尔伯特博物馆藏）

图 2-9 永乐青花缠枝莲纹双环耳扁平大壶
（故宫博物院藏）

① 王光尧.明代宫廷陶瓷史［M］.北京:紫禁城出版社，2010:232.
② 刘新园.明宣宗与宣德官窑［J］.南方文物，2011（01）:84—112.

部对称装饰双环，壶身以缠枝莲为主，画工精致，疏密有序。此壶造型独特，又称卧壶，造型是仿阿拉伯铜器样式，纹饰是永乐时期流行的缠枝莲纹和海浪纹。此壶造型并不多见，目前仅见于永乐一朝，通常为清真寺中的陈设用瓷。该壶的设计制作很可能是为了满足对外贸易的需要，依据器型样式专门在御器厂生产的官窑瓷器。

明代中期，景德镇生产的官窑瓷器中突然出现了大量的回回文瓷器样式。相对于明初对伊斯兰工艺品之器型与纹饰亦步亦趋的仿制，此时器型大多是中国传统器型，以正德官窑为主，存世数量目前统计有一百多件。仔细分类发现，这些正德官窑青花上的回族文字可以分为阿拉伯文或波斯文，也有阿拉伯文与波斯文并存于一器的情况，并且大多写有标音符号。此外，大多文字施附于圆形、菱形或花形开光，因书写内容长短不同，而以开光样式撷取其字、词、句的布局形式也独具特色。图 2-10、2-11 为明代正德时期回回文青花器皿的部分文字内容，几乎都与伊斯兰信仰有关。该符号隐约透露出这些作品不仅单纯追求异国文字的装饰趣味，而且折射出明王朝与伊斯兰地区贸易往来的历史痕迹，呈现了明代陶瓷文化在中西文化交流上的深度融合。其中的文字与图像是如何互相对话的，也值得进一步深入研究。"回回文"青花现象，是正德时期的文化现象，不仅表现

图 2-10　正德阿拉伯文　　　　　图 2-11　正德缠枝莲阿拉伯文
　　　（作者绘）　　　　　　　　　　（作者绘）

在明朝开国功臣中有一批穆斯林人，如常遇春、胡大海、蓝玉等，也表现在郑和下西洋促使海上丝绸之路日益繁盛，中外文化的融会达到了空前的盛况。西方学者玛格丽特·艾弗森（Margaret Iversen）认为，艺术作为符号学研究模式依然有效，在欧洲文化史的视觉符号的兴衰变迁研究中，她认为文字与图像之间存在着一种来回摆动的关系，前者在启蒙运动中占据统治地位，后者在现代主义运动中占上风。

正德元年，中外文化交流持续深入，日本遣明使了庵桂悟等启程来中国学习瓷器生产技术，伊势松阪人五良太浦一同前来。五良太浦给自己取的中国名为吴祥瑞，他在景德镇住了五年，学习素肌玉骨青花瓷器的制作方法。回国时，他还带走了许多制瓷原料。回国后，他在肥前的有田附近开窑烧制瓷器，又在奈良附近的鹿脊山生产陶瓷。中国历史博物馆藏品中有祥瑞所造的六角三足青花瓷熏一件，即是其在景德镇学艺后融合了两国不同的社会文化而创造出来的民间生活用器。定制外销瓷的主要是欧洲国家和日本。欧洲人定制的瓷器多为青花瓷，纹饰一般根据盘、碗等的器型特点，在器型中间的主要部分采取开光的处理技巧，用几何区间将画面元素分割开来，在开光部位以山水、人物、花鸟等元素装饰。这一类的风格比较典型和流行，深受西方人喜欢，学术界把这类瓷器称为"克拉克瓷"。图 2-12、2-13 为典型的克拉克瓷碗和瓷盘，装饰风格明显不同于传统器

图 2-12　克拉克瓷碗
（来源:《大英博物馆藏中国明代陶瓷》）

图 2-13　克拉克瓷盘
（剑桥博物馆藏）

皿图案。

这些外来样式是根据外国商人的需求，将西方构图风格和外来图案元素结合在一起的新构图样式，主要是按照客户的要求进行订单化生产。由于新样式的制作工艺难度比传统中国瓷器样式难度要高得多，故价格也比较贵，这就为外国瓷器商人创造了很大的利润空间。明代景德镇青花瓷的生产技术对当时日本制瓷技术的影响很大，尤其是嘉靖、万历的青花、红绿彩，深得日本上层社会的喜爱，并影响了后来日本瓷器生产技术的提高和审美取向，形成一种模仿中国青花五彩瓷的艺术风尚。据日本学者三上次男的《陶瓷之路》记载：在日本讲究茶道的人当作珍品的青花瓷器中有一种被称为"祥瑞"样式的瓷器。1659年，日本第一批大规模的订货从日本运往阿拉伯和印度、欧洲等地，这批销往欧洲的瓷器基本都是欧洲的器型、日本的图案，加上中国的技术。

图 2-14 天启古染付青花罐
（来源：日本陶瓷大系《古染付 祥瑞》）

天启年间，景德镇民窑为日本定制的瓷器有写意青花以及红绿彩瓷器，写意青花吸收了中国画的写意笔法，手法自由，纹饰笔法生动严谨，在日本被称为古染付（如图 2-14、2-15 所示）。日本古染付青花罐用色、画工手法与景德镇青花瓷相似，缠枝莲纹样与景德镇的青花瓷纹样在表现形式上有吸收和融合的关系。但两国之间审美观念的差异决定了其装饰形式有

些不同，发色也与景德镇青花瓷存在
很大差异。

　　图 2-16 是明代生产的多彩带提
梁小水桶，此桶专门供日本茶道仪式
所用，现藏于英国大维德基金会。此
类器型是根据日式茶道专用器具的需
求专属定制的，色彩淡雅，是一种和
谐的钴蓝，器身精心描绘着细致的花
纹和山水、人物图样，属于 17 世纪
前半叶的青花瓷。这是日本在景德镇
特地定制的，在其他国家看不到，甚
至在中国也看不到。① 由此可以推理
出当时景德镇的窑场已经接受了外国
瓷器的按需定制，从画风与器型样式
的角度去论证当时的来样定制是合乎
一定逻辑的。与此同时，在景德镇观
音阁窑场出土了嘉靖时期日本订烧的
青花瓷片，在白瓷碟的外底釉下面用
钴料写了"天文年造"款，天文年在
时间节点上相当于嘉靖十一至三十三
年，从而可以推断出日本当年在景德
镇定制瓷器的窑场。② 此外，日本京都
国立博物馆现存有一批天启年间的青

图 2-15　古染付山水水注
（来源:日本陶瓷大系《古染付　祥瑞》）

图 2-16　多彩带提梁小水桶
（英国大维德基金会藏）

花瓷，有壶、杯、香盒、扇等日用器，器型、纹饰都是按照日本的风格设计，
由此可以证实日本早有在景德镇专门定制瓷器的传统。

① 三上次男.陶瓷之路［M］.李锡经，高喜美，译.北京:文物出版社，1984:63-64.
② 刘新园.江西景德镇观音阁明代窑址发掘简报［J］.文物，2009（12）:39-58+1.

二、样式模仿促进风格多样

明代官窑青花瓷也曾模仿伊斯兰工艺品的器型样式。在中国传统陶瓷器型纹样与外来造型图案交流过程中，明代青花瓷中又注入了一股伊斯兰艺术潮流的新风气。

图 2-17　永乐青花阿拉伯文无挡尊　　　图 2-18　西亚阿拉伯铜器
　　　　　（清宫旧藏）　　　　　　　（来源：台湾博物季刊 33 卷）

明代初期，伊斯兰元素主要表现在洪武、永乐、宣德年间生产的官窑青花器上，目前所见的例子当中，清宫旧藏永乐青花阿拉伯文无挡尊（如图 2-17 所示）比较具有代表性，高 17.2cm，口径 17.2cm，足径 16.6cm，尊身呈筒状、中空、无底，口沿及底部为菊花瓣纹，中间纹饰分为三层，上下两层以青花形式书写阿拉伯文。该无挡尊器型仿制西亚地区的阿拉伯铜器（如图 2-18 所示），造型奇特，可能是器座。清乾隆皇帝在诗中称其为"无挡尊"，故名称由此得来，沿用至今。然而，在造型端正、纹饰典雅的外形特色下，此器口沿外壁却画有一圈乱码，像是无意义的涂鸦，笔触十分迟缓生涩，与器物本身相比极不协调，有可能属于回回文纹饰的波斯字母。由此可以推测青花阿拉伯文无挡尊有更早的模仿对象，并且极可能是伊斯兰工艺品，而且在转换的过程中，文字已转换成抽象的图案与符号。尽管在伊斯兰地区是使用竹笔、芦苇笔等硬笔书写文字的，与描绘青花的毛笔不同，但从这件样式模仿、风格植入的永乐青花阿拉伯文无挡尊来看，并非只是画工用笔不熟所致，而是完全对回回文束手无策。然而，上层阶级所交派的任务，必须对指定样品进行复制，对于景德镇画工来说，只能依葫芦画瓢，应付交差。至于回回文其中的含义及纹样细节，也不是景德镇画工所能解决的问题。通过这个器型模仿的实例可以推理出永乐青花阿拉伯文无挡尊造型的来源、样式的模仿，给景德镇青花瓷生产带来一股新的风尚潮流，对于制瓷业的创新发展起到一定的促进作用。

图 2-19　永乐青花折纸花纹水注
（清宫旧藏）

此外，永乐时期的双系扁壶、如意耳扁瓶、折沿洗、花浇等器型也经常被认为是受到伊斯兰文化影响而产生的新样式。如永乐青花折纸花纹水注（如图2-19 所示），清宫旧藏，高 38.8cm，口径 7.4cm，足径 11.5cm，水注直口，长颈、宽肩。整个器型通体布满青花纹饰，肩部上下各绘一周莲瓣纹，腹部开光内绘有折枝花纹（如图 2-20 所示），花纹

图 2-20　永乐青花折纸花纹水注局部
（清宫旧藏）

用笔清新灵动，依据瓶型布局画面。此瓶的造型来源于阿拉伯铜制盛水器，在吸收伊斯兰文化的基础上，景德镇窑工将缠枝莲纹饰与水注器型融合，采取多边形开光的形式，将莲纹、海水纹、牡丹纹融会在一起，形成独特的风格，以应定制者需求。由于景德镇出口的青花瓷大多是来样定制，造型、

纹饰有别于景德镇的传统青花瓷，在国内较少见此类传世器物出土。

进入 16 世纪后期，青花瓷出口增加，对中东、近东陶瓷生产也有不小的影响，伊朗、土耳其、埃及、叙利亚等地相继生产白釉蓝绘陶器。大量的青花瓷分别经东线输往东南亚、美洲和欧洲，经西线输往东南亚、南亚、中西亚、非洲和欧洲。而欧洲人认识中国也是从瓷器开始的。17 世纪中国的瓷器贸易空前发达，由于荷兰东印度公司的加入而出口欧洲等地，对于不生产瓷器的欧洲人来说，畅销的中国瓷器是和金器、银器一样昂贵的餐具，也是财富的象征，一时掀起一股青花瓷时尚浪潮，正式宴会的餐具由之前的银器换为青花瓷。到了 18 世纪，青花瓷已成为欧洲上层社会人士青睐的艺术收藏品，青花瓷的艺术影响力超越了陶瓷艺术中的任何艺术表现形式。清代《景德镇陶录》中曾记载："洋器专售外洋者，商多粤东人。……载市式，多奇巧，岁无定样。"[①] 说明青花瓷在明末清初作为主要的对外贸易商品出口海外，在瓷器文化传播中产生重要影响。例如在英国斯塔福德郡，很多印花陶瓷日用器都受到中国青花瓷装饰风格的影响，尤其是流传广泛的柳树图案样式，如图 2-21、2-22 所示。瓷盘中间的柳树造型、亭台楼阁、小桥、帆船都是中国传统的设计元素，尤其是上空飞翔的小鸟，更是中国文人追求的诗情画意的结合典范。这些日用餐具在英国非常受欢迎，主要是因为融合了西方人的视觉审美与中国青花瓷的传统经

图 2-21　英国柳树图案青花瓷盘
（作者自藏）

图 2-22　英国柳树图案青花瓷盘
（作者自藏）

① 熊寥，熊微.中国陶瓷古籍集成［M］.上海：上海文化出版社，2006：486.

典元素，让该系列青花瓷一度在英国大放异彩。

图 2-23 晚明青花饰银高足杯
（大英博物馆藏）

晚明青花饰银高足杯（如图 2-23 所示），高 9cm，口径 8.8cm，现藏于大英博物馆，制造年代为万历年间。这件高足杯胎体厚重，弧壁撇足，足底部凹陷有覆釉，杯身以青花描绘出"铅笔画风格"[①]的四尾形态各异的鱼，以及波浪与水草，非常值得关注的是，此杯口部和足部镶有银边，银边的工艺制作精良。在 1613 年沉没的荷兰东印度商船白狮号的遗骸上发现有类似的小杯，画面风格与此较为相似。由此可以推断，此高足杯是为出口欧洲国家定制的，银饰的加工应该在欧洲的某个国家，可能是荷兰或德国，因为在这些地方此类器型比较受欢迎。这种青花瓷与银饰工艺的结合，是欧洲人为提升器物的艺术价值而做的尝试，以此增加实用器皿的附加值，在大英博物馆有多件类似工艺器皿留存。

明代的青花瓷生产技术传播到日本、越南、泰国和波斯、埃及地区。日本学者三上次男在其专著《陶瓷之路》中提到，"阿拔斯大帝曾在明朝从中国招聘了三百名陶工，在伊朗开始仿造中国瓷器，制作了青花陶器。这真不愧是艺术之国的波斯，大帝的搜集品如实地反映出他欣赏能力的高超。"阿拔斯大帝的藏品，器型有水注、军持、梅瓶、大罐、小罐、扁壶、碗、盘等，形式多样，造型典雅，色调和花纹也都很精彩，真是精美无双。

明代青花瓷与其纹样所形成的流行风尚，对整个欧洲乃至其他国家的器物装饰艺术风貌都产生了重大影响。例如：越南在明早期就能仿烧青花瓷；埃及在 15 世纪初仿制中国青花瓷，其造型和纹饰基本模仿了明代青

① 霍吉淑.大英博物馆藏中国明代陶瓷：上册［M］.赵伟,陈谊,文徽,译.北京：故宫出版社,2014：328.

图 2-24　中国瓷器影响下的世界陶瓷

（来源：《文史中国——走向世界的明清陶瓷》）

（a—e 分别为 14—17 世纪中国青花瓷；f 为 15—16 世纪越南青花陶瓷；g 为 15 世纪叙利亚
蓝白釉陶器；h 为 17 世纪日本有田烧；i 为 17 世纪波斯蓝白釉陶器）

花器；泰国仿龙泉青瓷；日本在明晚期更是从中国学习生产青花和青花五
彩的先进工艺；波斯学习青花瓷生产技术，进而影响土耳其、叙利亚的瓷
器生产。这些都说明了明代制瓷技术的外传对世界各国所产生的重要影响。
图 2-24 为中国瓷器影响下的世界陶瓷，无论是青花瓷的发色，还是纹饰
图案，都受明代青花瓷的影响，包括开光工艺技法、点线面位置的摆放，
都与明代青花瓷的艺术风格密切相关。

　　青花瓷作为一种陶瓷文化传播的有效媒介，既能从销往欧美的青花瓷
器型纹饰上展示中国古代人物、山水、花鸟等精致高雅的传统艺术形态，
又能在对景德镇青花瓷市场的需求中，反映西方发达国家独立、现代的时

尚审美观。以青花瓷为主要特色的陶瓷文化传播成为世界各国认识中华民族的重要途径，也使越来越多的国家和地区了解中国的传统文化。

三、融合变通下的民族化语言

近年来许多研究指出，明武宗可能是佛回双修的穆斯林，这个观点可以从正德官窑中许多用阿拉伯文书写《古兰经》经文或伊斯兰教义的瓷器纹样中得到佐证，具体观点在此不做详细论述。与此同时，文献记载明武宗的宠臣中不乏回人。明武宗对回人宠幸可从他对西北朝贡穆斯林的特别待遇中窥知。据严从简的《殊域周咨录》记载，嘉靖年间礼部尚书汪浚针对当时周边夷国朝贡太过频繁的情况，向世宗上疏："正德年间容令各处回夷在馆四五年住歇，恣意妄为，骄纵特甚，钦蒙皇上御极之初，尽将各犯拿问发遣。今各夷进贡起送，犹不知戒，伴送人员不能钤束，在途迁延隔岁，日费廪给，先到京者日费下程，等候同赏。"正德年间，明武宗甚至准许回族人在驿馆住歇四五年，可以看出回族人特别受到明武宗的恩宠。除此之外，明武宗朱厚照对西北十分留恋，他一到北边的边防重镇，就营建镇国府作为第二豹房，并且命令北京把所有重要奏章都送到这里核准。从明武宗宠幸西北地区的回人来看，应该是受西北回族文化的洗礼甚深。伊斯兰教传入中国已久，但是依据不同的途径与当地文化的融合，形成了三种不同类型的文化圈：以汉儒文化为重、伊斯兰文化为轻的西北回族地区，汉伊并重的云南回族地区以及西北回族地区。其中，西北回族地区因为地近中亚、西亚，自古以来就是中西交流的重要通道，毗邻世界最大的穆斯林民族分布区，因此成了回民最大的聚居地。从正德官窑阿拉伯文盘的文字内容中，也可佐证正德帝与西北地区民族的融洽关系。

明代万历青花梵文莲瓣盘（如图2-25、图2-26所示），高5.3cm，口径19cm，现藏于大英博物馆。此盘侈口浅壁，形如盛开的莲花，内外各有双层十六莲瓣。盘内壁花瓣内绘垂云纹，盘心如意云纹内书阿弥陀佛的兰札体梵文"种子字"，环以两周如意头纹带，以八朵折枝花间隔书写，但并非按梵文书写惯例由左至右，而是依据传统中文由右至左书写。此盘

图 2-25 万历青花梵文莲瓣盘　　　　图 2-26 万历青花梵文莲瓣盘底部
　　　　（大英博物馆藏）　　　　　　　　　　（大英博物馆藏）

为佛教法器，造型独特且构思巧妙，为万历时期的代表性品种之一，主要用作供奉或观赏的莲花坛城，盘心图符代表坛城中央的主尊，寓意花开见佛，亦带有修行者死后往生西方极乐世界并于莲花中化生之意。这类万历款青花莲瓣盘有多件存世，是明代万历皇帝下派在景德镇烧制的供佛器具，与藏传佛教信仰有关。然而，近年来研究学者对盘上的字符一直未能完全辨识。有学者认为盘心符号代表梵文的"佛"；也有专家指出，此乃一种梵文种子字。部分存世的仿万历莲花盘心字符，虽然大致相同，但其实左边笔画略有不同。据专家推测，这些梵文字样虽然出自宫廷，但景德镇工匠因不懂梵文而摹写出错，验收者亦看不出来，故导致难以辨识。

从现存正德、万历等朝器物的造型、纹饰、铭文三方面来看，当时外来文化因素影响了御器厂的生产走向，也影响了青花瓷的绘画风格。外来文化因素可以分为伊斯兰文化、蒙古族文化、藏族文化。其中，受伊斯兰文化影响最深，纹饰主要体现在阿拉伯文的装饰应用方面，是正德时期独特的文化现象。器型方面主要延续永宣时期的无挡尊、折沿盆、扁壶、烛台、长颈倭角方瓶、花浇等流行器皿，这些纹饰、器型受该时期伊斯兰文化的影响，直接将流行风尚表现在青花瓷器物风格样式上。如正德青花器座（如图 2-27 所示），现藏于大英博物馆，高 19.5cm，最大径 15.7cm。上半部分为球体，顶部中心有一孔，周围环绕六孔，下半部分为中空底座。球体图案采用缠枝纹样，中间部分有一个菱形边框的阿拉伯文图案，其意大致为："啊，真主，请保护他的子孙。"这一时期，比较流行蒙古族独有的靶碗、靶杯、多穆壶等器物，在正德时期还出现了用八思巴字写成的铭记和款识，这都是蒙古文化在瓷器上的体现。至于此件青花器座的用途，目前有众多猜测，如帽架、花插、香熏、笔筒。台北故宫博物院还藏有一件与此完全相同的器物。可见，这件受外来文化影响的新器型，在当时应该是直接在

图 2-27　正德青花器座
（大英博物馆藏）

朝廷授意下烧造的，为当时汉藏文化交流所做的贸易外交用瓷，体现了当时制瓷技术上的一种融合变通，体现了青花瓷民族化的创新。

　　青花瓷日用器皿在西藏及其他地区也广为流传，直接影响了藏族的饮茶习俗，加深了汉藏人民的文化艺术交流。在永乐、宣德、成化、正德时期，汉藏之间的文化交流到达历史的高峰。在成化时，绘画因时代需求呈现出回避矛盾与冲突的特点，常以雅致平和的方式与其他文化融合，色彩语言也在此基础上向着含蓄淡雅的方向发展。[①]这种文化现象明显地反映到当时所生产的青花瓷器上，体现为成化青花瓷造型多样，种类繁多，并在不断地发展变化，推陈出新，且流行小而精致的器型，瓷胎细腻温润，色彩清新淡雅，韵味十足。与此同时，多样化的造型又为工艺、纹饰的发展创造了条件，进而引领整个时代风尚的发展变化。

　　历史在进步，青花瓷在吸收外来文化的基础上，结合自身的工艺特点和烧制技术，在装饰艺术上创造了新的形式语言，再加上使用的是进口钴料，生产的器型与纹饰具有明显的域外风格并且畅销海内外，成为中外文

① 旷昌龙．论随类赋彩的美学意蕴 [J] ．美术研究，2006（01）:73—75.

明交融的产物。传统青瓷被带有外来风格的青花瓷所取代，一种在海外流行的时尚逐渐成为中国本土的时尚。[①]

这些受外来文化影响而生产的瓷器，虽然在整个明王朝瓷器生产中占极小的一部分，但它绝非御器厂随意生产的普通瓷器，而是按朝廷需要，根据专门风格定制的瓷器，也是皇权思想下的历史产物，它折射出了各个历史时期不同文化因素进入中国，景德镇瓷器生产面对外来文化的渗透所采取的吸收、融合的创新举措。这种兼容并蓄的对外态度以及文化价值取向直接促进了艺术风尚的流行及其时代转化。

第四节 本章小结

本章主要对明代青花瓷的生产与发展做了比较系统客观全面的分析，其中包含青花瓷的历史考察，以及艺术风尚观的形成。重点是对明王朝的社会变迁与景德镇瓷器的发展进行了一个由兴盛到衰落的分期比较。通过对明代青花瓷相关史料文献的分析整理，可以看出明代景德镇瓷业的兴盛与明代社会的历史文化和市镇经济的发展息息相关。明代是一个封建集权制国家，帝王享有至高无上的统治权力，在景德镇珠山设立御器厂、明末官搭民烧制度的盛行以及落选品的处理，都是皇权礼制思想在制瓷业上的反映。通过制瓷业的发展与变化，可以看出明代整个社会经济发展水平和艺术流行风尚的发展趋势，这对青花瓷的发展无疑是一个很好的促进作用。加上外来文化的传播与渗透，让景德镇青花瓷在立足于自身样式的基础上对外来文化进行吸收、融合与创新，不仅满足了对外出口的需求，也为景德镇青花瓷样式的创新与发展打下了坚实的基础。

---

① 万明. 海上寻踪：明代青花瓷的崛起与西传［C］// 上海中国航海博物馆. 国家航海：第四辑. 上海：上海古籍出版社，2013：124.

第三章　明代青花瓷的发展演变及风尚表现

明代青花瓷的生产与发展，可以分为明早期、明中期与明晚期。早期包含洪武、建文、永乐、洪熙、宣德；中期包含正统、景泰、天顺、成化、弘治、正德；晚期包含嘉靖、隆庆、万历、泰昌、天启、崇祯。其中，就青花瓷在历史上的发展成就而言，早期主要以永宣青花为主，中期以成弘为主，晚期以嘉万为主。（参见表 3-1）

表 3-1　明代青花瓷历史演变表

分期	涵盖年代	公元	总计年数	造型特征	青料	纹饰特征
明早期	洪武、建文、永乐、洪熙、宣德	1368—1435	67年	洪武胎体厚重，胎质粗细差别很大。永宣发展为厚薄适中，优美俊秀，造型品种多样，以大件器皿为主	进口苏麻离青，发色浓艳深沉，有结晶斑	以传统纹饰图案为主，纹饰疏朗秀丽，笔意自然，用笔简练流畅、豪放生动
明中期	正统、景泰、天顺、成化、弘治、正德	1436—1521	85年	成化以小件斗彩独放异彩，造型圆润规整，玲珑俊秀，胎体轻薄。正德开始下降，风格较前凝重，接痕明显	平等青，发色呈灰蓝，轻淡柔和、色泽稳定	纹饰线条精细，多采用双勾填色法，以图案纹饰为主，大量采用连续、对称等装饰手法
明晚期	嘉靖、隆庆、万历、泰昌、天启、崇祯	1522—1644	122年	造型复杂笨拙，风格浑厚敦实，以大件器物为主，制作粗糙，接痕明显；釉面粗细厚薄参差不齐	以回青为主，回青加石青，发色蓝中泛紫，深沉灰暗	传统图案双勾平填，吉祥纹饰图案盛行，用笔遒劲，粗重豪放，布局紧凑，以绘画为主

在明代官窑历史上，最能体现青花瓷水平的是永乐、宣德、成化、嘉靖四朝的瓷器，它们不但瓷质精美、纹饰多样，风格还为后代官窑所继承。其中，宣德、成化声誉最高，宣德器物在成化年间已被仿制，也是清代官窑仿制的主要样本。永宣时期青花瓷风格端庄凝重，胎釉厚重圆润。成化早中期同永宣风格差异不大，到后期，清新优雅的成化风格开始形成且独具特色，胎釉洁白细腻，造型小巧轻盈。嘉靖时期的青花瓷器物造型种类应有尽有，器物大小厚薄皆备，大型器皿更具特色，风格偏热烈艳丽，表现出对富丽华贵的追求。

第一节　明代青花瓷的发展演变

一、明早期青花瓷的技术引入

洪武时期的青花瓷延续了元代古朴浑厚的形式风格，呈现出过渡时期的独特面貌，主要有细瓷和粗瓷两大类。从明故宫遗址出土的情况看，细瓷大部分是官窑瓷器，较多五爪龙纹饰，而粗瓷显然是民间日用瓷。从传世数量上来看，釉里红瓷器要多过青花瓷器。主要器型有口径 41cm 的特大碗，口径 45cm 以上的大盘，高 32cm 以上的束腰瓶及玉壶春瓶，口径 20cm 左右的盘、大碗、盏托，以及北京德胜门外出土的高达 66cm 的带盖大罐、高足杯等。

该时期的主要特征有三点：一是色泽不如元青花浓翠，偏灰色；二是器物制作与釉里红一样，底部粗糙，有红色胎釉；三是以传统图案装饰，以花卉纹、五爪龙纹为主。现藏于台北故宫博物院的洪武青花大盘（如图 3-1 所示），外口径 23cm 左右，主要以牡丹纹为主要装饰题材，配以缠枝纹为辅助纹饰。构图饱满，疏密得当，画法娴熟，此盘为明洪武官窑的代表之作。

由于在明代第二任皇帝建文帝朱允炆建朝四年中，建文官窑既没有考古实物出现，也没有文献记载，因此，学术界直接将明代洪武瓷器之后的继承者定为永乐瓷器。综合历史文献记述，永乐官窑主要以烧造白瓷、青花和红釉最为突出。明万历年间王世懋的《窥天外乘》说："宋时窑器，汝

图 3-1　洪武青花大盘（台北故宫博物院藏）

州为第一……我朝则专设于浮梁县之景德镇，永乐、宣德间，内府烧造，迄今为贵。"[①]

从传世作品来看，永乐主要以生产青花瓷为最多，甜白次之，有极少数"永乐年制"款识。

明朝从永乐时期开始，青花瓷的生产制作就成为景德镇瓷器生产的主流。主要原因是明初永乐三年至宣德六年（1405—1431），郑和七次下西洋，进一步发展了与中亚、西亚的贸易关系，带回了制瓷所需的"苏麻离青"。这类进口青料含铁量高、含锰量低，减少了青中的红、紫色调，在适宜的温度下，呈宝蓝色泽。但由于含铁量高，导致青花用料部分出现黑铁斑点，这也是后人无法模仿永宣青花的关键所在。主要器型有梅瓶、玉壶春瓶、抱月瓶、大盘、大碗、鸡心碗、高足杯、压手杯等。由于该时期受中外文化交流和贸易往来的影响，造型和纹饰变化很大。如永乐青花水注、无挡尊、花浇都和波斯陶器的器型、纹饰有相似之处。现藏于大英博物馆的永乐青花执壶（如图 3-2 所示），高 32.4cm，最大径 32.4cm。该执壶腹部圆浑，体态高挑，颈部呈筒状，肩部往下逐渐收拢。壶身纹饰为缠枝花卉，种类多样，有莲花、牡丹花、茶花、康乃馨等穿插装饰，足部与顶端口沿环绕卷草纹和回回文。此种执壶均以近东金属器皿为原型，阿德比尔神庙的藏品中有两件类似的执壶。

---

① 冯先铭.中国陶瓷［M］.上海：上海古籍出版社，2001：477.

图 3-2　永乐青花执壶
（大英博物馆藏）

图3-3　永乐青花梅瓶
（大英博物馆藏）

现藏于大英博物馆的永乐青花梅瓶（如图 3-3 所示），高 33.5cm。这件梅瓶器型与元代梅瓶接近，颈部细矮，口沿外撇，宽溜肩，肩部以下逐渐收拢。瓶身纹饰分为三个部分，腹部以梅、竹、鸟为题材，上下以几何纹和缠枝牡丹纹装饰。永乐时期的纹饰画风主要以缠枝图案、吉祥纹饰和伊斯兰画风为主。此种风格的梅瓶在永乐时期并不多见，纹样来源可能是宫廷画家为御器厂提供的绘画图案样本。从笔法与墨法的角度看，用笔生涩，不够娴熟，梅、竹穿插处不够自然融合，略显生硬。而永乐青花莲子碗（如图 3-4 所示），高 9.5cm，口径 10.1cm。纹饰新颖独特，碗口底部以回回纹装饰，中间绘有秋葵纹，四周枝叶缠绕。此纹饰风格与永乐时期风格多有不同。八片莲瓣从圈足处延伸出来，与中东风格的线纹重叠，线纹在莲瓣之间构成三叶草形状。这种独特的纹饰很可能受伊斯兰文化影响，其特点在于当时用比较深的青花钴料描绘纹饰图案时出现的堆积晕散效果，是比较典型的进口青料与国产料混合使用所产生的青花色泽。

结合以上图例可以推断出，永乐瓷之所以被后人推崇为"一代名品"，首先，永乐器型较元代丰富了许多，且大多数器型底部都已上釉，这堪称技术的进步。其次，图案花纹在元代多层繁密的布局上有所改进，文人绘画类图案开始出现，构图尝试留白，图案主要以缠枝四季花卉为主。再次，手绘青花图案大多为双勾填色，且用小笔填，有深浅不同的笔触，器物底部进行削足处理。最后，所用青料均

图 3-4 永乐青花莲子碗
（大英博物馆藏）

为进口的苏麻离青，青花色泽浓艳，晕散明显，完全脱离了元代瓷器浑厚的风格，更多体现精致典雅的风范。

宣德一朝仅 10 年时间，却在中国陶瓷史上占有重要的地位。据《大明会典》卷一九四记载，仅宣德八年，朝廷下达景德镇御器厂烧造的龙凤瓷器就达 44.35 万件，可见烧造规模之大。《博物要览》有云："永乐年造压手杯，中心画双狮滚球为上品，鸳鸯心者次之，花心者又次。杯外青花深翠，式样精妙。若近时仿效，殊无可观。"①《清秘藏》记载："宣庙窑器，质料细厚，隐隐桔皮纹起。冰裂鳝血纹者，几与官窑敌。即暗花者，内烧绝细龙凤暗花，底有'大明宣德年制'。"②又有《妮古录》记载："宣庙时，蟋蟀澄泥盆，最为精绝。"③

宣德青花瓷产量大、纹饰精美，青花色泽纯正，蓝色中略带紫色调。器型在继承永乐器型的基础上，更趋向多样化，常见的有梅瓶、玉壶春瓶、天球瓶、贯耳瓶、折方瓶、扁壶、僧帽壶、执壶、花浇、蟋蟀罐、漏斗，以及各种杯、碗、盏、碟等。纹饰最常见的有缠枝莲、宝相折枝花以及仰覆莲瓣纹、花果纹等。宣德青花瓷胎和釉的成分大体与永乐相仿，只是在制作技术上更精细。宣德青花纹饰大部分带黑斑和黑点，主要原因是

① 熊寥，熊微.中国陶瓷古籍集成［M］.上海：上海文化出版社，2006：369.
② 熊寥，熊微.中国陶瓷古籍集成［M］.上海：上海文化出版社，2006：370.
③ 熊寥，熊微.中国陶瓷古籍集成［M］.上海：上海文化出版社，2006：370.

青花纹饰部分用色高浓度聚集时，含高铁成分的色料在高温下会形成铁锈般的结晶层，这种现象被称为堆积效果。此种技术突变是因为进口青料与本地钴料混合产生的化学反应，改变了青花的发色效果。故宣德青花既有永乐青花的深厚浓艳，又带有成化青花的清新淡雅，二者相映成趣，形成一种别有韵味的色调。宣德青花勾莲纹扁瓶（如图 3-5 所示），通体以缠枝莲纹为表现题材，器形古朴大方，构图饱满丰盈，纹饰勾勒工细精美，

图 3-5　宣德青花勾莲纹扁瓶
（来源:《大英博物馆藏中国明代陶瓷》）

发色浓艳清新，胎釉温润细腻，是宣德时期的经典重器。

与此同时，该时期社会稳定，经济飞速发展，百姓安居乐业，都为青花瓷的发展创造了良好的社会条件。加上引进先进的生产技术与进口的绘瓷原料，促使明早期青花瓷的工艺水平和制瓷技术得以全面提高，达到了青花瓷在明代发展的巅峰时期。而这一时期的民窑，还处于缓慢发展阶段，器型和纹饰都比较单调，大部分沿袭了元代的纹饰图案。永、宣民窑器型有梅瓶、盖罐、军持、香炉等，纹饰以花卉、瓜果为主，表现手法为以青花简笔勾勒梅花、花鸟、鱼纹等图案，画面生动、古朴、流畅。

二、明中期青花瓷的社会制约

正统、景泰、天顺三朝的官窑瓷器由于存世数量很少，且不见有署年款者，整体面貌不清，被称为空白期。《浮梁县志》卷四有"宣德中，以

营缮所丞专属工匠。正统初罢。天顺元年，仍委中官烧造"的记载。《大明会典》卷二百九十四记载："弘治十八年，诏江西饶州府烧造瓷器。自本年以后，暂停三年烧造。正统元年奏准，供用库瓷坛，每岁只派七百五十个。景泰五年准奏，光禄寺日进、月进内库，并赏内外官瓶、坛，俱令尽数送寺备用，量减岁造三分之一。天顺三年奏准：光禄寺素白瓷、龙凤碗碟，减造十分之四。"①从以上文献可知，正统、景泰、天顺时期景德镇官窑瓷器的烧造并未间断，只是暂停或减造。

正统时期青花瓷的色调、器型、纹饰与宣德青花大致相同。纹饰除沿用前朝流行纹样图案外，增加了汹涌海潮、海兽、云气、福海仙山、球花纹等纹样。传世纪年款青花瓷比较有代表性的是正统元年的白釉山形笔架和故宫博物院藏的"天顺年"青花香炉。从该时期墓葬出土的青花瓷器来看，以青花、白瓷居多，器型仍以碗、盘、碟、高足杯、瓶、酒器、罐等生活器皿为主。天顺时期，瓷胎的质量上明显有粗、精之分，可以看出部分官窑器仍采用苏麻离青，色泽蓝中带灰。该时期的天顺青花瓷坛（如图3-6、3-7所示）展现的就是典型的天顺时期的构图风格，属于风景画，主要以神仙和历史人物为主题，整个大罐四周布满波浪云朵，云朵以粗线勾勒晕染，为整个画面增添了层次感。此器型釉下青花纹饰精细，细节丰富，马鞍的质感与房顶瓦片排列清晰可见，有专家学者推断可能是受同时期版画的影响。

就目前的资料可以看出，正统、景泰、天顺三朝的民窑生产和其他朝代一样，不仅从未间断，反而显得更加活跃。正统时期，民窑曾向朝廷进贡瓷器，器型制作规整，纹饰精细，绘画风格有官窑韵味，甚至出现了五爪龙的纹饰。从景泰至天顺民窑青花碗（如图3-8所示）来看，纹饰轻松自由，不拘一格，色泽沉稳，对比鲜明，是典型的民窑画风。但从决定青花瓷时代风貌的官窑器来看，三朝仍是一个空白期。造成官窑生产衰退的原因很多，如战乱频繁、内忧外患、宫廷斗争、经济衰败等。还有一个最

---

① 熊寥，熊微. 中国陶瓷古籍集成［M］. 上海：上海文化出版社，2006：11.

图 3-6　天顺青花瓷坛（展开图）

主要的原因是帝王兴趣爱好的转移，景泰年间特别流行铜胎珐琅器，即所谓的景泰蓝就是这一时期流行的时代风尚。

成化时期的青花瓷艺术特征与明早期有显著不同。童书业在《童书业瓷器史论集》中阐述，明早期的青花瓷器型、瓷胎尚厚，艺术风貌尚古。到了成化窑，以青花、五彩见长，突破了瓷胎的厚重，转向轻薄，推动了白瓷的进一步发展。[①] 蓝浦、郑廷桂在《景德镇陶录图说》也多次提及："成化厂窑烧造者。土腻埴，质尚薄，以五彩为上。……五彩蒲萄撇口扁肚靶杯，式较宣杯妙甚。次若人物莲子酒盏、草虫小盏、青花纸薄酒盏，名式不一，色深浅莹洁而质坚，五采齐箸。小碟、香盒、小罐，皆精妙可人。"[②] 成化五彩杯、盏等小件器皿的色彩、造型都取得了划

图 3-7　天顺青花瓷坛
（来源：《大英博物馆藏中国明代陶瓷》）

图 3-8　明景泰至天顺民窑青花碗
（来源：《大英博物馆藏中国明代陶瓷》）

① 童书业. 童书业瓷器史论集［M］. 北京：中华书局，2008：262.
② 蓝浦，郑廷桂. 景德镇陶录图说［M］. 济南：山东画报出版社，2004：129.

时代的突破，不仅存世数量多，而且风格独特。众多史料文献常将成化时期与宣德时期的青花瓷器物放在一起做详细深入的比较，宣德青花在前文已作详述，故不再赘述。成化青花在宣德的基础上，瓷土更加细腻，瓷胎更薄，体积更小，画工更精。厘清这些异同之后，就可以理解成化青花瓷器物在该时期的艺术风尚是如何求同存异、自谋发展的。如成化青花团花卧足青花碗（如图 3-9 所示），是成化时期小件器物的流行样式，胎体小而清秀，画工精巧细致，色调清新素雅，纹饰风格趋向装饰性图案，独创时代新风。从图案装饰手法来看，趋向自由活泼，形象生动，画工精致，给人以视觉审美享受。这是成化时期在器物形制大小与画工表现技艺方面的双重突破。该突破给成化时期"青花斗彩"样式的成熟完善提供了很好的技术支持。程哲《窑器说》记载："成窑之草虫可口子母鸡劝杯；人物莲子酒盏；草虫小盏，青花小盏，其质细薄如纸。葡萄靶杯，五色，敞口，扁肚；齐箸、小碟、香合、小罐，皆五彩者。成杯，茶贵于酒，采贵于青，其最者，斗鸡可口，谓之鸡缸。"[1] 郭子章《豫章陶志》云："成窑有鸡缸杯，为酒器之最，上绘牡丹，下画子母鸡，跃跃欲动。"[2] 成化鸡缸杯（如图 3-10 所示）现藏于故宫博物院，口径 8cm，据推断应该为成化皇帝的御用酒杯。该杯主要用青花线勾出纹饰的轮廓线，上釉入窑后经过 1300 摄氏度左右

图 3-9　成化青花团花卧足青花碗

（故宫博物院藏）

图 3-10　成化鸡缸杯

（故宫博物院藏）

① 熊寥，熊微.中国陶瓷古籍集成［M］.上海：上海文化出版社，2006：308.
② 童书业.童书业瓷器史论集［M］.北京：中华书局，2008：263.

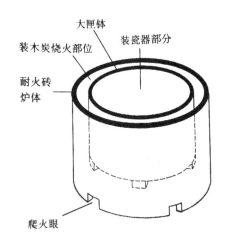

图 3-11 传统木炭烤花炉
（来源:《景德镇陶录图说》）

的高温烧成胎体，再用红、黄、绿等色画出预留的青花纹饰中的彩色部分，再经过 780 摄氏度左右的低温二次烧制。图 3-11 为传统木炭烤花炉，里面设置匣钵用于装烧瓷器。该炉专门为二次斗彩烤花使用，在清代《景德镇陶歌》中多有记载，"明炉重为彩红加，彩料全凭火色华，我爱鸡缸比鸡子，珍珠无类玉无瑕。"[①]

成化时期最有代表性的鸡缸杯造型精致，胎体工巧，釉色温润，轮廓线柔韧，直中隐曲，曲中显直。杯子外壁绘子母鸡群，配以湖石、月季、兰花，呈现一派端庄婉丽、清雅隽秀的早春景象。整个制作工艺精湛，青花烧成之后的斗彩更是生动活泼，结合得恰到好处。该器物将青花与釉上斗彩融为一体，体现了整个成化时期帝王统治阶级的审美喜好与该时期的流行风尚。青花斗彩的烧制成功，是明代器物装饰上的一个创举。

弘治时期青花瓷的风格与成化时期相似。弘治时期流行的器型有瓶、尊、炉、碗、盘等。从装饰手法来看，以龙纹居多，包括云龙、海水龙、游龙、双龙戏珠等。弘治青花游龙荷花碗（如图 3-12 所示），游龙形象生动活泼，配以荷花、海水，器型端庄大方，发色鲜亮沉稳。

正德青花瓷从发色上说，有三种类型，一种是延续成化时期的薄胎白釉的精细风格；另一种是典型的正德器，胎体厚重，器型多样，但制作较粗糙，琢器接痕比较明显，釉色明亮，白中泛灰青；还有一种是发色浓艳，蓝中泛紫，改用回青的风格样式。纹饰上受伊斯兰教和道教的影响，与之前有很大的不同，以回文和藏文作为主题图案的装饰纹样开始流行。

---

① 熊寥，熊微. 中国陶瓷古籍集成［M］. 上海:上海文化出版社，2006:582.

正德五峰山形笔架（如图 3-13 所示），现藏于大英博物馆，高 11.7cm，长 22.5cm，宽 5cm。这件瓷质笔架胎体较厚，形状如五座山峰组成的山脉，山坡形如荷叶边。中锋最高，底部各有两个大孔。纹饰以青花为主，基座带有如意云足图案。笔架两面的单字铭文是用阿拉伯文书写的，带有变音符号和短元音标记。这组瓷笔架在英国被称为"伊斯兰教瓷"。这类器物为传统中式文房用品，并非外销制品，很可能是为明代宫廷中的穆斯林管理人员烧制的，铭文内容多表明器物的用途或作为励志用语。正德青花不仅在色泽上与成化、弘治有所不同，而且瓷胎多胎骨厚重、釉色闪青，也和成化、弘治不同。它们在器物造型上趋向多样化，偏大型器物比较多。

图 3-12　弘治青花游龙荷花碗　　　　图 3-13　正德五峰山形笔架
　（故宫博物院藏）　　　　　　　　　　（大英博物馆藏）

明中期，受社会环境动荡的影响，青花瓷的生产成就主要以成弘时期为代表。成化、弘治、正德三朝青花瓷风格自成一体，与明早期和明晚期作品风格大不相同。该时期的青花瓷色调淡雅、瓷胎细薄、釉面温润，除日用器皿的正常烧制外，还流行各种式样的瓶、罐、炉大件器皿以及烛台、瓷砚、笔架、镇纸等文房用器。纹饰多见婴戏、梵文、包袱纹、龙纹、狮球纹、海水纹、松鼠葡萄、花草蛱蝶等。落款方面，开始出现"大明年造"款和仿前朝的年款，更多的是"长命富贵""天下太平""福""寿""吉"等吉祥铭文。该时期御器厂的生产主要是为了满足宫廷用瓷的需要，虽然经历了空白期的动荡、经济的下滑、窑业制度的改革，但是在成化、正德时期还是烧制了许多具有代表性的青花瓷器物，也带动了景德镇民窑的生产发展。民窑在扩大生产规模的基础上,不断提高产品质量,在釉色、瓷胎、器型、纹饰等方面做出改进,形成了官民窑相互竞争的发展局面。促使二者协调发展的最关键因素还是当时的社会政治稳定,帝王统治阶级对瓷器的喜好影响了青花瓷的生产发展和风格走向,这也是明中期在不同的社会制约下青花瓷艺术风尚不断演变的社会根源。

三、明晚期青花瓷的民进官退

嘉靖、隆庆、万历三朝是明代青花瓷器史上的又一个重要阶段。嘉靖主要以使用回青为标志,该朝的官窑烧造数量,仅历史文献记载的就多达60万件,和万历朝一起,创造了青花瓷历史上的一段辉煌。通过对该时期不同器物的发色、形制、纹饰进行分析对比,得出以下三个特点:第一,青花瓷是瓷器生产的主流,且大量出口,海外贸易活跃。第二,官窑、民窑共同发展,水平相近。第三,出现大量的大型器物,装饰手法繁复,风格粗犷豪放。

图 3-14　隆庆青花云龙提梁壶
（故宫博物院藏）

隆庆一朝仅有 6 年,目前存世的带有确切年款的隆庆朝瓷器比较少。据史料记载,当时烧造了形状多样的瓷盒,有方形、圆形、长方形等,其他器型包括大缸、瓷罐、香炉及多种碗碟。大部分纹饰为龙纹、凤纹和花卉纹。北京故宫博物院藏的隆庆青花云龙提梁壶（如图 3-14 所示）,是隆庆官窑器物的代表作。该器物胎骨厚重,色泽浓艳,纹饰采用开光手法,以传统缠枝花卉绘制,开光部分绘以龙纹,厚重大气,装饰整个画面,底部落有"大明隆庆年造"的官窑底款。此件器物具备隆庆时期的典型特征,圆润、饱满、大气,但纹饰和胎体质量较永宣、成化时期均有所下降。

万历青花所呈现的色调也有所不同，早期深重艳丽，蓝中泛紫，典型器有梅瓶、缸、罐等；中期蓝中泛灰，发色渐浅；晚期蓝色灰暗，多有晕散，瓷胎质量急剧下降，胎体单薄，纹饰粗糙，诸多碗、盘类器皿形制不够规整。现藏于大英博物馆的万历青花四方尊形供瓶（如图3-15所示），高56.5cm，直径17.5cm，以古代青铜酒器尊为原型，瓶身以青花装饰布满整个器皿，纹饰以龙凤纹为主，龙凤身下是程式化山石图案，瓶身每面均有穿孔浮雕兽面，以供圆环柄穿过，外底平坦无釉，瓶口略有倾斜，不够平整。此外，通过研究万历青花鱼藻纹蒜头瓶（如图3-16所示），发现该器型纹饰风格与宣德青花相比，画面纹饰画工略显僵硬死板，缺少生气与灵动。就明晚期官窑瓷器质量而言，与永乐、宣德、成化、弘治相比，无论是瓷胎质量，还是纹饰画工，均有所倒退。相反，民窑相比前朝，瓷胎质量、纹饰画工均有质的飞跃，出现了繁荣景象。一方面青花瓶器的种类急剧增多，陶瓷生产工艺不断优化，器型工艺不断丰富，青花釉里红、黄釉青花、黄釉青花加红、青花红彩、青花地白花等工艺门类不断涌现。另一方面镇纸、笔插、香炉、盖罐等文房和道教用器也较为盛行。日用器皿碗、盘等在造型画面上大量使用开光形式的装饰手法，这是明晚

图3-15　万历青花四方尊形供瓶
（来源:《大英博物馆藏中国明代陶瓷》）

图3-16　万历青花鱼藻纹蒜头瓶
（故宫博物院藏）

期民窑创新发展的显著特点。

万历时期正是中国资本主义进一步发展的时期，随着宫廷用瓷和对外贸易发展的需要，景德镇制瓷业更加繁荣，主要体现为各大民窑作坊的发展兴盛。由于民窑的画匠没有官窑的画样，就开始向景德镇以外的其他地域寻求创作图案的纹样。明末文人画家和版画家印刷的大量画谱与图案，对陶匠的创作产生了重大影响。[①]景德镇的画工开始模仿前朝或同时代名家的画作，成功地将中国传统绘画艺术移植到瓷器上。例如，将八大山人的花鸟画与明末景德镇民窑瓷器上的图案做对比分析，可以发现二者有诸多相似之处。这些图案、画谱对景德镇民窑瓷器绘画纹样的表达起到积极的促进作用，且形成一股独特的艺术潮流，引领青花瓷艺术风尚的转变。故青花瓷在明末成功演变了一种新的风格，是艺术风尚演变的全盛时期。

万历时期，青花瓷对外贸易繁荣发展，最具代表性的是克拉克瓷（如图3-17、3-18所示）。该陶瓷样式的出口覆盖了从加里曼丹岛到巴西，从马尼拉到墨西哥等广大地域，繁荣发展的青花瓷海上贸易，促进了欧洲人对青花瓷的喜爱与追捧，稍有实力的中产阶级都开始朝陶瓷收藏的方向转变。

天启、崇祯两朝的官窑青花瓷器，到目前为止，大多没有款识，无法确定断代，故不作详谈。

图3-17　青花克拉克式口盘
（大英博物馆藏）

图3-18　青花克拉克式八方盘
（来源：《大英博物馆藏中国明代陶瓷》）

① 汪庆正.中国陶瓷研究［M］.上海：上海人民出版社，2008：183.

　　由于不同历史时期的陶瓷原料、烧制工艺、绘画技巧以及审美倾向都呈现出时代的流行趋势与社会风尚，且每个朝代的皇帝在管理层面的作为以及艺术审美的喜好都会对景德镇制瓷工艺的发展都起到潜移默化的影响作用，所以也会影响景德镇青花瓷生产的发展走向。

　　纵观整个明代青花瓷的发展演变历程，经历了一个由皇权作用下为宫廷服务的官方用瓷到走向人民大众的生活用器的发展历程，其间形成了皇权兴衰与青花瓷艺术风尚演变之间的相互依存、相互促进的生存关系。从明代青花瓷的发展运行轨迹来看，从早期永宣青花的辉煌成就，到中期成弘青花的平稳发展，再到万历时期青花瓷质量水平的整体下降，整个演变的过程呈现出全面发展到制约不前到官退民进、多元裂变的发展趋势，该运行轨迹与演变趋势受大明王朝在不同时期下的历史兴衰与经济水平影响。

　　与此同时，受同时期其他艺术门类发展规律的影响，青花瓷艺术风尚经历了明早期器物的古朴与风尚的醇厚、明中期器物的精致与风尚的奢靡、明晚期器物种类的多样与风尚的多元等一系列的转变。由此可见，青花瓷艺术风尚演变不仅仅是历史朝代更迭的产物，更是经济、思想、文化、技术、艺术等众多因素演变下的产物。

第二节　社会观念的变化和风尚观念的形成

一、社会形态的变迁

1. 社会风气的转换

　　明代初期，社会经济得到恢复发展，政府大力发展手工业，以民为本，自上而下形成一股欣欣向荣、淳朴尚古、勤俭节约的社会风气。正德以后，伴随物质财富的积累，上层官僚的堕落，人们的生活方式和价值观念发生较大转变，淳朴尚古的社会风气逐渐改变，崇尚奢华、追求个性成为一时风尚。尤其是在明中期以后，东南、江浙一带兴起一股追求享乐、铺张浪费的奢靡风气。成化元年，户科给事中丘弘进言："近来风俗尚侈，亡论贵贱，服饰概用织金、宝石，饮宴皆簇盘、糖缠。上下仿效，习以成风。"[①] 奢靡之风极大地刺激了人们私欲的膨胀，主要体现在服饰、饮食与器用方面。例如，传统服饰有许多图案、颜色、款式限制，整体颜色单调、款式单一。成化以后，有相当大一部分人的审美开始变化，不但追求布料的精细昂贵，对色彩的鲜艳华丽更是青睐，尤其是达官贵族阶层的妇人们，尤为追求服饰的多样化与时尚化。[②]《松江府志》记载："男子广袖垂大带与身等，组织花纹新异如雪梅、水田，凡数十种。"人们开始追求华丽、个性的服饰，并按照自己的生活方式与喜好去选择适合自己的服饰。这从另一个方面也反映出，人们开始挣脱封建礼制思想的束缚与压迫，开始释放自己的个性，从这个角度来看，人们对美的事物及流行器物的追求，可以说是一种社会的进步。

就社会风气而言，明初洪武到宣德年间（1368—1435 年）是俭朴淳厚、贵贱有等；明代中期正统至正德年间（1436—1521 年）则浑厚之风弱化，风气渐趋奢靡；明末嘉靖至崇祯年间（1522—1644 年）奢靡之风蔓延。虽然每个地方的经济发展水平略有不同，物质文化也有差异，但研究明代的众多学者一致认为，明代中期是一个经济日趋繁荣、社会风俗由简朴到奢靡的转变期。《明史》卷一百八十九对社会风气有详细记载："豪强者虽重必宽，贫弱者虽轻必罪。惠及奸宄，养成玩俗。兼之风尚奢丽，礼制荡然。豪民僭王者之居，富室拟公侯之服。奇技淫巧，上下同流。望陛下申明旧章，俾法曹遵律令，臣庶各守等威，然后礼法明而人心不敢玩也。"[③] 由此可见，明晚期整个社会人心浮躁，礼制无存，豪民僭越，王室公侯服装奇异，呈一片混乱之象。而王宗沐在《江西省大志》中也记载："治天下之故莫大于风俗，风俗之成日，犹高屋建瓴也。俭而就之奢，慎而就之肆，勤而就之宴，彼方可以娱志意，适肢足，虽士人通书知道者，犹为之。一人倡始，百人和之，更相夸诩，后不给者，用以为羞。毁决堤防，无所底止。"面对如

① 谈迁.国榷［M］.北京:中华书局，1958:36.
② 陈江.明代中后期的江南社会与社会生活［M］.上海:上海社会科学出版社，2006:129.
③ 张廷玉，等.明史［M］.长沙:岳麓书社，1976:2736-2737.

此大的社会风气的变化，明代统治者没有从政治制度上、法律法规上做相应的改变，虽然朝廷也多次颁布禁奢令，但是上至皇室贵族，下至宦官绅士，还是纷纷以权谋私、贪污受贿，导致社会各阶层形成一股追逐金钱名利的不良风气。此社会风气蔓延至全国各地，直接影响了景德镇瓷器的生产。

明代不同时期都出台了相关的禁奢条例，但由于社会风气的转变以及国库的充盈，禁奢条例并没有改变日渐奢靡的社会风气。如表3-2所示，明早期与中晚期颁布禁奢条例的数量差异较大，尤其是明末阶段，共计颁布禁奢条例四十一条。与早期相比，一方面表明朝廷的禁奢律令已失去约束力；另一方面也说明中晚期整个明代经济的发展与繁荣，直接影响到了该时期的社会风气，这也是明代禁奢屡禁不止的主要原因。

表3-2 明洪武以后颁布禁奢条例的情况一览表

时期	初期		中期						末期					
年号	永乐	洪熙	正统	景泰	天顺	成化	弘治	正德	嘉靖	隆庆	万历	泰昌	天启	崇祯
小计	1	1	5	2	4	2	7	10	24	6	1	1	6	3
合计	2		30						41					

城镇经济的繁荣，让人们的消费潜能得到释放，上层统治阶级对金钱、器物、服饰的追逐势必影响到景德镇下层窑工的心态。当时景德镇的情况是："其民少本业，趋末作陶器，收四方之利，居奇与佣作，日有所得，视之，轻食货之所需，满于市求之便，其不为奢靡者，鲜矣。"[1] 加上明初朝廷严厉整治贪污和僭礼逾制，自然使许多士农工商阶层在物质生活层面简朴谨慎，不敢挑战统治阶级的权威。统治阶级的意志和权力、封建等级制度的制约在日常生活中得到较为彻底的显现。

在社会风俗的影响下，瓷器风尚方面的变化更为显著。如市场上出现了来自日本的"春画"。明代学者李诩（1505—1593）在《戒庵老人漫笔》

---

① 赵宏.中国陶瓷历史地理［M］.北京：中国致公出版社，2019：178.

中提到"世俗春画,鄙亵之甚"①,商人们从日本进口春画出售,其作精妙,要价也高。这类图画潜在的伤风败俗的影响,也是文人士大夫和上层统治阶级关注的焦点。严格来说,任何表现男女亲密的图画都是对封建伦理道德观念的挑战,这种风气也影响到了青花瓷的生产。青花瓷自嘉靖以后,画面愈趋繁复,如内外夹花、锦地、釉下彩等特别流行,又创花捧字纹样,已经走入华缛一派。而隆庆、万历间,则更以淫巧为主,专在图案上下功夫。甚至男女私亵之状出现于隆庆窑之酒杯茗碗上,道学先生们更是叹为"难入鉴赏者之眼"。《景德镇陶录图说》记载:"幼曾于二三中贵家见隆庆窑酒杯茗碗,俱绘男女私亵之状。盖穆宗好内,以故奉造此种。然春画之起,始于汉广川王画屋。又书载,汉时发家,则凿砖画壁,俱有此种。杯、碗正不足怪也。"②由此可见当时社会等级制约观念正在一步步走向瓦解。正是由于这种社会风气的影响,才使得景德镇陶瓷工匠敢于绘制此类禁忌题材。

在景德镇御器厂青花瓷的生产中,工匠的创造和流行文化的引领是青花瓷艺术风尚演进的直接动力,这既是一种日常化的工艺生产与制瓷行为,也是人类物质文化中最具有象征性的生活方式。艺术风尚的演变更是与自然界的万千事物一样,有独特的艺术规律和发展趋势。明代青花瓷在造型与纹饰、泥性和釉料、烧成与传播等方面传达出特定的地理特征与价值意义。显然,这也是在特定的历史条件下和足够的经济实力条件下出现的社会现象,它一方面受制于人类活动和社会形态的发展变化,另一方面又是其自身基于艺术本体的内在特质所引发的社会现象。因此,不断适应人类审美思想和流行文化的变化,是青花瓷发展演变的必经之路。故青花瓷艺术风尚的演变,是不同时期人类审美思想发展的凝集和印证。

2. 官样瓷的精致与程式化

德国学者维尔纳·桑巴特认为,奢侈就是超出必要程度的任何消费。

---

① 李诩. 戒庵老人漫笔 [M]. 北京:中华书局, 1997:39.
② 蓝浦, 郑廷桂. 景德镇陶录图说 [M]. 济南:山东画报出版社, 2004:206.

它包括量的奢侈和质的奢侈两方面，前者指对物品的浪费，后者指用比较好的东西。桑巴特认为满足奢侈必须具备一系列条件，如必须拥有财富，必须可以随意选择喜欢的生活方式，还必须允许一部分人追名逐利，突出自己的影响。

在明代，权力、地位、财富和自由是奢侈的四个最基本的条件。明代御器厂"以需求为动力"的经营观念，促进了青花瓷的发展，也带动了制瓷技术的提高。

明代瓷器作为上层人士不可或缺的生活用品，除了满足皇室用瓷的需求之外，日用、祭祀、朝贡、对外贸易以及赏赐也有大量需求。还有相当一部分民窑瓷器已进入人们的日常生活，在社会各个领域都具有举足轻重的地位。因此，朝廷对景德镇制瓷业的重视超过以往任何时期，特别是在明初设立了御器厂，专为皇室烧造，并对御用瓷器的器型、纹饰乃至原料、规格等方面都做了明确规定和要求，制作工艺上精益求精，整体风格走向精致化和程式化。风格样式上严格按照朝廷下达的官样进行生产，使得御器厂的工匠们不得不提高画瓷技术，来达到朝廷所下达的要求。正如清人沈嘉徵在其所作的诗文《窑民行》中所写："景镇产佳瓷，产器不产手。工匠八方来，器成天下走。"也正是从明代起，中国名窑林立、各具千秋的瓷业生产格局宣告结束，景德镇逐渐成为全国的瓷业中心。

3. 社会阶层的分化

"不同艺术形式和风格的流传，在大部分情况下与社会的财富和文化分层有着密切关系。"①明代青花瓷手工劳作与人们的日常生活紧密联系在一起。由于社会的发展产生了社会分工，青花瓷从生产实践中获得了独立性。这是青花瓷艺术得以发展的基本条件，也使这门艺术有了自身的发展规律。

中国传统封建社会的阶级意识决定了人们的社会身份有高低贵贱之分，也严格规定了人们在服饰、家居、房舍、车马、礼仪、器具等各方面

① 阿诺德·豪泽尔. 艺术社会学［M］. 居延安，译编. 上海：学林出版社，1987:12.

的规格。与此同时，这种阶级意识也导致了社会阶层的分化。从理学的角度来看，一切器物皆是道德秩序的反映，道是器物的根本。青花瓷作为明代社会一种不可或缺的生活器物，最能融入社会各个阶层的生活，并在复杂的社会文化中丰富自身的艺术表现形式。其中，社会文化的范围很广，包含文学、艺术、宗教、科学、器物等门类，正如豪泽尔所说："每个社会艺术的多少决定了接受这个艺术的社会阶层，风格的多少决定了接受这种风格的情感范畴。"

器以载道。青花瓷承载着明代制瓷手工业者的文化思想和审美文化，它是社会多元文化、艺术融合的体现。表现在社会文化上，即社会阶层的分化，主要包括三个阶层：统治阶级贵族阶层、文人士大夫阶层和平民阶层。这三个阶层相互联系，影响着青花瓷艺术风尚的演变。正是由于社会财富的积累和社会阶层的分化，产生了新的审美需求，从而使得青花瓷艺术在明末走向独立。

从艺术发展的角度来看，青花瓷官窑的专门化生产和统治阶级的审美需求，制约并影响着青花瓷的发展走向。以手工业生产为中心的人类社会实践活动，是推动青花瓷发展的根本动力。经济的繁荣、社会的稳定，为青花瓷的生产提供了雄厚的物质基础。江南一带如苏州、扬州、杭州等地富足优雅的生活方式，被作为时尚标举出来，影响广泛。所谓时尚，无非就是以服饰、器物等为标识的生活用品和生活方式的一种物质性与精神性的再现。风尚不能等同于时尚，但二者之间有密切的联系，都是指特定历史条件下日常生活的审美取向，以及流行的社会风气。这种风尚的形成，既蕴含着新的社会力量对文明、优雅的生活方式的渴望，又蕴藏着商业资本的推动，在一定程度上反映了青花瓷艺术风尚演变呈现商业化、世俗化的审美取向。

二、消费潜能的释放

1. 饮食文化的流行

饮食文化与陶瓷器物关系最为密切。饮食不仅是满足口腹之需，也是一种生活享受，一种物质文化。器皿作为盛放食物的重要载体，其功能实用性与饮食文化相辅相成。在明代，饮食风尚受社会条件制约，也受经济发展水平的限制，社会生产力的发展为人们提供了时尚的餐饮器具和丰富的烹饪原料，器物文化在很大程度上促进了饮食文化的发展与提升。

饮食文化在明代带有浓厚的人文色彩，文人是饮食文化中比较有代表性的消费群体，尤其在正德后期，大多数文人士大夫以放荡不羁自诩，以嗜好美味为乐事，用他们的才华和声誉，编写出版食谱，讲究烹饪技术，追求美食情趣，让饮食活动不仅仅是简单的进食，而成为一种讲究情趣的闲情逸致。[①]宴客不止菜肴丰盛，所用器具也有讲究。所用酒器以金、玉、瓷为代表，极为精美。在文人士大夫的饮食文化需求中，饮酒、品茗也必不可少。明代徐有贞同友人游苏州云岩时，一边旅游观赏，一边吃山珍海味、饮酒、喝茶，所谓："列席而饮，用司马公真率会例，酒至自斟，杯行无算。于时黄花已盛开……而山珍海错间之。每酒行三五巡，则一瀹以茗，故虽酣而不醉，醉而不乱。"

豪门贵族对饮食的需求，最让人无法接受的是："宰杀牲畜，多以惨酷取味，鹅、鸭之属，皆已铁笼罩之，炙之以火，饮之以椒浆，毛尽脱落，未死而肉已熟矣。驴、羊之类，皆活割取其肉，有肉尽而未死者。冤楚之状，令人不忍见闻。"在这样的社会风气下，豪门权贵不断追求奢华，文人士大夫纵情声色，温饱之余开始追逐享乐。

明中晚期，奢靡之风盛行，光是饮食上就有上千种菜式，烹饪术语也很多，有炙、脯、烩、腊、削、剁、馅、酪、酥、乳腐、滓、烹、煮、炮、爆、煎、熟、酿、炖、糟、煨、烙、炒、熬等等。餐具除了齐备外，还要追求美，以调其味、调其形、调其色，还讲究与食物颜色的搭配，甚至通过拼、叠等技法让食物活泼，有动感，形成视觉形式美。晚明文人士大夫对饮食的讲究，几乎成为一种流行风尚。晚明著名画家李日华认为宴饮本身并无罪恶，若雅会时时举行，既可淘汰俗情、渐跻清远，又可怡人性情。但李

---

① 萧慧媛.水陆毕陈——晚明饮食风尚初探［J］.桃园创新学报，2012（32）:377-397.

日华也认为必须对饮食、器用加以规范，一味追求豪奢，违背了雅会的本质，甚至为避免雅会变质而特立章程，规定:"品馔不过五物，务取鲜洁，用盛大墩碗，一碗可供三四人者，欲其缩于品而裕于用也。攒碟务取时鲜精品，客少一盒，客多不过二盒，大肴既简，所恃以侑杯勺者此耳。流俗糖物粗果，一不得用。用上白米斗余作精饭，佳蔬二品，鲜汤一品，取其填然以饱，而后可从事觞咏也。酒备二品，须极佳者，严至螫口，甘至停膈，俱不用。……直会者，备素卷一枚，笔墨三四幅，熏炉、茶灶、花觚、韵册种种无关，但不携弈博之具，以妨吟咏。"生活方式的改变必然会促进社会经济的发展，带动饮食文化的兴盛。明末的饮食店铺遍布全国各地，各具特色、不尽相同。市民的消费水平也有很大提高，在众多店铺竞争和市民消费的双重影响下，形成了一种店铺饮食文化，呈现出三个明显的特点:制作精巧、分类细致、场面宏大，饮食风尚也趋向精致、繁复、奢华。何良俊在《四有斋丛说》中指出，饮食日奢的原因在于"当此末世，孰无好胜之心，人人求胜，渐以成俗矣"。在相互攀比、争强斗胜的风气下，即便是士庶中产之家，也好奢成习。方志中记载:"若夫富室召客，颇以饮馔相高，水陆之珍常至万丈，至于中人亦慕效之，一会之费常耗数月之食。"由此可以看出，明代人的饮食文化从简朴到奢华，体现了社会经济的发展变化与个体经济实力的日益膨胀，促使人们的生活方式与思想观念发生改变。除了思想上的解放外，人们以及时行乐、追求自由的心态对待饮食消费，虽然刺激了明末的社会消费，但也造成了社会各方面的铺张浪费，过度挥霍。

《明史·食货志》中提到:"神宗初，内承运库太监崔敏请买金珠。张居正封还敏疏，事遂寝。久之，帝日黩货，开采之议大兴，费以巨万计，珠宝价增旧二十倍。"[①] 神宗皇帝喜好金银财宝，让太监到民间去开采珠宝，并派遣大批宦官充当矿监税使。这除了制造了让太监搜刮财物的机会，同时也让商人有了赚钱的门道。这种商业化风气笼罩着晚明时期，太监充当皇帝的左右手，横征暴敛，胡作非为。宦官并没有把这些矿盐税交到官府，

---

① 张廷玉，等.明史[M].北京:中华书局，1974.

反而中饱私囊。矿税太监在万历二十五年至三十四年间，向内库进奉569万两白银，而落入自己腰包的白银竟达4000万两至5000万两之多，导致向宫廷进奉的金银珠宝大打折扣。骗取富人钱财或其他不正当的取财手段相继出现，这种歪风邪气带来诸多的弊端，导致百姓对金钱是非观念存在一定的误解：贪官横行霸道却不违法，市民为何不能想法去谋利？由此可见，经济繁荣的背后却促使下层阶级的百姓在商业化思想下，不得不为自己着想，甚至为名利而铤而走险。

饮食风尚的急速转变，促进了青花瓷器物的生产和消费，也加速了礼制规范的衰退。奢靡化的风气，以及时尚的流行，实则标识了一种新型的商品化关系，就是以青花器物的生产、流通、消费为渠道建立起来的社会关系，它对社会秩序和封建伦理规范造成了很大的冲击。如王士性就说过，"游观虽非朴俗，然西湖业已为游地，则细民所籍为利，日不止千金，有司时禁之，固以易俗，但渔者、舟者、戏者、市者、酤者咸失其本业，反不便于此辈也。"① 从现代经济学的角度来看，明代人的饮食文化从简朴到奢华，反映了生产消费能力的提高和审美意识的改变。而整个社会的经济急速发展，正是顺应时代潮流所作出来的正确回应。②

2. 收藏古物盛行

明代文人追求典雅、品位，钟情于诗文、书画等。所以鉴赏钟鼎、彝簋、书画法帖、玉器古玩、文房清供，乃至于品茗、焚香、弹琴、饮酒等，都是文人日常生活中不可或缺的闲情雅趣。明代文人画家董其昌在《骨董十三说》中提出：摆放古董等所形成的高雅、清幽氛围，可以令人神清气爽，有延寿祛病之效用。因此，好古不仅是博雅、高尚的表现，更是文人自我品位的展现。

明中叶以后，社会风尚最大的变化就是日益奢靡，其消费主要集中在饮食器具、住宅园林、衣着服饰、陈设家具、婚丧寿诞、文化娱乐、民俗信仰、

---

① 王士性. 广志绎［M］. 北京：中华书局，1981：69.
② 萧慧媛. 水陆毕陈——晚明饮食风尚初探［J］. 桃园创新学报，2012（32）：377-397.

科举官场、纳妾宿妓等九大类上。在明末的消费结构中，日常饮食消费所占比重微小，巨额的高消费主要体现在炫耀财富的婚丧喜庆，以及追求新奇的珍宝美器与豪华的园林别墅方面，甚至用于追求功名、官场行贿，以及满足青楼姬妾的糜烂生活。

商品经济的繁荣以及社会的奢靡之风，促使藏家不惜重金求购，收藏古瓷与精瓷成为当时的流行风气。而景德镇的陶瓷艺人为了投藏家所好，对于瓷器制作，既仿古又创新，互相争胜，常以一器而起家成名。这也致使明末仿古之风大盛，崔窑、周窑、壶公窑等民窑争相仿宣德、成化时期的精品。崔窑所制之器，四方争售，被称为民窑之冠。周窑仿古器受四方竞重购藏，仿定鼎及定器、文王鼎炉与兽面戟耳彝，皆逼真无双，千金争市。昊十九在壶公窑烧制的卵幕杯与流霞盏，也被四方重金求购。

宣德、成化在官窑器方面，瓷品之珍贵也被后世所追藏，《唐氏肆考》载："神宗尚食，御前有成杯一双，值钱十万。"《万历野获编》记载："窑器最贵成化，次则宣德，杯盏之属，初不过数金。余儿时尚不知珍重，顷来京师，则成窑酒杯，每对至博银百金，予为吐舌不能下。"[①] 足以说明永宣、成弘时期所产青花瓷瓷质、工艺、纹饰、造型之精湛，是晚明及清代仿古的范本。

明代文人爱好器物鉴赏乃承袭宋元以来的金石学，善于考证碑帖书画或古物，从而博古与格物的风气日盛。值得注意的是，明代是个物质文化蓬勃发展的时代，在明末政治日益腐败的时代背景下，社会经济的发展反而蒸蒸日上。文人们不仅寄情于山水林泉等物外风景，同时也寄兴于尚物。袁宏道曾言："养花瓶亦须精良，譬如玉环飞燕，不可置之茅茨；又如嵇、阮、贺、李不可请之酒食店中。尝见江南人家所藏旧觚青翠入骨，砂斑垤起，可谓花之金屋。其次官、哥、象、定等窑，细媚滋润，皆花神之精舍也。大抵斋瓶宜小而矮……窑器如纸槌、鹅颈、茄袋、花樽、花囊、蓍草、蒲槌，皆须形制减小者，方入清供，不然与家堂香火何异！……尝闻古铜器

---

① 沈德符 . 万历野获编［M］. 北京：中华书局，1959：8.

入土年久，受土气深，用以养花，花色鲜明如枝头速开而谢迟，就瓶结实，陶器也然，故知瓶之宝古者，非独以玩然。寒微之士，无从致此，但得宣、成等窑磁瓶各一二枚，亦可谓乞儿暴富也……"①

由此可以看出，明代中晚期，花艺繁盛，江南世家大族的宅院内，凡起居之所，宴客之堂，读书之所，盛行以鲜花插瓶装饰。插花最主要的是选择花器，明代士大夫阶层崇尚清雅之美，故花瓶的选择以瓷器、铜器最为时尚。常用的瓶器造型有梅瓶、如意瓶、长颈瓶、葫芦瓶、双耳瓶等。这种择瓶的喜好，直接影响了景德镇的瓷器生产。尤其是晚明流行的梅瓶，开口小，重心低，插花后放置安稳，具备当时流行花器的实用功能。

明初对物的态度是格物致用，明中晚期之后则逐渐上升到对物的审美理解，人们把对器物的理解从纯粹的外在实用功能提升到精神层次的寄托。自此，文人好物不再考虑玩物丧志的风险，而是将好物、用物、鉴物、赏物、藏物的过程作为一种物我合一的转化过程。②故而，物与雅在明代文人的观念中逐渐画上了等号。此般理解下，我们可将明代文人标榜的清玩雅集理解为某种程度上的恋物癖。明代仇英的《竹院品古图》（如图3-19所示），所绘古物种类齐全，比较突出的就是字画、青花瓷以及古代青铜器等。透过这幅画，可以还原一个明代收藏古物盛行的时代场景，同时也证实了明人好物、喜物、赏物、藏物的时代风尚。从图像学的角度来分析，此图以卷轴纸本画的形式，展现了古代文人墨客所追求的赏玩、下棋、交友、会客、宴请等高雅活动，再现了明代文人阶层的审美情趣。正所谓"源于约俗成，为传统所完善"，在一定程度上可以将物品上的图像与其特定时期的社会阶层联系起来，以区分不同形式的视觉形象。这为研究明代文人的审美习俗与生活方式提供了重要参考。

此外，另一位明代人物画家杜堇所画的《玩古图》（如图3-20所示），画中人物也是在鉴赏古物，旁边石案上置古铜器、古琴等。在此画中，杜

---

① 熊寥，熊微.中国陶瓷古籍集成［M］.上海:上海文化出版社，2006:215-216.
② 彭圣芳.从"格物"到"玩物":明代器物鉴赏的转变［J］.艺术探索，2009，23（05）:33-35.

图 3-19　竹院品古图　仇英绘
（故宫博物院藏）

董做了以书画为主，铜器、瓷器、古琴作为陪衬的画面处理。杜董认为，若发挥博古精神，详究古物的形制名称，理解、寻索古代礼乐制度，便可将其看作逸乐之事。出现此类画面，不是偶然巧合，而是表明同样是古董，在人们心目中也有不同的位置，反映了明中晚期文人士大夫赏玩品鉴古器的风尚。在明代，文人士大夫通过书画品鉴的雅集活动保持着群体间的来往关系，继而实现权力交换的目的。①这就促使"以画会友"或"以画赠友"的现象十分常见。

　　此外，明代有几位皇帝如宣宗、神宗等，也都十分重视文物收藏。私人鉴赏收藏家中，以项元汴最为出名，他爱好广泛，精于鉴赏书法、国

①　邱澎生 . 物质文化与日常生活的辩证［J］. 新史学，2006,17（04）:14.

图 3-20　玩古图　杜堇绘
（台北故宫博物院藏）

画、金石、瓷器等，在业内无人能比。除此之外，屠隆、李白华、陈眉公
等，也是当时有名的收藏家。有钱的名门望族子弟也以满足个人的生活趣
味和审美格调为需求，不惜重金收购古物，陈设家中清供、赏玩，属于纯
粹的个人审美文化实践活动。当时瓷器又分名窑瓷器和普通瓷器。出自名
窑的瓷器又称为"窑器"。王世贞在《觚不觚录》中写道："窑器当重哥、汝，
而十五年来忽重宣德，以至永乐、成化，价亦骤增十倍。""世称柴、汝、官、哥、
定五窑，此其著焉者。更有董窑、象窑、吉州窑、古定窑、古建窑、古龙泉……
高丽二窑，皆有佳者，俱不及五窑。本朝宣、成、嘉三窑，直欲上驾前代。"①
在王世贞看来，窑器一贯以哥窑、汝窑为珍贵，没想到本朝宣德、成化窑

---

① 熊寥，熊微.中国陶瓷古籍集成［M］.上海：上海文化出版社，2006：192.

的瓷器品质远超前代。

　　明末因大量商人和商业资本的介入，文化交易的情形变得越来越复杂。对物的过度追求，导致艺术与商业之间的模糊与矛盾，市场上的古董、字画流转，由文人士大夫的高雅风尚转向庸俗的市场交易。正如王鸿泰在《雅俗的辩证——明代赏玩文化的流行与士商关系的交错》一文中所说，士人特意辨别雅俗，试图与社会流行时尚有所区别，甚至为此而别创形式、风格，借此以维持其社会身份与地位。① 从士人的角度来看，这种流转与交易，导致了中国早期社会消费模式的世俗化，也推动了青花瓷产量的不断增加和器物风尚观的流行与转换。

第三节　青花瓷艺术风尚的表现

一、风尚的内容与特征

　　顾起元在《客座赘语》云："正、嘉以前，南都风尚最为醇厚。"② 晚明名僧袾宏所著的《竹窗随笔》有如下解释："今一衣一帽，一器一物，一字一语，种种所作所为，凡唱自一人，群起而随之，谓之时尚。"《江西省大志》明确记载："风俗奢侈之故，徒美于器服。"明袁宏道《时尚》曰："古今好尚不同，薄技小器，皆得著名。……士大夫宝玩欣赏，与诗画并重……近日小技著名者尤多，然皆吴人。瓦瓶如龚春、时大彬，价至二三千钱，龚春尤称难得，黄质而腻，光滑若玉。"③

　　从上述记载来看，风尚一词见于明代。从"正、嘉以前，南都风尚最为醇厚"可知，风尚可以体现为一种社会风气。而明代袁宏道在《时尚》中认为"古今好尚不同，薄技小器，皆得著名"，指的就是器物了。而晚明袾宏所著的《竹窗随笔》对时尚的解释则为，时尚的形成，无关乎衣帽、

---

①　王鸿泰．雅俗的辩证——明代赏玩文化的流行与士商关系的交错［J］．新史学，2006，17（04）:136.

②　顾起元．客座赘语［M］．北京：中华书局，1987:25.

③　钱伯城．袁宏道集笺校［M］．上海：上海古籍出版社，2018:787.

器物、字语，通常唱自一人，影响力是群起而随之。可见，风尚与时尚相辅相成、互为关联。风尚是在时尚的基础上，对当下流行的社会风俗、流行器物、流行服饰、行为习惯的一种高度概括。而艺术风尚是指人们在特定历史时期内，对某种器物或流行样式一时的崇尚，它以一定的艺术形式或载体，表现人类创造者的思想情感和审美意识。

青花瓷作为明代社会发展变迁的时代产物，其发展演变必然受到同时代哲学、宗教、审美的影响。尤其是主流形态的艺术风尚，它的发展与当时的瓷器式样、色彩、器型、纹饰都有密切的关系。通常情况下，通过一种潮流的引导、画风的模仿或实学思潮的影响，会形成一定社会背景下的社会认同。这种社会认同具有对立统一的属性，这种属性不是自然发展、自我作用、自我消亡的，它需要人们有意识地引导和提倡，具备一定的主观能动性。

风尚的演变对明代青花瓷的生产与发展起着文化导向作用，风尚的自然存在状态，以及由此产生的心理结构，具有独特的文化意义。艺术风尚首先来自人类创造的器物审美样式和时代画风的特征，其次是表达真善美的艺术本质。统治者推崇的封建礼制思想规定了人们的审美趣味，通过对官窑或民窑体制下的画风和样式的考察，可以看出不同时代风格迥异的青花瓷艺术形态。

而地理学意义上的风尚，则与景德镇的地理位置与矿土资源有密切关系。地理环境作为自然条件，对制瓷业的生产有天然的影响。不同的地理环境决定了不同的人文环境，这使得景德镇的窑工们不自觉地创造出不同的时代风格样式，例如青花、青花五彩、青花釉里红、青花斗彩等。

风尚从社会学角度来看，是一种风格的凝聚，彰显着时代的潮流。风格是风尚的一部分，它存在于一定的社会历史条件下，是在一定的社会思潮引领下，所呈现的客观面貌和社会风气。"思潮"一词按照《辞海》的解释可以理解为某一历史时期内反映一定阶级或阶级利益和要求的思想倾向，通俗地说就是某一时期内某一阶层和群体中影响较大、流行较广的一种理论观点或思想潮流。一种思想倾向能否发展成为一种社会思潮，要根据当时的政治、经济、文化情况而定，风格与思潮相互影响、相互作用、互相渗透。

由上述分析可知，明代青花瓷艺术风尚具有以下三个特征：历史继承性、社会认同性、文化引领性。第一，历史继承性体现在受前一时代社会历史环境的影响，具有一定的现实作用，并且随着社会历史的演进，它的时代特色与传承工艺会逐渐淡化，并且成为历史。明代从洪武到万历年间，社会风尚呈现明显的发展演变趋势。永宣时期呈现传统青花瓷古朴厚重、色泽沉稳的艺术风尚；到了成化时期，上层统治阶级的审美观念发生了改变，加上皇帝对陶瓷器物的喜好，整体呈现出小巧精致、色泽鲜艳的艺术风尚。明晚期，由于奢华之风的盛行及"西学东渐"的影响，青花瓷艺术风尚转向一条与传统不同的发展道路，即艺术风尚的变化不再是在传统的变化轨迹里循环往复，而是朝着不同于旧时代的新方向发展，由此产生的艺术风尚在明末大量对外出口的外销瓷上得到印证。第二，艺术风尚具有社会认同性。青花瓷受当时社会各个阶级的影响，尤其是明末受"西学东渐"和传教士来华的影响，传统的工匠已经不再处于主导地位，取而代之的是文人画家引领整个社会艺术风尚，然而文人绘画在社会生活中反映了一种新型的人际关系，体现了商品经济的繁荣发展以及文人士绅阶层地位的相对提高。所以说，这一时期的艺术风尚正是通过文化制度、经济繁荣、社会思潮等来体现艺术风尚的社会认同性的。第三，艺术风尚还具有文化引领性。艺术风尚以时代流行的画风样式，通过暗示、模仿、从众等心理途径，把这种流行的生活方式及价值观念传递给普通民众，进一步影响了当时人们的审美价值取向。因为价值取向的变化，比社会心理的变化来得更加深刻，故艺术风尚的引领性显得至为重要。

由此可见，艺术风尚总是发生在一定的社会历史时期，是对某种器物或流行样式一时的崇尚，它以一定的艺术形式或载体，表现人类创造者的思想情感和审美意识。在一定的社会背景下，艺术风尚能够超越阶层的影响，进而影响整个社会。青花瓷作为明代的一种流行器物，其呈现的艺术风尚与社会价值促进了当时社会文化的进步和制瓷业的发展。由于艺术风尚本质上属于社会意识形态学，它的发展演变受社会经济和政治环境的制约，也受到一定社会群体和统治阶级的价值追求的影响。

二、器物文化的表达方式

1.器物类别

从传世实物和考古发现的资料看，明代流传下来的瓷器种类较多。在器物分类方面，有的以造型分类，有的以纹样分类，有的以产地分类，每种分类都有其自身的道理。青花瓷按器型可分为琢器和圆器。按其用途可分祭礼器、日用器、文房陈设赏玩器、赏赐用器以及建筑用器。其中，祭礼器和日用器用途最广，传世最多，按类别可分为仿古礼器（祭葬之器）、文房用器、养花之器、烧香之炉、闺房用具、食器和饮器等。

据《江西省大志》记载，从嘉靖八年至万历二十二年，御器厂烧造过的祭礼器有爵、毛血盘、毛血碟、大羹碗、酒盅、羹碗、豆、盘、尊、大尊、壶、瓶、盏、酒尊等。而集中烧造祭器，主要在嘉靖年间，有各式祭器6360件；万历十一年，各样祭器4290件。[①]由此可见，祭礼器需求之庞大，从天坛到文庙，从宫廷到王府，祭祀均已瓷器化。

日用器是最早进入明代宫廷用器的种类，其品种更是繁多。如有酒器里的尊、果合、泛供、劝杯、劝盏、偏提等23种，还有碗、盘、碟、罐、执壶、坛、茶盅、菜碟、醋滴、缸、瓶、盒、钵、烛台等40多种，每年烧造数量以万计。

文房、陈设、赏玩器是为了迎合上层阶级统治者的审美需求，根据皇室需要专门设计定制的，其纹样、功能、造型皆根据使用者和使用场所的环境、特定气氛的需要而制作。最具有代表性的赏玩器就是宣德蟋蟀罐；文房器有笔管、笔冲、砚、笔筒、水滴、笔架等；陈设器有鱼缸、假山石、花盆、看瓶、牡丹瓶、壶瓶等。

现藏于故宫博物院的明宣德青花梵字八宝文出戟盖罐（如图3-21所

① 　王光尧.明代宫廷陶瓷史［M］.北京:紫禁城出版社,2010:75.

示），高 28.7cm，盖口径 22.0cm，底径 24.7cm。此罐工艺复杂，外壁、盖内及底部均绘有青花图案。腹间三层有古印度梵字八宝文，间绘西番莲及莲托八宝。盖面八宝文间绘制祥云。盖罐为宫廷御用礼器，器身上下两层文字相同，代表各方佛双身像中的女像种子字。此种文字组合图案被密宗信徒称为"法曼荼罗"。此器在宣德青花中极为少见，其造型、花纹均充满宗教色彩。据此可知，这一大罐当为佛教徒作道场时所用的法器。

图 3-21　宣德青花梵字八宝文出戟盖罐
（故宫博物院藏）

　　故宫博物院藏郎世宁"是一是二乾隆赏古图"（如图 3-22 所示），图中画有此罐，它被陈设在方几之上，画中器物突出，说明当时深受乾隆皇帝喜欢。乾隆以"内府所藏彝鼎之属多三代法物"，命内廷词臣详加考证，

图 3-22　是一是二乾隆赏古图
（故宫博物院藏）

并绘图系说《西清古鉴》，凡四十卷，于乾隆二十年校刊。

所有器物的造型和纹饰都不以如实描绘大自然为目的，而是运用艺术形式美的规律和法则，采用夸张或变形的艺术手法，对自然界的美加以再创造，使器型、纹饰、色彩由自然形态升华到艺术形态，从美学的角度上体现器物的艺术风尚特征。

2. 器物功能

中国是一个崇尚礼仪的大国，明早期，朱元璋推崇"厚往薄来"的朝贡原则。永乐时期，朝贡的国家最多达 65 个，皇帝赐给臣下的瓷器称为赐赉器。明朝政府会给朝贡者赏赐大量的瓷器、丝绸等生活必需品，当时接受朝贡的国家主要分布在东亚、东南亚、中亚、朝鲜、琉球等地。这些赏赐用瓷大多由御器厂生产，且大部分瓷器是根据朝贡的需要专门设计定制的。从宣德器上很多带有中亚、西亚风格的造型和纹饰上可以看出，宣德青花在历史上的杰出成就与当时繁荣的朝贡贸易有很大关系。

据朝鲜《李朝实录·世宗庄宪大王实录》记载，戊申十年（即宣德三年），宣德帝送给世宗庄宪大王"白素瓷器十桌，白瓷青花大盘五个，小盘五个"。另有史料记载，宣德皇帝曾赐给工部尚书杨荣炉、瓷罐，赐给西藏活佛青花僧帽壶和带藏文和梵文的把盏等。除赠予和赏赐之外，还有一部分是通过朝贡贸易正常交换的方式输出的。在这方面，明朝政府对交换数量与形式都有严格规定，如《明会典》卷一百〇二规定："贸易使臣进贡到京者，每人许买青花瓷五十副。"

据《明史·本纪》记载，明代中后期对伊斯兰等国家的朝贡贸易进行了统计，其中伊斯兰国家和地区的入贡次数最多。这些回族贡使来朝贡时携带钴蓝原料，回去时则带走大量的青花瓷器。[①] 从大量流传于世的带有伊斯兰风格的青花瓷器来看，伊斯兰地区是一个庞大的消费群体。纵观整个明代发展史，各国之间朝贡贸易从未间断，如果以朝贡贸易的时间之长和朝贡的次数之多来计算，通过正常贸易交换输出的青花瓷总量也是相

① 谈谭."定制"还是"内销"——论明代中前期青花瓷的主要消费群体[J].西南大学学报(社会科学版)，2010，36（ 02 ）:47–55.

当可观的。现藏于大英博物馆的宣德青花扁壶（如图3-23所示），高22cm，最宽处19cm，此壶出自15世纪早期。1994年在景德镇珠山东门头永乐堆积层内出土过一件相同的扁壶，纹饰为山茶花图案。此壶身一侧近底部处刻有物主标记，涂有红色，标记内容为莫卧儿皇帝奥朗则布的名字和伊期兰历。奥朗则布在位时间为1658—1707年，以此可以推断此扁壶应该是通过贸易关系到达莫卧儿皇宫的。这件瓷器在莫卧儿皇宫备受青睐，作为餐具使用，且标有皇帝的名号，可见其视为珍贵之物。

图 3-23　宣德青花扁壶
（大英博物馆藏）

明代瓷器大量运销海外，各国发现的残片俯拾皆是，外销瓷转口港菲律宾出土者尤多，国外传世者为数也不少。南洋、西亚地区以及埃及，也都发现有明初以来的瓷器。里斯本有晚明纹章瓷青花盘（如图3-24所示）和青花执壶，是西方国

图 3-24　晚明纹章瓷青花盘
（来源:《大英博物馆藏中国明代陶瓷》）

家最早在中国特别订制的外销瓷。正德以来，西方订制的瓷器，在土耳其伊斯坦布尔、意大利那波里、美国纽约艺术博物馆等地都能见到。据史料记载，明朝正统年间，英宗皇帝在光禄寺设宴招待外国使臣，100多桌酒席的餐具全部都是景德镇御器厂烧制的青花瓷，清新雅致的花色把这些外国使者看得如痴如醉，有些使者及夫人竟悄悄地把酒盅、碟子装进礼服口

图 3-25　诸神的盛宴
（来源:《文史中国——走向世界的明清陶瓷》）

袋，宴席散后，清点餐具，据说竟被偷走 580 件之多。[1]与此同时，这一时期在欧洲的宗教题材绘画中，也可以找到明代青花瓷的踪迹。如意大利画家乔凡尼·贝利尼（Giovanni Bellini）在 1514 年创作的名作《诸神的盛宴》[2]（如图 3-25 所示）中就画有明代风格的青花大盘、果盘和酒杯，彰显了青花瓷在当时欧洲备受推崇的地位。

《江西省大志》记载了嘉靖、万历年间景德镇瓷器市场:"其所被，自燕云而北，南交趾，东际海，西被蜀，无所不至，皆取于景德镇。"佛尔克编著的《荷兰东印度公司与瓷器》一书记载，1610 年 7 月有一条船载运 9227 件瓷器至荷兰，1614 年上升到 69057 件。1612 年运往荷兰的瓷器达 28641 件，1616 年上升到 69057 件。据不完全统计，从 1602 年至 1620 年

① 　齐皓，张俏梅.景德镇瓷业民俗与陶瓷民艺［M］.北京:中国民族摄影艺术出版社，2013:92.

② 　袁泉，秦大树.文史中国——走向世界的明清陶瓷［M］.上海:上海古籍出版社，2015:77.

的 18 年间，明朝出口的外销瓷达 200 万件以上。①庞大的海外市场需求，促使明代晚期对外输出的瓷器不再具体细分是官窑器还是民窑器。

由于御器厂生产的瓷器是专为皇室统治阶级服务的，这也明确了景德镇青花瓷生产后的产品流向问题。早期主要用于祭祀、朝贡、外交、赏赐等，中晚期主要用于出口、仿古、鉴赏、收藏等。陶瓷器物的本质即为实用，备物致用的审美观早在《易传》中就有明确记载，《易传·系辞上传》有云："备物致用，立成器以为天下利，莫大乎圣人。"②明代文人画家董其昌曾说："本朝宣、成、嘉三窑，直欲上驾前代。世俗所贵重者，但知有黄金而已。可使一磁盘、一铜瓶，几倍黄金之价，非世俗所知也。"同时期文学家袁宏道也在《瓶史》中谈及："但得宣、成等窑磁瓶各一二枚，亦可谓乞儿暴富也……"景德镇陶瓷市场的活跃，大量的青花瓷出口海外，促使明中晚期青花瓷的社会功能由实用走向审美，且逐步达到"一磁盘、一铜瓶，几倍黄金之价"的地步。青花瓷由宫廷到民间的扩散、由雅趋俗的审美转换也顺应时代的发展而向前发展。其主要原因在于：一是明中期经济的发展打破了传统的社会秩序，需求量急速增加，造型风格多样化，社会风气由淳朴转向奢华，青花瓷由满足宫廷用瓷的官窑烧造走向普通民众日用的民窑烧制，实现了由雅到俗的转变。二是明晚期统治阶级的审美趣味转向精巧华丽，器物的造型已失去了传统实用价值的属性，过于强调工艺技术，如万历年间生产了大量的笔管、烛台、棋盘等新奇之物，纯粹是为了满足帝王的猎奇之心。此种现象加速了青花瓷从宫廷走向民间，使景德镇成为全国陶瓷产业发展的中心，形成风靡全国的流行时尚。青花瓷在此基础上形成的艺术风尚演变，不仅是一个渐进的演变过程，也在一定程度上印证了明代社会变迁的基本特征。

青花瓷艺术风尚的形成，经历了由雅趋俗的时代转换，器物的造型、纹饰、风格、工艺都体现了不同时代的精神风貌，这种变化一方面促进了

---

① 李绍强.论明代官私工商业经济的演变［J］.齐鲁学刊，2004（04）:156–160.

② 黄寿祺，张善文.周易译注：新修订本［M］.上海:上海古籍出版社，2018:719.

审美意识的提高，对青花瓷艺术不断创新和发展起到至为关键的作用，进一步提升了青花瓷的器物价值和审美价值。另一方面，外来文化的渗透和巨大的海外市场需求推动了明末景德镇青花瓷生产，直接带动了艺术风尚的转变。

三、精致奢华风气的转化

明代中晚期，因追求享乐之风造成僭越封建礼制的现象经常发生，人们不再心甘情愿地接受各种封建礼制的束缚，如有关器用、服饰、饮食等的规定，从上层统治阶级到下层普通民众，都开始追求自我享乐的生活方式。该时期的李贽、袁宏道、张岱、汤显祖、张琦等人，都提倡人本思想。袁宏道倡导的理想中的"真乐"是"目极世间之色，耳极世间之声，身极世间之鲜，口极世间之谭"。①做到以上这些便可以"生无可愧，死可不朽"。在这种社会风气影响下，仅苏州一地，"洋货、皮货、细缎、衣饰、金玉、珠宝、参药、诸铺、戏院、游船、酒肆、茶店如山如林，不知几千万人。"②明代王锜认为江南地区的繁荣与朝廷对内休养生息的政策有关。明代早期经济发展相对落后，社会生活俭朴，物质条件匮乏，让各种礼制思想、法律禁令得以维持，社会风气也就相应的淳朴俭约。一旦社会经济复苏，财富积累增加，享乐欲望就会膨胀，就会尝试突破礼制限制，由俭而奢。成化年间，物产丰富，愈益繁盛，间檐辐辏，亭馆布列，舆马从盖，游山之舫，载妓之舟，交驰鱼贯，丝竹讴舞与市声相杂，朝野呈现物阜民丰的景象。

关于明代后期奢华之风盛行的问题，学术界颇有争议。20 世纪 50 年代，傅衣凌就明后期江南经济的发展与城市社会关系的变化展开研究。他认为经济的发展影响到社会风气的转变，进而影响到人类生存方式的改变。陈宝良在《明人时尚——明代中后期的社会生活与时代变迁》一文中发表了

---

① 钱伯城.袁宏道集笺校［M］.上海:上海古籍出版社，2018:221.
② 孙燕京.晚清社会风尚研究［M］.北京:中国人民大学出版社，2002:71.

自己的观点:"品位奢华:生活的世俗化"①,讲的就是明代中后期,文人的生活呈现一种由雅趋俗的倾向,即生活的世俗化现象,如追求时髦、竞相奢侈、违礼逾制等。

所谓奢华,主要体现在明中期以后对传统的"以致用为本,以巧饰为末"消费观念的突破。顾名思义,奢华有两层含义:第一,在生活消费物品的数量上超支,表现为挥霍,没有必要地浪费;第二,在消费质量上表现为"精致",对消费品质有更高的要求。这两种奢华倾向,在明晚期社会风气中淋漓尽致地表现出来了。清初顾公燮曾说:"有千万人之奢华,即有千万人之生理。若欲变千万人之奢华而返于淳,必将使千万人之生理亦几于绝。此天地间损益流通,不可转移之局也。"奢华是当时社会发展的流行趋势,与时代环境密切相关。至于奢华是好是坏的问题要从当时的社会环境去考虑,当奢华成为一种普遍的社会现象时,也说明这一时期人类物质生活水平的整体提高。与此同时,明代中后期的皇帝大多醉心于个人享受,千方百计地追求高品质生活,奢侈之风盛行,推动了社会物质文化的大发展、大繁荣,也与民间社会日益壮大的市民阶层、市井文化相适应,引领了民间社会风气的转变,使得整个社会从事商品交易与买卖的人员大量增加。

明代中期,尤其是成化至正德年间,文人雅士经常诗文结社,开展鉴赏古玩、展示琴艺、绘画等活动,追求清雅、超凡脱俗的精神生活,社会风尚以醇厚见长,注意礼仪气节。例如:正统年间,文人之间相互宴请,大部分是在宴请当天,派一童子至各家邀请,只云请吃饭,"未至午则客以聚集"。而嘉靖年间,士大夫生活方式开始有了转变。虽然还是以闭门读书为主,但在家中开始过着奢侈的生活。例如:招客宴饮,赋诗写字,衣着华丽等,尤其是追求服饰华丽成为当时一种流行的社会风气。发展到晚明,由于文人士大夫的追求与倡导,宴请之风愈演愈烈,从上到下形成一种吃喝应酬、铺张浪费的习俗。这种习俗促进了明晚期生活方式的改变

---

① 陈宝良.明人时尚——明代中后期的社会生活与时代变迁[J].紫禁城,2014(10):100.

和艺术风尚的形成。这样的氛围与明初国家上下淳厚古朴的社会风气已不可同日而语，更无处寻找简朴、节制、淡泊的影子。[①] "吴俗之奢莫盛于苏杭之民，有不耕寸土而口食膏粱，不操一杼而身衣文绣者，不知其几何也。盖俗奢而逐末者众也。"青花瓷作为人们日常生活使用的物质产品，

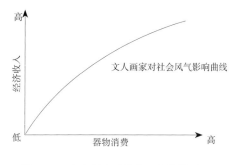

图 3-26　文人画家对社会风气的影响
（作者绘）

一方面彰显了拥有者的身份与地位，另一方面在奢侈之风盛行下对青花瓷的高品质追求，也是当时社会经济繁荣的一个重要表现。

　　明末景德镇生产的瓷器占据了全国的主要市场，宫廷所用的陶瓷物品，主要由景德镇御器厂烧造供应。御器厂承担了宫廷用瓷的烧造任务，同时推行官搭民烧制度，带动了景德镇民窑的生产发展。民窑在扩大生产规模的基础上，不断提高产品质量，以至晚期出现了"官民竞市"的社会现象。民窑生产的大部分瓷器除了满足对外贸易的需求外，国内一部分稍有经济实力的富商民众、官贾士绅、文人雅士也开始大量收藏、购买青花瓷，用于宾客宴请、诗文雅集等私人社交活动，青花瓷实现了由宫廷专属器物真正走向寻常百姓家的转变，对应的社会功能也开始发生变化。据《北辕录》载："淳熙丙申，待制张子政，贺金国国王生日。初到招待的馆舍，准备晚饭时，设瓦垅，上陈列茶具、餐具。在这里所说的这些宴会所用的餐具都是桌器。一桌之上，有各种釉色、花样的瓷器，分类摆列。明朝的桌器，始见于此，今也很风行。"[②] 所有宴会对应陈设大量的餐具、茶具，除了满足盛装食物的基本功能外，更多的是彰显宴请人生活的奢华品质。

　　孟德斯鸠在《论法的精神》中也说："奢侈绝对有其必要，富人不挥

①　萧慧媛.水陆毕陈——晚明饮食风尚初探［J］.桃园创新学报.2012（32）:377–397.
②　傅振伦.《陶说》译注［M］.北京:轻工业出版社，1984:259.

·107·

霍，穷人将饿死。"可见，富人的奢华从另外一个侧面看，也促进了商品的生产与消费，形成了商品经济的多元化。事实上，奢华的消费对扩大生产，提高工匠阶层的生产积极性起到推动作用。在商品经济发达的江南地区，民间风尚的变化最为突出，涉及生活的各个方面。陈宝良在《明人时尚——明代中后期的社会生活与时代变迁》中，主要概括了两点："爱清"之风的出现和"伪雅"之风的形成。[①]崇祯时期的《松江府志》专有俗变一章，分别对当时的乡饮、宾宴、室庐、园林等方面做了详尽入微的描述。为了扭转过度奢华引发的社会不良风气，明代统治者和士大夫们都做出过相关努力，如提出诸多禁奢和移风易俗的举措，试图使社会风气恢复到太祖时期的淳朴节俭，但因明末奢靡风气已深入人心，统治阶层也无法阻止这种风气的蔓延。

明代的饮茶风尚，对景德镇青花瓷杯、瓷盏器物影响也十分巨大，直接改变了人们对茶盏釉色的审美喜好。高濂《遵生八笺》："茶盏惟宣窑坛盏为最，质厚白莹，样式古雅……次则嘉窑心内茶字小盏为美。"明代最佳的宣德白釉小盏，其造型类似于莲子碗，这种小盏直口尖底，整个器形如鸡心形，一般称为鸡心杯。由于它小巧玲珑，饮时一盏在手中把握很是方便，而嘉靖时期的小盏就是在这个基础上进行演化的。这类器型因顺应了当时的饮茶风尚而广为盛行。

品茗为文人的休闲活动，一方面追求茶品、茶器、茶叶、茶友的品位，讲究茶道中五行相生相克之说，注重祛百病的养生理论。另一方面也受社会经济发展的影响，开始追求品茗文化的多样性。从明万历刊《太霞新奏》版画饮酒图（如图 3-27 所示）中可以看出茶盘、酒杯这类器型不光在宫廷贵族阶层流行，在民间的文人雅士生活中也有十分广泛的应用。文人吴应箕就提到，万历时期，有位僧人经营茶舍，"惠泉、松茗、宜壶、锡铛，

---

① 据陆容《菽园杂记》卷五记载，当时北京的民间百姓家中大多喜欢收藏书画及各类陶瓷器具，家中置办盆景，花木之类，称之为"爱清"。而"伪雅"是根据王衡《东门观桃花记》一文的记载，以苏州人为典型，家家户户喜欢养花种草，先是兰花、菊花，后是竹子、松树。这些流行现象无疑显示了生活的艺术化倾向。

时以极汤之盛，然饮此者日不能数，客要皆胜士也"。饮茶风尚的再次兴起，除了刻意营造优雅闲适的环境和氛围，更是对茶叶、茶具、水质、水温、饮茶人数都有深入的研究与较高要求，将饮茶提升为一种生活艺术美的创造和鉴赏活动。饮茶风尚的流行直接促进了景德镇陶瓷茶具的生产。

图 3-27　万历刊大霞新奏版画饮酒图
（来源：《中国古代陶瓷史学史》）

通过相关文献梳理可知，嘉靖、万历年间，官窑贮酒器的烧造数量也十分惊人。《江西省大志》御供中记载：嘉靖二十二年，青酒盏一万，酒盅一百。嘉靖二十五年，青花白瓷里青云龙外双龙酒盏一万八千四百。嘉靖三十一年，里云鹤外博古龙花酒盏一千七百，甜白色酒盅三万。万历二十五年《江西大志》卷七记载：厂内二十三作内，其中专门设有酒盅作，并记有大酒坛、中酒坛、小酒坛、酒碟、酒盏之类。嘉靖二年，酒盏一万、酒盅一百；嘉靖三十一年，酒盏一千七，酒盅三万；而万历二十三年，御器厂专门设立酒盅作，将其设为专门的烧造门类。宫廷中饮酒之风盛行必然带动整个社会的饮酒风气，与此相对应的酒具器皿就有了广阔的消费市场。

由上述可知，奢华的社会风气给景德镇青花瓷生产带来了双重影响，日用器皿在突出其实用功能之外，开始强调趣味性和装饰性。陈设把玩器、茶器、酒器等青花瓷器物，受到该时期文人雅士的钟爱，体现了明代社会的进步以及明人生活方式不断走向艺术化。

第四节　本章小结

本章简要阐述了明代青花瓷在不同历史时期所呈现的不同特点，归纳提炼了明代青花瓷三个发展阶段的变化与时代特征，主要涵盖了早、中、晚三个时期的瓷器演化表征、社会形态变迁、消费观念释放以及青花瓷器物文化的不同表现。其中，对青花瓷艺术风尚的表现从风尚的内容与特征、器物文化的表达方式、精致奢华风气的转化等三个方面做了较为深入的分析论证，试图通过三个不同时期青花瓷的发展变化以及社会风气与生活观念的改变，推理出景德镇御器厂的兴衰主要由不同朝代的经济发展水平和帝王的审美喜好所决定。

明代中后期，文人思想和奢华之风盛行，促使器物鉴赏、收藏之风流行开来，强调个性之美，使青花瓷艺术风尚更加丰富多元、个性之美、率性之状、流行之风在明末蔓延开来。这些变化引领了整个明代青花瓷在不同历史时期的风格特征与型饰观念的变化，从洪武时期的古朴厚重到成弘时期的小巧精致再到嘉万时期的求新求异，在这个演变的过程中，一方面反映了整个明代社会经济与历史发展的一个兴衰变化，另一方面也反映了青花瓷随着东西方思想的不断渗入和海外出口贸易的繁荣，让青花瓷从早期为帝王统治阶级服务发展到普通民众的日常生活所需。

明代经济的发展，为社会风尚观念的形成与变化和文化艺术的发展提供了保障，也改变了人们的生活方式和消费观念。青花瓷作为景德镇最具代表性的手工业产品，肩负着满足大明朝皇室用瓷及对外用瓷需要的重任，景德镇整个制瓷业的发展都与明代的皇权统治息息相关。正是因为皇权统治阶级的高度重视，再加上景德镇御器厂窑工的智慧与创造，才使得明代青花瓷精益求精，达到能与古代的名器相媲美的程度，以至于被保守人士称为"物妖"。

第四章 文思之变

第一节 从理学到实学

1. 明早期程朱理学思想

明朝建立后，明太祖制定了宏伟的政治蓝图，拟定了一个庞大的颁降官书计划，要编辑《四书》《五经》《性理》等书作为天下的教本，这个计划后来由明成祖完成了。永乐十二年，翰林院学士胡广等人编撰了《五经大全》《四书大全》《性理大全》等三部大书，并昭告天下。这三部大全的颁行，标志着程朱理学官学化过程的最终完成。程朱理学在国家意识形态中占据了核心地位，在明初发挥了统一思想的作用。由三部大全所确立的程朱理学，比起董仲舒、孔颖达所推崇的儒学，是一套系统完整的政治思想哲学体系，对明代社会晚期的学术思想和社会文化产生了巨大的影响。

明代朝廷将程朱理学尊为官方学术思想。宋代朱熹的《四书章句集注》曰："所谓致知在格物者，言欲致吾之知，在即物而穷其理也。"①宋代理学从学理上看，本应与艺术思维不相干，但是理学在中国的思想界影响极大，一直延伸波及明清，所谓阳明心学即是由此一脉发展而来的。明代理学思想是宋代理学思想的延续，虽然跨越了三个朝代，但依然能够约束人们的思想行为规范。宋明理学家提出"存天理，灭人欲"，认为理是天地万物存在的根本和依据，具体体现就是三纲五常。朱熹提倡"理一分殊"，并且以此来论证封建等级制度和礼教的合理性，指出万物同出于理，而落实

---

① 朱熹.四书章句集注［M］.北京:中华书局，2016:81.

到具体的方面就有大小等级、亲疏远近、人伦规范的不同，这是其"殊"。①
理学的本源又与道学相关，二程、朱熹在阐释理学时的辩证思维，对宋元
明的艺术思维走向起到一定的引领作用。②本来排斥章句之学的理学思想，
在其官学化以后，不仅逐渐忘却求道的本来目的，而且日益支离僵化，几
乎沦落为追名逐利的工具。

与此同时，明初的通俗文化有了长足的发展。清初三大思想家之一的
黄宗羲说："三百年人士之精神，专注于场屋之业，割其余以为古文，其不
能尽如前代之盛者，无足怪也。"③在绘画方面，由于严厉的刑法，明初院
体画家在封建专制的威慑下，作画小心谨慎、循规蹈矩，迎合统治阶级的
审美喜好，画风体现的是明初统治者的艺术审美趋向。在科举制度方面，
明代奉行八股取士，即以四书、五经的内容为主，对明代士人学子的思想、
才情等方面都有许多限制。中央集权的统治思想，严格的刑罚制度，反映
在文化艺术领域必然是社会的等级分化、人的思想禁锢、器物使用的等级
差别等。

对此时代现象，明初理学家不得不重新唤起人们的求道自觉意识。但
此时的求道，已与宋代理学家复兴儒学、诠释经典、建立秩序的志向有所
不同。对明初的程朱儒者而言，一方面儒家道统已尊、经典诠释已备，反
躬践履成为摆脱俗学的当务之急；另一方面，明代令人心惊胆战的高压政
治，也让明儒在政治上施展抱负的期待远不如宋儒，而更欲回头重视身心
安顿的问题。

明朝初年的中央集权制在初期有着积极的时代意义，维护了国家的统
一，恢复了明初的社会经济。文化艺术领域也迎来新的发展，青花瓷作为
明代最有特色的手工业产品，其发展反映了整个明王朝由盛至衰的社会历
史和文化变迁。它作为一种文化的存在方式，记载了明代手工业生产者对
自己"生活样式"的描述，也呈现了明代对社会文化和艺术风尚的思考。

---

① 赵宏.中国陶瓷文化史：上册［M］.北京：中国言实出版社，2016:47.
② 金丹元.中国艺术思维史［M］.上海：上海文化出版社，2005:186.
③ 华彬.中国宫廷绘画史［M］.沈阳：辽宁美术出版社，2003:323.

首先，要厘清朱子思想形而上和形而下的道器观，以及道与器的关系。自古以来都是先有道后有器，理在气先。道是指万物之理，器是指事物本身。另外一个观点是太极，太极是天地万物之理的总和，也是万物之理的最高标准。朱学的思想按照现在的哲学观点来说，就是道或理是超时空而存在的，器或气是现实存在的。该思想强化"存天理，灭人欲"的观点，约束人的欲望，规范人的行为，对当时景德镇制瓷业的发展起到强有力的推动作用，也加强了明代社会对器物等级制度与社会伦理观念的认知。

在景德镇制瓷业方面，理学比较集中反映在官窑瓷器的生产上，从元代设立官窑到明代的御器厂，再到清代的御窑厂，都是封建君主专制文化在陶瓷器物上的具体呈现，也是明代理学思想渗入整个社会各个方面的具体体现。理学思想在明早期的学术地位坚固，生命力旺盛，一直延续到明中期。具体到青花瓷的生产上，也就是御器厂先接到朝廷下达的烧造任务和烧制"官样"，然后围绕宫廷用瓷所展开的一系列陶瓷生产、管理、烧成、器物挑选等相关事宜。官样的制定来源于明代宫廷画师，他们专为帝王服务，是帝王审美趣味的直接践行者与引导者。明早期的宣德皇帝就是一位书画艺术爱好者，重视宫廷绘画与景德镇御器厂的陶瓷生产，受理学思想影响，该时期青花瓷以精工细腻、色彩华丽、器型敦厚为流行风尚，彰显皇家气派。它与文学一起扮演着歌功颂德、粉饰太平的盛世之音角色。①

受理学思想及帝王的审美趣味影响，青花瓷器物都要按"理"制作，不能改变统治阶级下达的生产样式，要求陶匠必须如实地反映"官样"的形制特征和纹饰特点，不能主观发挥，要不惜一切成本做到极致完美，传达理学思想的文化内涵。在明早期理学思想的影响下，永乐、宣德时期的青花瓷生产技术得以飞速提高，通过御器厂专门生产皇家用瓷，满足宫廷的日用、赏赐、朝贡、外交等需求，体现了皇权思想在陶瓷文化上的呈现，整体风格沉稳大气，色泽温润独特，气象辉煌，创下了"明代青花看永宣"的历史高度。这一时期，上至宫廷贵族、下至文人百姓，都对青花瓷十分

---

① 谢焱. 论明代宣德年间台阁雅集对宫廷花鸟画的影响［D］. 重庆：西南大学，2007.

喜爱，稍有经济实力的达官贵人开始争相购买，形成一股流行之风。

2. 明中期的阳明心学思想

到了明中期，尤其是阳明心学兴起后，由于早期的高压政治和皇权思想的精神枷锁，加上正统、景泰、天顺三朝时局动乱，面对急剧变化的社会秩序以及内忧外患的状况，促使一部分有志之士试图寻找一条安身立命的根本出路。阳明心学提倡集中一切精神，向心性本源寻找力量，使人得以在混杂纷乱的世界中找到安身立命的场所。明代学者黄宗羲曾说，明代"文章事功，皆不及前代，独于理学，前代之所不及也。牛毛茧丝，无不辨晰，真能发先儒之所未发"。晚明高僧蕅益智旭亦赞叹王阳明云："余每谓明朝功业士，远不及汉、唐、宋，理学则大过之。阳明一人，直续孔、颜心脉。"

明代中期的学术变异，首先是对宋代程朱理学的批判，对台阁体的贬斥。比较有代表性的有顾炎武力倡经世致用、实事求是，方一智通考西方传教士带来的自然科学，明末黄宗羲一贯反对空谈，注重实学等。黄宗羲不仅长于天文算学，倡导民主，更令人肃然起敬的是，他将批判的矛头直接指向了封建专制主义的君权至上，指出"今也以君为主，天下为客，凡天下之无地而得安宁者，为君也"，君所推崇的大公恰恰是为了满足他个人的大私。

王阳明以致良知为宗旨，不寄望从政治之途建立秩序，而改为师友讲习、社会教化的形式。王阳明的思想比较接近陆九渊，两人都讲心即是理，但问题的起点

图 4-1　阳明心学心外无物的思想界定（作者绘）

不同。相比较而言，阳明思想在固化表达上更加极端。阳明学说对《大学》的心、意、知、物做了界定，也就是著名的四句理："身之主宰便是心，心之所发便是意，意之本体便是知，意之所在便是物。"① 图 4-1 呈现了阳明心

---

① 杨立华 . 宋明理学十五讲［M］. 北京:北京大学出版社，2015:260.

学中的心、意、知、物四个核心理念相互影响、相互作用的关系。四个理念中，王阳明显然是以意为核心的，这与他对《大学》古本的坚持，以及对知行合一的强调都有密切的联系。意之所在便是物，所以王阳明讲的物是与意念相关的，指的是事。也就是说，他所讲的"心外无物"指的是在人类的行为之内所牵涉的"物"。①在此过程中，儒者政教伦理的关怀变淡，身心安顿的关怀变强。

在阳明心学兴起的同时，明中晚期的市场经济也迅速扩张，弃儒就贾之风造成了士商合流的社会风气。阳明心学中的心外无物、心外无理的理念与时代风气一拍即合，掀起了一股平民讲学的风潮。在此风潮影响下，追求成圣之道变得人人可行，不再只有士大夫与文人雅士才有资格探求。精微的性命之理，也不再需要广泛读书穷理、参天两地才能获致，只要个人在日常生活中反求身心，即当下可得。宋儒固然也求修养身心，但是明中期有此思想背景与社会氛围，具有高度个体修证色彩的"身心性命"一词才可能流行开来。②

"理也者，心之条理也"是阳明心学的另一个重要论点。心之条理，发之于亲则为孝，发之于君则为患，发之于朋友则为信。所谓的条理，就是心灵的本质倾向。③王阳明的思想学说在《大学问》和《传习录》中都有直接表述。"存天理，去人欲"是宋明理学的延续，强调将功夫的重心放在廓清心体，力图拔本塞源，毕其功于一役，这不能不说是阳明心学的一大特质。这方面的例证甚多，如王阳明云："须是平日好色、好利、好名等项一应私心扫除荡涤，无复纤毫留滞，而此心全体廓然，纯是天理，方可谓之喜、怒、哀、乐未发之中，方是天下之大本。"④

① 杨立华.宋明理学十五讲［M］.北京:北京大学出版社，2015:260.
② 本文所谓的"个体修证"，并不是说阳明学者不管家国天下，而是强调在工夫实践上，他们更重视为己之学，更注重在自己身心上做工夫.若是从本体上讲，则没有个体的问题，因为身心皆可不限于一人，皆可连属于天下国家、宇宙万物，成为道德秩序的根源。
③ 杨立华.宋明理学十五讲［M］.北京:北京大学出版社，2015:261.
④ 陆永胜.传习录［M］.北京:中华书局，2021:11.

　　此外，王阳明提出了虽治生也是讲学中事，"但不可以之为首务，徒启营利之心"。若能调停得心体无累，"虽终日做买卖，不害其为圣为贤"。王阳明提出"治学"固然重要，但"治生"也就是谋取生计也很重要。心学把治学和治生结合起来，表达了合理追求赖以为本的生计是没有问题的。如果把其中一个治学或者治生摒弃，这就使生活失去了平衡。在合理情况下，经商维持了生活，同时遵守了儒家德行，保持了品德高尚，是值得提倡与鼓励的。

　　阳明心学将天人、万物之性理合于一心，重视身心的安顿与超脱，转而以心为首，其性命之学与佛教密切交融。因此，佛家所关怀的生死轮回之大事，自然也是阳明学者在证悟心体的道路上，不得不慎重考虑的议题。明代阳明心学渗透朝野，它的思想理念和文化内涵延续了程朱理学的发展，心学倡导的是权利拥有者建立合理性与合法性的意识形态，影响着理学知识和思想的世俗化。[①] 王阳明重自我、重个性的心学思想打破了程朱理学一统天下的局面，给明代思想以极大的改变，适应了当时封建统治者和文人士大夫对传统封建体制和传统文化的迷恋，对社会经济领域里出现的新变化感到恐惧的精神需要，[②] 促进了这一时期人们思想的解放。从王艮到李贽，主体意识逐渐觉醒，反封建、求务实的思潮不断涌起，给思想文化领域带来了新鲜活泼的时代气息，随之而来，出现了一大批引领文学艺术思潮的作品，如《三国演义》《水浒传》《西游记》等。

　　从明中期当时的社会文化背景来看，这些文学作品毫无疑问引领了当时的社会风尚，势必影响到青花瓷的生产样式与风格特色。一是装饰的题材比之前丰富，二是绘制技法有了创新，三是创造出与青花色泽极为和谐的胎质釉面，把青花瓷所特有的陶瓷艺术特征从单纯的绘画中完全分解出来。明中期的青花瓷装饰较明早期的青花瓷装饰有了明显的变化，从画面的勾线来看，明中期的勾线渐渐变得圆润含蓄严谨，缺少早期粗犷、张扬、

---

① 　金丹元.中国艺术思维史［M］.上海：上海文化出版社，2005：212.
② 　赵宏.中国陶瓷史学史［M］.北京：中国文史出版社，2014：72.

大气的时代特征。正德处于明代中晚期交替的过渡时期，其青花瓷逐渐改变了前朝器物精致纤细的风格，出现了造型凝重的大件器物，用波斯文和吉祥图案作为主体纹饰是当时盛行的一种社会风尚。

然而，由于社会经济中商品经济的发展和资本主义萌芽的出现，儒家思想已不适应当时生产力的发展，实学思想在指导社会经济时，不得不进行某些调整，努力把商品经济纳入自然经济的体系中去，于是有了"官搭

图 4-2　青花镂空开光碗
（大英博物馆藏）

民烧"制度的盛行，利用民窑的制瓷生产力为官窑服务，此时御用生产由大件大器向小件精致方向发展，更多地传达一种民间的、质朴的、社会大众可以接受的陶瓷文化。青花镂空开光碗（如图 4-2 所示），高 4.5cm，口径 13cm，两件瓷碗均为八方形。碗身有交替出现的镂空钱纹及鳞纹装饰。镂空装饰周边饰有留白如意云纹，口沿处为一周青花地留白卷纹。两碗的碗内底部均绘有精细图景，其中一幅图景描绘的是月下牧童骑牛吹笛；另一幅则描绘一文人坐于园中柳树下，其仆人正向其进呈一鹅。牧童骑牛吹笛图是广受欢迎的中国传统纹饰主题，表现出理想化的田园生活。16 世纪以来，制瓷技术的提高使景德镇陶瓷产业发生了一些重大变革，经济的繁荣使知识得以传播，社会等级开始分化。旧时的士族贵族阶层开始衰落，另一种绅士阶层大量兴起，这些人从容，有教养，有足够的钱定制书画，收集古董文玩。他们在收藏古瓷器的同时，刺激了用作餐具或装饰的青花瓷、色釉瓷的生产。[①] 对于 17 世纪的文人来说，这些青花瓷和色釉瓷是新的文人典范。时尚的文人绘画题材，加上先进的开光工艺，融合器物的仿

① 霍吉淑 . 大英博物馆藏中国明代陶瓷：上册 [M] . 赵伟，陈谊，文徽，译 . 北京：故宫出版社，2014：23.

古风格，这样的装饰组合在当时的文人精英中颇受欢迎，成为竞相购买、珍藏把玩的对象。从明代比较流行的青花样式装饰形式上看，早期官窑瓷器从古朴凝重向繁复精美方向发展，民窑瓷器从民间的质朴实用向艳丽世俗转变，受时代审美需求的影响，都体现了一定的继承性和延续性，蕴含着艺术风尚由贵族文化向世俗文化的转变。

艺术风尚是精神文化的一种外化形式，是精神文化散播于民间的一种表现方式。当艺术风尚朝着积极的方向发展时，社会就会不断进步与繁荣。当风尚朝着消极的方向发展时，社会就会逐渐衰亡。青花瓷就是在这样的社会风尚引领下伴随朝代的发展而发展的。从精神文化方面讲，青花瓷在明代所引领的艺术风尚是明代陶瓷文化的灵魂与核心，它影响着民俗、风气、思潮等社会其他因素，贯穿于整个明代青花瓷业的发展。

明代青花瓷艺术风尚的演变主要有两大核心要素，一是明代社会御用方式和御用诉求的转变，使青花瓷获得发展空间；二是景德镇独特的瓷器制造环境和先进的管理生产经验，为青花瓷的长期稳定发展提供了技术、环境支持。明代青花瓷的发展在大明王朝的兴衰演变中，确实存在几个非常重要的时段，且每个时段的转变剧烈且迅速，对当时的社会观念和艺术风尚产生了重大影响。从明代洪武、永乐、宣德时期的青花瓷来看，主要以明代御器厂生产的官窑器为主，迎合帝王审美趣味与宫廷用瓷所需而专门生产，整体社会风气淳朴，影响艺术风尚的流行思潮并未形成。随着阳明心学的展开与传播，社会思想发生急剧变化，人们试图摆脱礼制的束缚，社会风气和流行风尚也开始发生变化。这是由于当时宽松的政治环境所致，士大夫和普通民众的生存状态与过去相比发生了较大改变。变化的主要原因在于明中期的心学思想在明末的时候受到严重排挤，越来越多的人追求个人私欲和物质财富，已达到无法控制的地步。在实学思想的影响下，整个社会呈现出多姿多彩的生活景象。而青花瓷的烧造伴随思想、文化、题材、技术的变化而有所变化，器型较早期更加多样化，装饰手法更是多元化，胎釉瓷质精益求精。

发展至明代中晚期，社会风气走向奢华，青花瓷艺术风尚也迎来演变的全盛时期。器物走进了文人雅士的生活，由俗趋雅，让生活艺术化，是明晚期流行的艺术风尚。而风尚的演变，首先最基本的根源是生产和工艺技术的进步，其次是器型和纹饰求新求异。新与旧是相对的，其主要特征就是变化，如果对变化加以总结，就是风尚的演变规律。在思想上，将人性的审美情趣发挥到极致，实现创作者主体情感的自由和飞跃，是传统"天人合一"观在明代青花瓷生产中的新发展。陆容《菽园杂记》卷五记载，晚明时期的北京，普通百姓家里都置办盆景、花木、山石，人们喜欢收藏书画及各种瓷器。这股风尚的出现，可以说明朝士大夫对清雅生活的追求，已经开始向民间渗透，且朝着生活艺术化的方向发展。而青花瓷由过去的重实用功能开始转向把玩、清赏之功用。在明代士大夫家的厅堂挂画、文房摆件中，通常流行两句诗，不知始于何人，但在当时已是群起效之，成为一时风雅时尚。理学向阳明心学的不断演变促使明代文人在面对流行艺术思潮时，在器物审美观中抓住了流行风尚的精神要领，学会构建自我的身份意识、社会权力和文化价值体系。

3. 明晚期的实学思想

明初理学思想大多遵守朱学的典范理念，但因理学强调实践的重要性而呈现出心学的色彩，故王阳明提出"心即理""致良知"的思想学说，不仅在理论上达到了朱学的高度，而且在思想上影响了明代中晚期的学术风气和流行风尚。尤其是明晚期出现了猖狂、虚玄的弊端，同时受到严厉的批判，心学开始走向衰微，伴随而来的是实学的出现，化解了当时的社会矛盾和学术危机。

张显清从心学与实学发展的角度出发，在晚明思想研究中提出自己的见解，他认为从思想发展的逻辑看，心学的没落是实学思潮兴起的原因，实学思潮的兴起是心学没落的归宿。实学一词最早由宋代朱熹提出，主要指经世致用之学。朱子认为中庸就是理，理是实学的核心思想。明朝罗钦顺是第一个提倡实学的，他的实学观点是以"理一分殊"为基础，这与朱熹之实学说迥然不同。方以智说："为物不二之至理，隐不可见。质皆气也，征其端几，不离象数。彼扫器言道，离费穷隐者，偏权也。"①他强调做学问不能脱离事物，批判理学，排斥词章之学和考据之学。他的思想顺应了明代中晚期商品经济的发展和资本主义萌芽出现的时代潮流。他强调"欲挽虚窃，必重实学"。事实上，他的学说把理学"格物穷理"的成分发扬光大了。②同一时期，与方以智思想相呼应的是宋应星的《天工开物》，此书以商品经济的发展和资本主义萌芽的出现为基础，是适应瓷器生产而专门讨论制瓷工艺发展的一部著作，对明代的科学技术进行系统的概括与总结，对景德镇的制瓷业产生了重大的影响。其工艺观念反映在"天工"与"开物"上，③"天工"是自然界的客观存在，"开物"是人们适应、利用和改造自然，重点是以"开物"为指导思想，适应当时社会商业化的功利倾向。《天工开物》注重造物的技巧和创造过程的技术性描述，从技术工匠的实践和经验入手，重视物本原料的开发与造物的实用功能。该著作从理论与实践相结合的角度，遵循自然的造物理念，强调人的主观思想，非常适宜用来指导青花瓷的生产制作，对器型的成型工艺手法、烧炉原理、纹饰技巧等都有相关阐述。此外，陆王学派也讲实学，但所讲的是心学化实学，发展到明清之际，才从理学体系中分离出来，成为独立的思想体系。嵇文甫对此深表认同，并且提出这股文学界的"新潮流"并非势单力薄，还要加上"道学界的王学左派"，也就是李贽等人，才能够完整地呈现"同一时代精神"。④

明末三大宗师黄宗羲、顾炎武、王夫之等的思想相当丰富成熟而具有深度。黄宗羲一贯反对空谈，注重实学，倡导以天下为主、君为客的民主主张，矛头直接指向封建专制主义的君权至上。顾炎武《名教》曰："汉人以名为治，故人材盛。今人以法为治，故人材衰。"实学即是关于治理的学问。顾炎武的思想代表了传统的经世思想，基本特征是崇实黜虚，经世致用，具体表现在：一是批判精神，主要对社会意识形态思潮的批判，例

① 方以智. 物理小识：卷一［M］. 上海：商务印书馆，1937：18.
② 赵宏. 中国陶瓷史学史［M］. 北京：中国文史出版社，2014：66.
③ 赵宏. 中国陶瓷文化史［M］. 北京：中国言实出版社，2016：65.
④ 嵇文甫. 嵇文甫文集［M］. 郑州：河南人民出版社，1990：399–400.

如程朱理学、陆王心学和佛、道思想等的批判；二是经世思想，指忠君报国、锐意改革的时代精神和经世思想；三是启蒙意识，指反映市民阶层利益和愿望的思想意识；四是科学精神，指对科学的自然探索方面的学术思想。在明末心学思想主导下，商人不再被人抨击只会谋利和投机取巧，而更看重商人对国家的实际用途。在这种思想的推动下，各阶层百姓更积极参与或转型成为商人，使商人形象大为好转。整个社会变迁和思想改变使社会的整体消费能力有所提高，加上做生意能够快速致富，多数的商人认为经商比以科举来谋取官位来得更为实际，并且风险小。晚明时期，商人越来越得到社会的推崇和尊重，导致人们都向金钱看齐，"利"字在商业社会变动下已经主宰了大部分民众的思想。阳明心学发展到明末以后，出现了一系列师承王学的学术派别，其中泰州学派的代表人物王艮，在当时最具反叛性。王艮学说虽师承心学，却有自己独特的见解。他的平民出身，决定了他的思想出发点首先是百姓的利益。

　　众所周知，明代社会生活风气自嘉靖以后就出现了奢靡化的倾向，万历以后愈演愈烈，与此相应的文学、艺术、器物、审美等领域也出现了世俗化、商业化和欲望化的潮流。[1]明代学者何良俊观察到，"时尚"之风所向披靡，时人"溺而不返"者居多，"自中人以上，有不能免者。其能奋然自拔者几人哉？"顾起元所记述的社会现象更加奢华迷乱，他说："服舍违制，本朝律禁甚明，《大明令》所著最为严备"，但如今世人却置若罔闻，在士大夫平日交际时，如果有人谈到日常生活的规范、法令、制度，大家的反应却是"不以为迂，则群起而姗之"。[2]明初，封建统治者继承宋代的理学精神，崇尚士大夫的精神生活，象征封建皇权思想的御器厂在青花瓷品种、器型、纹饰蓬勃发展的基础上闪烁光芒。明代中后期，中国封建社会文化体系陷入衰退的危机状态。一方面文化体系的理学思想日趋僵化保

---

[1]　也有学者把明代奢靡生活风气的起始追溯到更早的成化、弘治年间。参见钞晓鸿《明代社会风习研究的开拓者傅衣凌先生——再论近二十年来关于明清"奢靡"风习的研究》一文对明代奢侈风气波及范围研究现状的概括。

[2]　陆粲，等.客座赘语[M].北京：中华书局，1987：293.

守，不能有效引领青花瓷艺术风尚的发展；另一方面商品经济的发展和资本主义萌芽的出现，冲击了传统的礼制思想和伦理道德观念。这一局面让思想文化领域又出现了两种倾向，一种是传统的思想和伦理观念，倡导心学的发展；另一种是从理学"格物穷理"的精神出发，结合当时的社会经济发展和社会功利风尚的兴起提倡发展实学，其中以方以智和宋应星为代表。[①] 从方以智到宋应星，从理论思考到实践经验，明代中晚期的自然科学与造物观念突出了当时社会功利化的思想倾向与"经世致用"的思想，它在与心学并行发展的同时，逐渐占据了上风，促使明末清初的思想观念转向"脱心返物"，并且与"西学东渐"引入的西洋科技理念结合在一起，一度成为晚明时期的主流思想观念。

处于明末清初的嘉万时期是社会风俗与艺术风尚影响最为活跃的时期，一方面，以理学为指导思想的封建专制体制面临着经济政治危机，封建统治者日益腐化堕落。另一方面，商品经济的发展与资本主义萌芽的开始出现，刺激了当时的封建体制，统治者要想捍卫自己的统治地位就要竭力抑制商品经济发展以及由此产生的功利化的思潮。面对这种形势，一方面受明中期阳明心学思想的影响，竭力维护封建体制，宣扬所谓的"治学"革新思想，把封建统治者日益腐化的没落思想作为宣泄的对象。另一方面，晚期实学的兴起与"西学东渐"的结合，对传统的封建体制又造成新的冲击，形成了"儒、释、道"并举的局面，嘉靖皇帝更是采取以"道"为主，"理""佛"为辅的方针，直接将众多道教符号的纹饰题材、葫芦器型等在陶瓷中展现，依靠信奉道教来寻求精神寄托，以求长生不老，甚至还希望用这种文化氛围来发展瓷业，使景德镇御器厂的官窑瓷器生产继续反映封建统治者能够强国富民，粉饰太平，营造封建社会繁荣昌盛的一种假象。因此，这一时期官窑瓷器的生产，还是按照胎体大型化、纹饰复杂化、工艺技术化、品种创新化的方向继续向前发展。

事实上，明代嘉万时期，皇帝不理朝政，信奉道教，加上奢靡之风盛行，

---

① 赵宏. 中国陶瓷文化史［M］. 北京：中国言实出版社，2016：65.

导致国库空虚，整个景德镇的青花瓷生产由官窑向民窑发展。再加上社会财富的积累，手工业规模的发展壮大和社会思想的开放，普通百姓也开始消费品质比较高的官窑、民窑瓷器。此时的统治者已经没有心思专注于青花瓷的创新与发展，而是采取对前朝优秀陶瓷文化成果的模仿。如嘉靖、万历时期开始流行摹仿永宣青花、成化斗彩瓷器，因此有了嘉靖、万历仿古瓷、五彩瓷的丰硕成果。从这方面说，明末的学术思想比较务实，重器物的实用功能，进一步扩大了市民阶层对青花瓷的日常消费需求，从而促进了青花瓷的生产、流通以及艺术风尚的繁荣。

第二节　文人思想与大众审美意识的转变

1. 知行合一的践行观

朱子认为："论先后，知为先；论轻重，行为重。"① 若论知行的先后，一定是知先行后；若论知行的轻重，一定是行重于知。阳明学说认为：一曰致良知、二曰亲民、三曰知行合一。提倡知行合一，以知是行之始，行是知之成，知行是一事，以勉人着实躬行之意补救世俗。如果将知行分为两件事去做，以为必先知，然后才能行，结果变成终身不行，亦终身不知的弊病。黄绾认为此知行合一事而无先后之说，有失象山知之在先、行之在后的宗旨。

知行合一是阳明思想的主要观点之一，它与心外无物、心外无理等论述构成了阳明心学成熟期的基本架构，此观点主要包含以下几个方面的内涵：第一，强调知行的本体。"此须识我立言宗旨。"② 立言宗旨的意思为我讲这个话是有目的的，如果你不明白，勉强说成一个或两个都没有意义。知行合一，恰恰是王阳明针对当时的知行分割状况而提出的。第二，真知的概念。现实中大多数知识都靠口耳相传，并没有在自己身上验证过，并不能确定我们所学知识都是真知。第三，知是行之始，行是知之成。把

---

① 黎靖德. 朱子语类［M］. 北京：中华书局，1986：148.
② 吴光. 王阳明全集［M］. 上海：上海古籍出版社，1992：96.

知行看作一个连贯的过程，从整体上讲，知行是合一的，知对行有一个引导作用，行是知的具体落实。①

致良知是阳明心学的主要观点，知是知识，致良知指的是实践，就是行。只有将知付诸行，才能得良知，实现明德。王阳明还指出，天人本是一体的，如果一个人没有致良知，就不能实现天人合一，从而可以说明知行合一也是致良知的具体体现。王阳明认为心不仅为一身之主宰，而且是统辖天地万物之理，理虽散于天地万物之中，然收拾者必须吾人之心。可见，心学之重要，注重格物致知的价值取向，使士人反求理于心。从知行作为一个整体这个角度讲，可以说知行是合一的，修身之难，就在于知行不能合一。②

到了晚明，程朱理学逐渐失去崇高的地位，个性之风崛起，文人追求独特的个性需求，远远大于对规范性的完美需求，对待字画、器物收藏也不如前代苛刻。世人既深爱此物，故其价格骤增，名画、古书甚至片纸千金，好此道者不惜重金以求墨宝，沉迷其中，甚至达到了痴狂的境地。

知行合一思想对明代青花瓷生产产生了很大的影响，对器物文化也产生了潜移默化的影响。明代中晚期理学思想逐渐僵化，封建统治者日趋腐朽，对社会的控制力也逐渐弱化，导致社会经济领域占主导地位的自然经济也逐渐衰退。明末资本主义萌芽，整个社会弥漫着功利气息，该气息一步步冲击着以理学为指导思想的封建体制。

面对这种强大的社会思潮，文人士大夫作出了两种社会反应，一种是以王阳明为代表的心学派仍抱着传统思想理念不放，力求改造儒学，适应时代；另一种是明末清初兴起的实学派，崇尚维持观念和自然科学精神。与这两种思潮相对应的陶瓷造物与工艺观念，以周高起的《阳羡茗壶系》和宋应星的《天工开物》两本著作最具代表性。作为一种代表性的造物思想理念，两本书反映了当时封建体制正统下心学与实学的相呼应，鲜明地反映出了王阳明的心学禅宗思想观念。在这种观念的影响下，青花瓷的生

---

① 杨立华.宋明理学十五讲［M］.北京:北京大学出版社，2015:265.
② 杨立华.宋明理学十五讲［M］.北京:北京大学出版社，2015:265.

产属于陶瓷类工艺美术造物体系，如何依据当时的形式寻求创新性发展是众多文人阶层与文人画家所要思考的问题。此时的工艺造物思想由具象的实物造型转向一种求心达意的表达方式，讲究道与技的结合，是心禅思想观念的一种表现形式，更是一种精神的化身，引领青花瓷的发展走向。

在明代的史料典籍中，对文人士大夫审美方式的记载很多，最为典型的就是明代的士大夫为了提升自身的生活品质，不仅对园林建造、居所样式、日常家具、文房器物十分讲究，而且还亲自参与工匠的设计以及创作实践。技艺精湛的陶匠凭借高超的技艺与工匠精神，在创作实践中与文人士大夫的审美趣味高度契合，使他们的作品赢得上流社会的青睐，成为当时整个社会风尚的引领者，成为民间商人和普通百姓竞相效仿和追逐的对象。

明中晚期的青花瓷就是在这一思想引领下，大胆革新，出现青花斗彩的流行风尚，主要表现在两个方面，即宫廷文化对青花瓷的信赖和大众审美文化的趋新潮流。御器厂生产的青花瓷主要满足宫廷用瓷的需要，造型、工艺都深受其限制，而大众文化的趋新潮流逐渐成为官窑和民窑互动发展的商业文化纽带，这两种文化共存互生，促进了明代中晚期青花瓷艺术风尚的演变。

2. 文人思想的广泛传播

明代洪武至永乐时期，经过明初改革的恢复，经济日趋繁荣，阶级矛盾相对淡化，利用文化艺术来维护社会稳定已成定局。绘画方面，宫廷画院的复兴，书法方面，台阁体的崛起，与文学方面的台阁体一并发展，成为时代特色。明初的领导者，多平民出身，审美取向带有贵族和平民趣味并存的双重色彩。江南地区的院体画以戴进为代表，适应了上层统治者的审美趣味，影响日盛并传入宫中，成为画院创作的主流，同时影响到其他地区的职业画家。表现题材上，则以山水楼阁、人物故事、花鸟虫鱼等为主，少了元代文人的林泉高致。

明代早期的画坛以宫廷院体画为主，后期以文人画为主。早期主要受封建文化专制思想的影响，明代宫廷院体画以林良、吕纪为主要代表。后期以文人画为统帅，并随着明代的政治、经济、思想等多种因素的变化而变化。从整体上看，院体绘画不及民间绘画，在明代画坛的艺术演变上，最典型的就是早期的院体画，以林良、吕纪为代表的宫廷画家，崇尚严谨写实的院体画风。中期以后，吴门画派一统天下，吴门文人不仅成为朝廷文人官僚的主要力量，更成为市民文艺运动的主导力量。① 随着明代中期冲破束缚，张扬个性之风的渐盛，出现了反叛精神再现的写实传统，追求艺术上的直抒胸臆。这一时期主要以沈周、徐渭为代表，他们追求文人画的似与不似。发展到明末，出现变异、夸张乃至怪诞的变革现象，以陈洪绶为代表。

从宫廷到文人到民间，整个明代的画坛呈现一个上层渐衰，而下层渐强的双向变化。② 明代整体绘画风格在追求高雅的同时，又呈现世俗化、生活化的倾向，不仅体现在市民情趣的版画方面，而且沈周、文征明的文人画也以其品茗赏花、园林雅集的内容体现了这一发展趋势，而且这种世俗化、生活化的审美倾向直接影响到景德镇的陶瓷生产制作和画匠的审美趣味。

林良是明代宫廷花鸟画家，曾任工部营缮司所丞，与御器厂瓷器粉本绘制紧密相关。林良最初入宫时任工部营缮司所丞之职，而景德镇御器厂的画工属于编入匠籍的轮班匠，轮班匠属于工部管辖，轮流到京师去服役，四年一班。这些陶瓷画匠在服役期间有可能接受了宫廷画师的专门培训，受林良的花鸟画创作思想影响的可能性极大。明代天顺之后一直到嘉靖九年，改为中官督造御器。之后内宫设计瓷样几乎都是由内府负责。而内府多由宦官组成，并不具备绘画背景，而林良官路亨通，从一个奏差吏员擢升为锦衣卫指挥，官拜三品，这也使宫廷画家达到了历史上空前的地位。林良从画家到锦衣卫身份的转变，深得皇帝信任，同样熟悉皇帝的审美喜好。故凡宫廷御用瓷器，由宫廷画师参与设计粉本下达景德镇御器厂

---

① 徐建融.明代书画鉴定与艺术市场［M］.上海:上海书店出版社，1997:15.
② 王瑾瑾、陈宇飞.明代绘画艺术史［M］.上海:上海科学技术文献出版社，2022:11-12.

的，都离不开林良的参与。

此外，文人画家沈周，继承了元代的文人画风，以山水、花鸟为创作题材，表达高洁的人格理想。从这一时代的绘画风格来看，缺少元代文人绘画的宁静致远，世俗的韵味日趋浓郁。明代文人思想受宋元理学影响甚深，因而在王阳明、顾泾阳、高景逸等人带领下，注重个人修为，讲究山林田野之气，以屏绝声色，钟情山水，追求幽人韵事之生活方式为人生要务。时代的人文风尚影响了不同地区的绘画风格和艺术格调，大部分文人适应了市民阶层的审美需求，纷纷参与绘画商品化的经济浪潮。如沈周的作品早上刚出手，第二天就有不止一幅的摹本出现，此种现象说明了时代的人文风气影响之大。同一时代被称为"明四家"的沈周、文征明、唐寅、仇英等，确立了明代文人画的典型样式，在中国的绘画史上具有重要的转折意义。

青花瓷的装饰形式受其他艺术门类的影响，如中国传统绘画、漆画、版画等，互相借鉴。古代匠人画瓷喜欢精仿宋元绢画、人物故事，几乎笔笔有来历。正所谓"山水、人物、花鸟写意之笔，青绿渲染之制，四时远近之景，规模名家，各有元本"①。明代瓷绘，"大半取样于锦段，写生仿古十之三四。今瓷画样十分之，则彩居四，写生居三，仿古二，锦段一也。……写生以肖物为上，仿古以多见能精。"② 这是明代画瓷取样的史料记载。当时画瓷大部分精仿宋元纸画和绢画，其风格也与当时流行画风相一致。故明代瓷绘，嘉靖款字似严分宣，万历树叶似沈石田，皆一时风尚使然。在纹饰绘画上，沿袭了宋代龙凤、牡丹、缠枝莲纹饰，杯底中心画双圈图案，提高了明初仙道、松、云鹤、鹿等图案的绘制技巧。故明代青花有三种，龙凤、人物、诗句俱成。宣窑瓷器精雅古朴，用料有浓淡，墨势浑然而庄重。明代学者谢肇淛曾描述宣窑瓷款式端正，色泽细润，尤其是字画，亦皆精绝。

① 《中华大典》工作委员，《中华大典》编纂委员会. 中华大典·工业典·陶瓷与其他烧制品工业分典 [M]. 上海：上海古籍出版社，2015：711.

② 《中华大典》工作委员，《中华大典》编纂委员会. 中华大典·工业典·陶瓷与其他烧制品工业分典 [M]. 上海：上海古籍出版社，2015：707.

其中御用茶盏，画"轻罗小扇扑流萤"者，其人物毫发具备，俨然一幅李思训画也。

青花瓷上的绘画纹饰发展与文人画发展紧密相连，从青花瓷纹饰的笔法或摹本中可以明显看出文人绘画表达的痕迹。《中国陶瓷史》中也有对绘画纹饰与文人画关系的描述："天启以后的民窑瓷器，无论青花或五彩，其彩绘装饰图案题材，都比以前的官窑器更丰富多彩。除了大量的瓜果图案外，小猫和河虾也出现在瓷器的画面上，草草几笔山水画还加上诗，这是明代文人山水画对瓷器装饰的直接影响。"① 以董其昌为代表的松江画派对当时的文人画风影响很大，在整个审美取向上更加注重笔墨的表现形式。景德镇的陶匠们吸收了文人画的绘画思想，并形成了一时的社会风气，使得明代青花瓷艺术性、趣味性的自我格局逐步形成。

《明史》道："陆师道，字子传。由进士授工部主事，改礼部，以养母请告归。归而游征明门，称弟子。家居十四年，乃复起，累官尚宝少卿。善诗文，工小楷古篆绘事。人谓征明四绝，不减赵孟頫而师道并传之，其风尚亦略相似。"② 明代的文人在诗文、小楷、古篆、绘画方面样样精通，人称"征明四绝"的文征明是当时最具代表性的文人画家，他在绘画上的最大成就就是促成了文人画的复兴。他继承了沈周的艺术主张，一改元代孤寂、清空、萧条的文人山水画基调，以文人特有的赏花、品茗、寻友、赋诗、雅集等现实生活与山水园林结合的方式，融合了宋元以来的文人画思想，形成了工细缜密、清新淡雅的明代文人山水画的新基调，这种时代新风对当时整个艺术风尚的形成具有重大影响。比较有代表性的是明代写意文人画家徐渭，他一反传统之道，从民间吸取养料，开创写意画、诗文、戏曲之新风。他对明代戏曲过于文雅和流于形式提出尖锐批评，强调文艺创作应具有真实情感，而这种真实情感首先来自民间生活。徐渭也研习过王学，对于心学重在领悟，就像他在画中不求形式求神韵的道理一样。

---

① 中国硅酸盐学会. 中国陶瓷史［M］. 北京：文物出版社，2004：407.
② 张廷玉，等. 明史［M］. 北京：中华书局，1974：8177.

3. 社会民众审美意识的转变

明末，城市工商经济进一步发展，社会思想更趋解放，王艮的反道学思想被其后的李贽进一步发展，更增其叛逆特色，文学艺术进一步反叛传统道德的道貌岸然，在张扬自我个性中进一步世俗化、生活化乃至怪诞化。

嘉靖中叶后期，经济繁荣，社会安定，人们的物质文化需求增长很快，导致民众审美意识的转变。这一时期，社会观念发生变化，一方面，传统士、农、工、商的尊卑秩序开始松动，商业经济的发展和士、商之间的渗透与融合，提高了商贾的地位。儒家学说在思想上仍处于主导地位，传统的礼制道德观念依旧制约着人们的言论与行为。另一方面，以身份等级为核心的传统礼制和社会观念虽然受到冲击，但在官方的正统思想体系中，轻商、抑商的观念依然存在。用通俗的话说，就是传统的社会偏见造成了商贾与其他社会阶层的距离。正是这种新旧交替的社会矛盾促使广大市民商贾阶层和文人士大夫将早期的政治理想转为对奢靡生活的追求，除了追求饮食文化的铺张浪费和安于享乐之外，开始在家中摆放奇珍异石、古玩杂器、名人字画等奢侈品，在他们的生活日用起居中都饱含一种把玩与自赏的审美情趣。

"世俗所贵重者，但知有黄金而已。可使一磁盘、一铜瓶，几倍黄金之价，非世俗所知也。"① 社会上一般只知道黄金贵重，然而却不知道一件磁盘、一个铜瓶具有几倍于黄金的价值。人们只要是喜爱古董，本身就已高出世俗一筹，其胸怀也就自然不同于世俗。《博物要览》载："压手杯，坦口折腰，沙足滑底。中心画双狮滚球，球内篆书'大明永乐年制'六字，或白字细若粒米，此为上品。鸳鸯心者次之，花心者又其次也。杯外青花深翠，式样精妙，传世可久，价亦甚高。"明代收藏，不光注重古代文物，而且对当时制作的精美工艺品也争相求之。举凡名家巧手制作的玉器、紫砂陶器、景德镇瓷器、铜器以及硬木家具等在当时都很受欢迎。诸如华夏、沈周、文征明、王世贞、董其昌、陈继儒、李日华、项元汴等皆以精于鉴赏而著

---

① 熊寥，熊微.中国陶瓷古籍集成［M］.上海：上海文化出版社，2006：192.

称。谈到对书画古玩的赏玩，文人也是可圈可点，深得其中玩味。此时书画已经由一种闲暇时的娱乐，变成了一种精神追求。在观赏过程中，赏画者为画中清冷幽远的意境所感染，与画家的高尚情操产生共鸣，形成了一种出世和隐逸的呼应。书画赏玩为明末的文人雅士提供了入世享尽繁华的生活方式，又能求得一道清逸脱俗的出世良方。众多文人以书画古玩为媒介，实现在雅与俗之间平衡的愿望。① 在这种奢靡的文化背景之下，越来越多的人通过对器物的拥有来炫耀自己的财富和彰显自己的身份。与此同时，明代文人艺术创作的费用，也成为维持其生计的重要经济来源，理所当然地开列数目，记载于簿本之中。李诩在《戒庵老人漫笔》中提到了几位明代文人的直率态度，桑悦平时作画皆有收费，曾说出"平生未尝白作文字，最败兴"的坦率之语，而吴中四才子之一的唐寅则直接把索取书画的人名与费用记录在一本账簿上，封面上写下斗大的"利市"二字。分析这种现象背后的原因，说明民众思想观念的转变，对生活品质的要求和个性思想的解放起到很大的促动作用，既有对传统礼制的反叛，也有对当下自我精神、人格信念的追捧。导致在王学兴盛之际，另一种注重内在的自然主义和追求自由精神的思想迅速膨胀起来，超越了主流意识和政治秩序的边界。②

可见，自我思想意识和个性的表达成为当时社会风气的主流形态，处处追求思想解放、个性自由，对生活的价值态度表现出自我性格的意向，以获得精神上的满足。这主要体现在特定的人格个性上，传统社会将痴、癖、颠、狂、狷、奇、怪等词，作为行为乖张怪异的评语。明代文人却开始推崇这些行为，且将奇怪、特异的行为举止作为标榜，引人注目。晚明才子张岱就是很好的例证，张岱提出："人无癖不可与交，以其无深情也；人无疵不可与交，以其无真气也。"这么张扬个性的言论与他的人生经历密切相关。他出身世代簪缨之家，自幼才华出众，但科举考试屡屡挫败，长期

① 金炫廷.明代中后期文人的绘画收藏活动［J］.逢甲人文社会学报，2008（17）.
② 葛兆光.中国思想史［M］.上海:复旦大学出版社，2000:428.

生活在南京、苏州、杭州等江南繁华之地，自称极爱繁华，好精舍、好美食、好梨园、好古董、好花鸟等。总之，从体察生活到爱好饮食，再到饮酒品茗，进而获得日常生活的满足，是晚明文人的生活常态。

从青花瓷总体发展脉络上看，从雅致向世俗、从实用到观赏再到收藏，一系列的审美变化，人的主观因素在青花瓷艺术创造中发挥了不可替代的作用，更为深层次地体现了整个明代人内心观念的改变，那就是从儒家的实用性观念演变为道家的一种审美性观念。其中，人的自我意识的发展历程、人类精神的觉醒、自身价值的追求都在青花瓷器物上得到了体现。庄子云，天地大美有三：一曰形之美，二曰道之美，三曰德之美。形之美，曰充盈，曰精致；道之美，曰通达，曰刚健；德之美，曰包容，曰不伐。按照庄子的标准，事物要达到美的顶峰，必须同时具有外在形态与内在表达乃至精神揭示三重功能。①事实上，实用和审美乃至精神三重功能体现在青花瓷这一艺术载体上并不矛盾，整个时代的需求改变了青花瓷的发展走向。

社会心理学认为："无论是群体还是社会，它的形成都是以人与人之间的互动为前提的"，"互动是发生在人们相互之间的社会行为"。②艺术风尚对人们思想的影响大体是一致的，因为"大众传播工具同时向社会每一成员传播同样的思想"③，在大体一致的社会舆论作用下，大众的审美喜好、价值取向无不受它的引导而趋向于统一，容易在相同时期表现出相似的价值观，从而形成大体相近的艺术思潮。晚明的社会生活，尤其是大中城市的生活方式已经发生了相当大的改变，他们朝着新式生活方式与流行消费观念的方向发展。事实上，新式生活方式变化的背后，就是人的价值观念在起主导作用，反映的是整个社会的一种生活方式的变化，主要体现在整

---

① 钟鸣，王文胜，陆海空.大器湖田——千年窑造的文化解读［M］.合肥:黄山书社，2016:155.

② 周晓红.现代社会心理学——多维视野中的社会行为研究［M］.上海:上海人民出版社，1997:305.

③ 罗吉斯，伯德格.乡村社会变迁［M］.王晓毅，王地宁，译.杭州:浙江人民出版社，1988:9.

个社会民众思想价值观念的转变，继而上升到以文人为主体从业者的思想层面，也就是本章论述的文思之变。

在明代的封建社会体制内，士大夫阶层处于平衡社会民众阶层与统治阶级相互依存、相互独立关系的地位，受封建统治者管辖与支配。它在明代封建社会经济结构中完整统一又相互独立，一方面它要捍卫皇权统一思想，是封建统治者的建言参与者，从中寻找对空虚精神的慰藉，用来维护自己的权力地位。另一方面，由于封建统治者与文人士大夫阶层密不可分，封建统治者需要反映士大夫精神境界的陶瓷器玩、文房茶盏等陈设器皿，来满足统治阶级的审美喜好。同时，它又与封建统治者的利益不尽相同，具有一定的离心力，它与整个社会的关系是介于封建统治者与民众之间的一种关系。

社会民众审美观念的转变，带动了艺术风尚的改变，文化上出现了多元并存、相互渗透的流行趋势。以帝王统治阶级为代表的贵族阶层，在祭祀、重大节日、对外朝贡方面体现了大明王朝的贵族文化，在青花瓷器物上选择御器厂生产的大盘、器皿类作为贵族文化的象征；以文人学者为代表的雅文化，在思想观念、文学艺术、生活品位方面体现了文人尚古的审美趣味，以文房器皿、茶器、杯盏等为流行器物；以社会普通民众为代表的俗文化，则在节日风俗、民间信仰、文艺思潮方面显示出鲜明的时代特色。明末以来的经济变动与资本主义生产方式的壮大，包括西方文化的传播影响，从根本上改变了明代生产发展的传统格局，不仅造成了社会结构、政治制度的种种变动，也造成了思想观念的更新。

第三节　本章小结

本章通过文思之变来阐述青花瓷艺术风尚演变的思想根源，主要从理学到实学、文人思想与大众审美意识的转变两个方面来论述，其中从理学到实学包含着明早期程朱理学思想、明中期阳明心学思想和明晚期实学思想；文人思想与大众审美意识的转变中又包含知行合一的践行观、文人思想的广泛传播和社会民众审美意识的转变等方面。

在明代每个时期流行的不同学术思想的相互作用下，可以看出青花瓷的艺术风尚和流行审美思潮息息相关，器物文化蕴含着明代思想文化的高度和谐统一。不同历史时期的思想家们将学术思潮渗透到社会民众的实际生活中去，又反作用于青花瓷制瓷技艺的提升，从技艺之美到生活之美，成为蔚然之态。知行合一，天人合一，可以成就器物的极限塑造，对生命的关怀转移到个体对器物塑造的精神追求，使器物不再成为冰冷之物，而成为超越心、意、知、物的四种精神状态。

思想文化高度影响着青花瓷的发展演变，从时间脉络与器物功能的角度看，从雅致到世俗、从实用到观赏再到收藏，一系列的功能、审美变化，得出人的主观因素在青花瓷艺术创造中发挥了不可替代的作用，更为深层次地体现了整个明代人内心观念的改变，那就是从儒家的实用性观念向道家的审美性观念逐步转化。

第五章　器技之变

第一节　器循礼制，技进于道

1. 明代的器用礼制思想

中国古代社会皇帝作为最高统治者，神圣不可侵犯，君臣之道、主奴之分、上下之别、尊卑之隔，必须严格遵守。皇帝只有在勤政、讲学、敬天、法祖、节用、爱士、重农、备武方面做到勤勉，才能真正实现由自我向超我的转化，才符合皇帝的角色规范。《论语》曰："立于礼"。《左传·昭公二十五年》载，故人之能自曲直以赴礼者。一方面是"仁""义""孝"等道德要求的具体行为规范，"礼"是"仁"的基础；另一方面是明尊卑、别上下的思想行为意识。"礼"的规定将有助于特定社会地位阶层的人来规范自己的社会行为。陈宝良认为，明朝皇帝分为两类：一类恪守儒家传统的礼仪准则，勤俭治国，崇儒重道，一生勤于政事，以开国君主朱元璋为代表，相类似者有成祖、仁宗、宣宗等；另一类对礼教多少有点背道而驰，甚至带有反叛精神，厌倦宫廷生活，或醉心于道教，或嬉戏成癖，以武宗、熹宗为代表，相类似者有世宗、神宗等。[①]

古代帝王治理天下，必先定礼制，其意义在于辨贵贱，明等级。汉高祖即位之初，就下发许多衣锦绮縠、操兵乘马之禁令。历朝历代皆有仿效，尤其是明代开国皇帝朱元璋进行官制改革，在中央废中书省和丞相，分其权归六部，六部则直接对皇帝负责；废除大都督分设五军都督府，和兵部

---

① 吴琦、赵秀丽.明代"问题皇帝"研究——一项基于社会类群的考察［M］.中国社会科学出版社，2015:96.

分掌兵权；又以刑部、大理寺、督查院分典刑狱，三者相互牵制；于地方也废除中书省丞相并分其权归三司。故明代帝王享有绝对的权力，皇权任何人不得侵犯。

在复杂的社会环境和残酷禁令下，以御用器物来凸显皇帝的权威身份成为时代发展之所需。为了维护传统的封建等级尊卑观念，抑制工商业者，明朝政府把人户分为民户、军户、匠户三等。陶瓷手工业生产者被编入匠籍，称为匠户，隶属于官府，他们的社会地位最为卑贱。再加上明初的高压政治，使官场出现两种极端现象，一方面，官员谨慎政事，明哲保身成为从政人员的处世态度；另一方面，官员抑制私欲，勤政务实，廉洁奉公成为官场的主流。洪武十年（1377 年）朱元璋曾对臣下说："人主嗜好所系甚重，躬行节俭，足以养性，崇尚侈靡，必至丧德。朕常念昔居淮右，频年饥馑，艰于衣食，鲜能如意。今富有四海，何求不遂？何欲不得？然检制其心，惟恐骄盈，不可复制。"作为君王对节俭尚如此重视，认为治国守家推行节俭，当为万世子孙之法。故大臣们纷纷效仿，勤俭节约，亲力亲为，士大夫多不置巨产，清廉之风为世人所敬。

明中期之后，物欲发展加上政治腐败，朋党之争，宦官把持朝政，官场整体风气聚变，享乐纵欲之风兴起。官员不再追求政务清廉，好诈、好进、好骗风气盛行。政风日败，士风亦是如此。商品经济繁荣的背后，社会各阶层对金钱名利的追求也相继成风。明嘉靖、万历时人于慎行描述此时之现状："近世士大夫有四字宝诀，自谓救时良方，不知其乃膏肓之疾也，进退人材用'调停'二字，区画政机用'作用'二字，此非圣贤之教也。……君子以调停为名，而小人之朋比者托焉；君子以作用为才，而小人之弥缝者借焉。四字不除，太平不可兴也。"[1] 可见，明晚期的士大夫对功名利禄的追求已达到极致。而这一时期，青花瓷受到各种社会阶层的收藏与重视，缘于此时期奢华之风的兴起。

明代瓷质祭礼器具，在正德《明会典》卷一六〇工部十四中记载，洪

---

① 于慎行. 寓圃杂记:谷山笔麈［M］. 北京:中华书局，1984.

武元年，太庙用器用金造，车马服饰以铜代替，第二年下令礼器皆用瓷。自此，明代皇家瓷质礼器时代由此开始。洪武二十四年六月己未："诏六部都察院同翰林诸儒臣，参考历代礼制，更定冠服、居室器用制度……官民人等，所用金银磁碇等器，并不许制造龙凤文及僭用金酒爵。"① 正式将官民用瓷的等级与器用制度统一做了明确的规范要求。礼器在古代常用于宗庙祭祀，祭祀的礼器明朝以前以陶器居多。

《礼记·礼器第十》中有云："礼器，是故大备。大备，盛德也。礼，释回，增美质，措则正，施则行。其在人也，如竹箭之有筠也，如松柏之有心也。二者居天下之大端矣。""宗庙之祭，仁之至也。……故君子欲观仁义之道，礼其本也。……备服器，仁之至也。"②

《明史》记载，洪武元年诏制太庙祭器、日用器、饮食器之类。1368年，太庙祭祀中的瓷爵祭器就有 16 件。洪武二年五月丁亥，礼部奏，按《礼记·郊特牲》曰："'郊之祭也，器用陶匏'，瓦器尚质故也。"《周礼·笾人》："凡祭祀供簋、篚之实。""今祭祀用瓷已合古意，惟盘、盂之属，与古簋、篚、登、豆制异，今拟凡祭器皆用磁，其式仿古之簋、篚、豆、登，惟笾以竹韶。从之。"③ 可见，祭祀用瓦尚质，器型皆盘盂之属，不合古制。礼部尚书崔亮建议祭祀皆用瓷，故而奏请更定章程，祭祀陶瓷礼器应该遵从礼制。

《明代史料文献》中记载："'器用陶匏'，周礼疏'外祀用瓦'，今祭祀用瓷，与古意合。而盘盂之属，与古尚异。"④ 故将祭祀的礼器由陶改为瓷，是合乎古意的。

嘉靖初年，明世宗锐意图治，颇留心礼制之整饬，屡有奢僭之禁。嘉靖九年，"定四郊各陵瓷器，圜丘青色，方丘黄色，日坛赤色，月坛白色，行江西饶州府，如式烧解。计各坛陈设：太羹碗一，和羹碗二，毛血盘三，箸尊一，牺尊一，山罍、代簋、篚、笾、豆、磁盘二十八，饮福瓷爵一，

① 熊寥，熊微.中国陶瓷古籍集成［M］.上海：上海文化出版社，2006：14.
② 礼记正义［M］//郑玄注，孔颖达疏.十三经注疏.北京：北京大学出版社，1999：716.
③ 熊寥，熊微.中国陶瓷古籍集成［M］.上海：上海文化出版社，2006：13.
④ 张廷玉，等.明史［M］.北京：中华书局，1974：3716.

酒盅四十，附余各一。"① 明代皇帝以最隆重的礼仪来祭祀天地、天坛、地坛，所属官用祭祀器物基本上全用瓷器替代。"天圆地方"在祭祀中占据重要地位，色彩按天、地、日、月四坛分别使用青、黄、红、白色瓷器。而瓷器的来源主要通过朝廷下派烧造任务给御器厂，由督陶官监制烧造完成。据陆万垓增补《江西省大志》记载："从嘉靖八年开始止于万历二十二年，经明确记载御器厂共烧造过的祭祀器物有爵、毛血盘、毛血碟、大羹碗、酒盅、羹碗、笾、豆、盘、尊、大尊、牺尊、著尊、山罍、扁壶、壶、瓶、盏、酒尊、拜砖等。而集中烧造祭器，主要在嘉靖二十二年，有391件；三十六年，有各式祭器6360件，拜砖6副；万历十一年，各样祭器4290件。"② 祭祀用瓷占据每年御用瓷器的一大部分，每年举行的大祀、中祀、小祀都有数次或数十次不等，祭祀的等级、祭祀的时间以及祭祀的器物都不一样。万历朝重修《明会典》卷八二《郊祀二》也明确记载："登、铏以磁碗代，簠、簋、笾、豆以磁盘代，凡坛庙同。"设坛祭祀上天是各朝最重要的祭礼，设太庙供祭列祖列宗乃最重要的礼制，瓷质的盘、碗在明代成为皇权钦定的礼制器皿。这些器皿大多应用于特定的礼仪场合和一定的空间范围，可以反映某种礼制的内在逻辑与事物本质，与礼制相关的器皿也成为皇权的象征。据明代崇祯官府礼仪文牍《太常续考》卷二"太庙五享事宜"载："合用祭器，以下各器俱神宫监收贮：金镶登铏并托各六十个、金爵三十个、金壶十五把、金拆盂十五个、金香盒十五个、金匙三十张、金箸三十双、银勺十五把……白磁爵六十一个、毛血盘四十五个、内福酒爵一个。"其中各种瓷质的登、铏、簠、簋、笾、豆、爵等数量虽多，但在礼级上仍排在金质的登、铏、爵、壶、拆盂、香盒、金匙、金箸和银勺之后。从《大明会典》刊出的《时亨图》中的祭器——大羹可以看出，"祭器皆用瓷"在明代祭祀活动的已是常态，青花瓷器的功能被赋予祭祀的意义后，往往使得帝王的品位、好尚与审美，都被忠实地反映在皇室瓷器上。由于官窑器物被上层统治阶级看成是祭祀、

---

① 　方李莉．中国陶瓷史：下 [M]．济南：齐鲁书社，2013：577-578.
② 　王光尧．明代宫廷陶瓷史 [M]．北京：紫禁城出版社，2010：75.

朝贡、外交、赏赐等重要文化手段，历朝历代的皇族权贵、官僚文人都喜欢用官窑器物来体现自己的等级地位和文化差异，与普通大众所用的青花瓷器物拉开距离，故要求官窑器物不得流向民间，这在明代早期的器物文化上体现得尤为显著。

中国古代器皿的很多物质属性被赋予精神内涵，与特定的政治制度和伦理道德联系在一起。瓷质礼器的造型及纹饰、铭文与礼仪制度建立了密切的联系。① 这种相关性的建立甚至通过强制性的规章制度进行约束，并依靠伦理道德规范加以精神束缚。因此，与礼制相关的器皿造型样式在特定时期具有相对的稳定性。《礼记·礼器》中曾言："礼也者……理万物者也。"《礼记·乐记》篇又言："乐者，天地之和也；礼者，天地之序也。和，故百物皆化；序，故群物有别。"说明礼与器、礼与万物之间的重要性。古人云："礼有三本：天地者，生之本也；先祖者，类之本也；君师者，治之本也。"古代礼仪中使用的瓷器很多，祭礼器就是很重要的一部分，主要用于政治、宗教、祭祀等活动，其社会功能是代表使用者的身份地位和等级权力，从一开始就被赋予明确的政治权力色彩。在古人看来，没有天地就没有万物生灵，没有先祖就没有宗族及个人生命，没有圣贤明君也就没有安宁祥和的社会景象。明朝建立之初，百废待兴，明代延续了封建君主专制的中央集权制，针对百姓的衣、食、住、行以及社交礼仪诸方面，确定了生活准则与行为方式。礼制的功用在于教化百姓，使之遵守规范，其内容相当广泛，包含艺术、文化、风俗、法制等，影响着明代人的生活方式与行为准则。回到本文的瓷制礼器中来，先有礼制，后有礼器，二者都是造物者的思想产物。明朝早期礼制一直被世人遵循，崇尚节俭是礼制中很重要的一部分，一直延续到正德年间。这期间景德镇的青花瓷生产也在礼制的规范下迎来了青花瓷发展的高峰期，直接影响景德镇御器厂青花瓷生产的风格样式和工艺技术。

---

① 巫鸿等在《礼仪中的美术》一书中将礼制艺术的基本要素归结为四个："与其把形状和装饰看成是艺术分析的主要标准，我更认为礼制艺术有四个基本要素——质料、形状、装饰和铭文。"

从日常生活的实践层面来看，有学者论述："历代王朝都用会典、律例、典章、服志等各式条文与律令，来管理和统治人们的生活习惯与行为方式……权利通过器物的等级分配，物化为各个阶层消费生活的差异。"[1]用物须合礼，礼是万物之礼，是中国传统伦理文化的核心思想，是规范人们行为活动的一种道德约束，存在着仪态、动作、程序等感性形式，是对万物之礼的一种规范。

皇帝是礼制的规范者，也是践行者。《明史》中关于礼制约束日用器型的记载，只有洪武至正德年间的，正德以后很少涉及。中国传统的"天人合一"的艺术思想中包含了礼法、刑罚、宗教制度对社会等级的分类，客观上造成了中国陶瓷文化也要体现等级文化。明初建立贵贱有别的等级礼制，发展到明晚期已失去原有的礼制等级与法律约束力，明末奢侈僭越逐步发展成为一种普遍的社会现象，礼制也逐渐丧失区别贵贱的意义。从嘉靖开始，奢华之风盛行，传统礼制思想已不能适应当时社会生产力的发展，加上王学思想对整个社会思潮的引领，有一部分文人士大夫和工商阶层直面现实，在顺应时代潮流的前提下，重新定位瓷制礼器的社会功能和运用尺度问题，而明初所制定的坚固的礼法，已逐渐失去社会约束力。反映到制瓷业上，青花瓷器物生产方面呈现诸多等级观念、用瓷标准，此种现象无疑是对封建君主专制思想的抨击与批判。

2. 器以载道的造物理念

中国古代的造物观念是建立在人与自然和谐相处、顺应自然的本性基础之上的，是以人的造物需求为基础，经过漫长的造物实践逐渐形成的，也是人类最初的造物观念。人并非高于自然，而是与自然联合在一起的生命体。这种源于对自然的适应态度，促使造物理念成为一个从自然到人工的升华过程，它们追求"天人合一"的哲学思想，人的精神占主导地位，在自然的基础上改造自然。

---

[1] 刘志琴.论儒家的百姓日用之学 [C] // 国际儒学联合会.儒学与当代文明——纪念孔子诞生 2555 周年国际学术研讨会论文集.北京:九州出版社，2005:572.

　　造物观念主要反映人与自然的关系，在确定了人与自然的关系以后，诸子就对造物观念提出了自己的见解。例如孔子说："质胜文则野，文胜质则史，文质彬彬，然后君子。"孔子这里就把文与质统一起来，其中以"文质彬彬"为最佳效果。也就是说，他的理想化的造物观念是将器物达到实用性与审美性相互统一的最高境界。[①]因为造物除了实用，还有审美的需求。荀子讲："若夫贯日而治平，权物而称用，使衣服有制，宫室有度，人徒有数，丧祭械用皆有等宜。"荀子强调，工艺造物要服务于统治者的使用和审美需求，特别强调造物在审美上要极尽雕琢工巧之能事。

　　《易经》有云："言者尚辞，动者尚变，制器尚象，卜筮尚占。见乃谓之象，形乃谓之器，制而用之谓之法。"制器尚象说明了制器在中国古代审美观念中的重要位置，也反映了人类改造自然的本质。器以载道是中国古代的造物思想，重视通过有形的器传达无形的道，从而突破器物本身的含义，体现道的精神文化内涵。而道与器是中国古代的一对哲学范畴，"形而上者谓之道，形而下者谓之器"。道是无形象的，比如制陶的成器观念和文化之间的生活本质，器是有形象的，指制瓷的具体形制。道器关系一直用来指导景德镇青花瓷的生产制作，重道就是注重青花瓷的精神内涵，重器就是注重器物的物质属性。如何处理制瓷的抽象理念与造物形制之间的具体关系是理解青花瓷"道器观"的核心问题。文震亨在《长物志》中说："古人制器尚用，不惜所费，故制作极备，非若后人苟且。"[②]说明古人制作器具崇尚实用，不惜工本，所以制作都很精良。讲的就是道与器的关系，也可以理解为精神文化与物质文化之间的关系。古人在制器活动中通常将器物看成有生命的个体，通过瓷的材质传达器物造型的形式美感，体现陶瓷材质的独特性。

　　春秋战国《考工记》记载了造物的基本原则："天有时，地有气，材有美，工有巧，合此四者，然后可以为良。"[③]其意明确指出造物包含天时、地气、

---

① 　赵宏.中国陶瓷文化史［M］.北京：中国言实出版社，2016：57.

② 　文震亨.长物志［M］.杭州：浙江人民美术出版社，2016：3.

③ 　闻人军.考工记译注：修订本［M］.上海：上海古籍出版社，2021：4.

材美、工巧四个重要因素。器物的产生并不是单纯地对自然资源进行索取和改造，而是在遵循自然规律的基础上，兼顾实用与审美的双重社会功能。明代社会将造物的原则定义为既能服务于人类，又可以保持自身的自然和谐。该造物原则体现了中国古代工艺造物思想的精髓，具有一定的实用、科学与人文价值，且这一观念在当时形成了一种强烈的社会思潮，指导当时的工艺造物生产。"象之所包广矣，非徒《易》而已，六艺莫不兼之"①，更是对道与器的高度理论概括。凡器必有形，形的产生一是通过模仿自然物象，二是通过物象的性质和功用去创造形式。《考工记》之所以被列入《周礼》，其根本的出发点正是要借助儒家礼制思想对工匠实践进行礼制束缚，以及对社会各个阶层的物质占有、享乐之风进行思想压制。历史经验告诉我们，明代在建朝之初处于鼎盛时期，儒家礼制思想控制较为严格。中后期王朝衰落、礼制松弛的时候，整个社会在工商业经济的推动下，普通百姓被长期压抑的物质占有欲以及审美观念又被极大地释放出来，整个社会呈现出一幅礼崩乐坏的社会文化图景。

青花瓷本身的工艺材质及审美意蕴在每个朝代的工匠实践活动中被反复地传承创新，具有典型性、稳定性、独特性，如每个时期流传下来的经典器型样式、吉祥寓意纹饰题材、龙凤纹饰题材等都在每个朝代的工匠实践中反复出现。从本质上看，陶瓷工匠所从事的这个实践活动既是一种传承劳动，也是一种艺术创造。

造型是器物形式美观的根本，可以决定器物的基本结构与形态，也可以决定其功能价值。纹饰相对于造型来说，具有一定的从属性。普列汉诺夫曾说："人最初是从功利观点来观察事物和现象，只是后来才站到审美的观点上看待它们。"② 所有器物的创造发明和制造使用都是以实用功能为开端的，都要以尊重和满足人的需求为出发点，"陶至今日，器则美备，工则良巧，色则精全，仿古法先，花样品式，咸月异岁不同矣。而御窑监造，

---

① 叶瑛.文史通义校注［M］.北京:中华书局,1985:609.

② 高丰.中国器物艺术论［M］.太原:山西教育出版社,2001:124.

尤为超越前古,谨录其特著者。"^①官窑青花瓷的生产,无论造型还是发色,都达到了一定的历史高度,做到了器美、工良、色精,且超越前代。因此,青花瓷要同时体现造型之美、材质之美、装饰之美,三者缺一不可,最基本的要求是瓶器造型从口部到底部一气贯通,做到形似神韵。器物形态之中每个部分的变化要有呼应关系,造成一种气韵,产生优美的形式感。因为青花瓷的造型不仅是为了实用,更多的是要把它的社会功能和审美需求结合起来,给人以视觉上的形式美感。故拉坯造型时花瓶形态的轮廓线与结构线至关重要,是影响器物形式美感的直接因素。

明代青花瓷体现在器型方面的演变,最为明显的就是造型与比例的关系。由于同一器物类别的实用功能相同,明代的陶匠长期沿用习惯的拉坯手法和审美比例,使造型样式在发展演变中形成相对固定的造型比例关系。伴随明朝每个时期工艺技术的提高,生活方式和审美标准的改变,陶匠必须迎合统治阶级的审美喜好,结合时下最流行的审美样式去制坯造型,要强调器物造型的力量感与神韵,从而区别于原始自然形态,实现器以载道的文化内涵。明代御器厂的制坯行是一个独立的产业部门,专门负责解决器皿的造型样式。青花瓷生产的工序分为23作,其中制坯行业有舂碓陶土作坊、圆琢器作坊、匣钵作坊以及各种辅助性作坊,如泥水作、大木作、船木作、铁作等。按照生产的工种,又细分为陶泥工、拉坯工、印坯工、旋坯工、舂灰工等15种。^②细致的社会分工也体现了陶瓷器皿造型样式的设计,使得每一个器皿都是由多种工种共同合作完成,生产技术也由不断发展走向成熟,这种手工合作的方式也将器皿造型样式推向了一个成熟完善的阶段。

以明代执壶为例,执壶的造型由瓶类的造型演化而来,为了体现其实用功能,特在壶嘴与把手上面做了不同形态的局部改进,保留了原来造型的基本特点,如口、颈、腹、底足之间的比例关系,可以改变高度和腹部

① 蓝浦,郑廷桂.景德镇陶录图说[M].济南:山东画报出版社,2004:139.
② 蓝浦,郑廷桂.景德镇陶录图说[M].济南:山东画报出版社,2004:89—93.

直径的比例，但不能失掉执壶的基本特点，反而给人一种样式新颖的感觉。不同样式的青花瓷造型，在视觉上表现的力度、方向、强度是不同的。通过梳理明代不同器物类别的青花器皿，如盘类、碗类、壶类、瓶类、尊类等可以发现，每个类别的造型丰富多样，没有一个固定的器物形态标准，大多都是在继承前代造型的基础上，根据时代的流行样式，演变更多的器物造型和风格样式。该演变遵循了陶瓷艺术的发展规律，合理运用器物形式美法则，掌握器与技、技与道之间的关系，传达器以载道的造物思想，形成恰到好处的结构比例。这是人类社会不断发展、不断创造的实践结果。

明代的器皿造型样式丰富多彩，其尺度、比例、样式及附件的变化均源于器皿的整体结构、口沿、器壁、底足、把手、耳、盖等附件的高低、大小、曲直、倾斜度的不同。这种微妙的变化，均以人的实用需求为主要依据，人的因素在里面起着至为关键的作用。在满足实用功能的基础上，同时讲究美观，并逐渐附加其精神功能，使实用与欣赏能够融为一体。正所谓"技可进乎道，艺可通乎神"①。也就是说技艺到达一定程度就能与道的精神产生理性的契合，这种审美意识形态逐渐升华为中华民族传统的绘画意识形态，有力地助推了艺术风尚的发展演变。

艺术风尚的社会功能不是自然而然发展的，它需要人有意识地引导和提倡，也就是说要在人的主观努力下发挥作用。艺术风尚从本质上说是属于社会意识形态，它的发展演变受到社会经济和政治环境的制约，同时也受到一定的社会群体以及统治阶级的审美喜好影响。因此说，明代青花瓷所体现的道与器的关系，不仅要注重陶匠们主体创造精神的情感，还要注重拉坯成型、纹饰绘制的技巧。对二者展开辩证关系的论述，目的是让明代青花瓷器物同时具有形而上的文化功能和形而下的实用功能，其真正用意是传达形而上的造物理念，借助特定的器物造型、装饰图案表达明代不同时期的哲学思想和文化内涵。

---

① 魏源.魏源集［M］.北京:中华书局，1976:268.

3.器物等级制约

在中国封建等级社会，皇帝享有至高无上的权力且威严不可冒犯，强调社会的等级制度。青花瓷作为重要的日用器物，其使用在诸多场所都有明确的规定。《大明会典》记载："祭器皆用瓷"。在《四库全书·钦定皇朝礼器图式》中对瓷的颜色、纹样、造型都有明确规定："天坛……用青花，地坛及社稷用黄色……"

明朝对各级臣民所用器具、服饰、房屋皆有详细规定，其中有"上可以兼下、下不可以僭上""其御赐者……不在禁例"等规定。在器物方面，最能体现级别的是酒器，洪武二十六年定："公侯、一品、二品酒注、酒盏用金，余用银；三品至五品酒注用银，酒盏用金；六品至九品酒注、酒盏俱用银，余皆用磁、漆木器，并不许用朱红及抹金、描金、雕琢龙凤文，庶民酒注用锡，酒盏用银，余磁漆。""正德十六年奏准，职官一品二品器皿不许用玉，止许用金，以为定例；其商贾、技艺之家器皿不许用银，与庶民同；官吏人等不许僭用金酒爵，其桌椅木器之类并不许用朱红、金饰。"①由此可以看出，公侯、一品、二品酒器用金，三品至五品酒注用银，酒盏用金，而六品至九品酒器俱用银，其余身份的人用瓷或木器，对于红色、描金、龙凤纹皆不许使用。官员从一品到九品，每个等级之间的服饰、房舍、器用都不一样，必须严格按照等级使用。这种贵贱有别的等级制度就是礼制，违反者要受法律的严惩。

明代按等级划分服饰、房舍、器用，所谓等级不仅表现在官员与百姓之间的区别，还包括上层统治者与官僚之间的差别。明代文人雷梦麟指出"即所谓式"，而龙凤纹为上御之物，官民并不许用，即所谓禁。朱元璋除了靠律令、礼制来规定器用之外，另一方面也试图用教化的力量来稳固人们的思想，保持节俭淳朴的社会风气。加上他本人深信"惟俭养性，惟侈荡心。居上能俭，可以导俗；居上而侈，必至厉民"，加剧了明早期等级制度的森严与规范。

---

① 王光尧.明代宫廷陶瓷史［M］.北京:紫禁城出版社，2010:198.

宣德八年，"凡江西烧造全黄并青绿双龙凤等瓷器，送尚膳监供应。其龙凤花素圆扁瓶、罐、爵、盏等器，送内承运库交收，光禄寺领用。"肖丰在《器型、纹饰与晚明社会生活:以景德镇瓷器为中心的考察》中描述道:"明代皇家极端强调自身的尊贵地位，并通过一系列的外在形式及严密的礼仪制度，把皇权置于统治秩序的顶端，是为了强化政权的合法性及自我认同感。"①每朝的帝王对御用瓷器都有严格的规定，不同的等级享受不同造型、不同纹饰的器物。除帝王赏赐外，皇室贵族都不能随意使用官窑瓷器。民窑更是不能仿官窑，违者处死。

造成这种器物等级制约的因素有:第一，明晚期城市经济的发展造成了社会思潮的转变，追求自主或反思理学成为时尚。第二，明代嘉靖以后御器厂的生产管理方式有所转变，官搭民烧制度促进了器物等级制度的逐渐开放。与此同时，在器物等级制约下，明代器型样式在元代的基础上不断丰富，除了官搭民烧制度的普及，青花瓷的对外贸易出口也是一个很重要的原因。"16世纪末到17世纪初，中国瓷器、丝绸制品、漆器等货物输入欧洲后，很快引起欧洲各国的注意，不少欧洲人欣赏甚至模仿中国风尚，从而出现了一股仿效中国的中国热。"②对外出口贸易的兴盛，为明代器皿的造型样式注入了一股新鲜血液，当时景德镇瓷器生产依据国外的流行样式做出适当的调整，甚至按照外来的样式进行模仿生产，以至于催生了许多中国原来没有出现过的造型样式，这是中国古代器型发展壮大的一个有益补充。

除了海上贸易的发达以外，明代还保留了以往各个国家的朝贡贸易往来，有不少外来的器皿进入宫廷，对皇帝的审美影响也非常之大。如果被皇帝喜欢，就下令御器厂烧造，如嘉靖二年景德镇御器厂的烧造任务就有"青花缠枝宝相花、回回花罐一千"，嘉靖二十五年有"青花白地穿花龙凤扳枝长春花回回宝相花瓶三百七十"。与此同时，还出现了一些体现伊斯

① 肖丰. 器型、纹饰与晚明社会生活:以景德镇瓷器为中心的考察［M］. 武汉:华中师范大学出版社，2010:25.
② 王介南. 中外文化交流史［M］. 太原:书海出版社，2004:7.

兰文化的器型，如花浇、折沿盆、扁壶、八角烛台、长颈委角方瓶等，^①这些外来造型对中国瓷器生产样式的丰富起到重要的作用。

第二节　器型的转变

1.器型功能之变

礼器主要是指祭祀之器皿。《说文解字》释"礼"为："礼，履也，所以示神致福也。"礼源于祭祀，乃祭祀所遵循的仪式。发展到后来，应用越来越广泛，如宫廷盛宴、庆典活动等。所有礼仪活动，参与者都盛装出席，所有动作及表情都紧密和谐，所用之器皿都厚重简约大方，足以体现用器者之身份。《礼记·曲礼》强调"道德仁义，非礼不成"，论证礼不应只是规范社会秩序，而应该深入人心，加强礼仪道德之修养，依靠伦理道德之力量规范世人的行为与言论，其主要目的在于别贵贱、尊卑、长幼、亲疏，维护社会秩序和自身的社会地位。

明早期青花瓷大致分为日用器、陈设器和祭祀器，其中日用器是数量最多的一类。御用官窑瓷器主要用于祭祀、赏赐、外交等活动，器型多为瓶类或大盘类，很少有生活用器。而民窑生产的瓷器主要有瓶类、盘类、壶类、碗类、杯类等日用器皿，具有生活使用、家居装饰、个人收藏等实用功能。"凡仪真、瓜洲二厂，每年南京工部委官一员驻扎仪真烧造酒缸十万个，完日就于粮船内运带来京，径送光禄寺交收应用。"^②十万个酒缸的烧造数量，交付光禄寺应用，体现的是朝廷对日用器皿的重视，以及酒器的广泛应用。

成化以后，随着商品经济的发展，民窑在早期的多年积累中开始活跃起来。青花瓷作为商品，广泛地应用于社会各阶层的日用场合，除了祭祀、赏赐及外交定制的专属器皿以外，各种形制的壶、杯、碗、盘、碟、罐等精致小器流行开来。日用器皿的分类非常细致，品类也异常繁多，就景德

---

① 高纪洋.形而下:中国古代器皿造型样式研究［M］.济南:山东美术出版社，2014:60.
② 王光尧.明代宫廷陶瓷史［M］.北京:紫禁城出版社，2010:140.

镇御器厂为明代宫廷烧造的日用器就有碗、靶碗、碟、杯、盅、靶杯、劝杯、盏、卤壶、执壶、酒盅、罐、坛、靶盅、酒盏、酒碟、果碟、菜碟、盖碟、渣斗、醋注、醋滴、缸、瓶、盒、果盒、钵等40多种。明初的民间酒器类就有尊、果合、泛供、劝杯、劝盏、劝盘、台盏、散盏、注子、偏提、盂、杓、酒经、酒罂、马盂、屈卮、觥、觞、太白等23种，器皿种类丰富、造型多样，能够基本满足社会各个阶层的需要。如图5-1所示，明中期流行的生活器皿最初都是为了日常生活而烧制，碗、盘、杯的样式形态各异，都是为了满足实用需求，并不是为了陈设欣赏。明代王宗沐在《江西省大志·陶书》中记载："又烧成桌器一千三百四十桌，每桌计二十七件：内案酒碟五，果碟五，菜碟五，碗五，盖碟三，茶钟、酒盏、楂斗、醋注各一。"除此二十七件一套之外，尚有每桌三十六件、六十一件者，桌器二十七件，是数量最少的一类组合。这些流行的生活器皿首先被文人阶层喜爱，之后逐渐应用到社会各个阶层的日常生活中去。在这个应用转变的过程中，明代上流社会的富人阶层为了显示自己的身份地位以及彰显宴请客人身份的尊贵，在宴席上除了山珍海味外，还会为食物搭配好精致华丽的碗、盘、杯等适宜的日用器皿。通过该时期桌器的烧造数量及组合套装的公开使用，

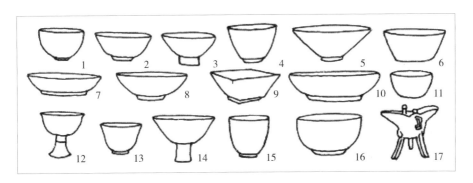

图5-1 明中期流行生活器皿示意图（作者绘）

（ 1 鸡心碗 2 撇口碗 3 高足碗 4 撇口杯 5 笠式碗 6 卧足碗 7 撇口盘 8 收口浅碗
9 方门杯 10 收口盘 11 卧足杯 12 高足杯 13 撇口杯 14 高足碗 15 高奘杯
16 高足碗 17 爵杯 ）

可以看出庞大的生活器皿让越来越多的人与青花瓷产生关联互动，这个阶段是青花瓷器型、纹饰、功能转变与创新发展的高峰期，是继永宣青花之后的第二个高峰。

分析其原因在于青花瓷从礼器向生活用器的转变，从宫廷御用瓷器开始走向社会大众之日常用器。还有一个重要原因是成化年间，国产钴料开始大量使用，且生产的主体主要是民窑，原料本土化生产，器型种类丰富多样，生活器皿逐渐被社会各阶层所普遍接受，为青花瓷艺术风尚的演变提供了重要的物质基础。

更为重要的是，发展到明后期，民窑的兴盛打破了官窑生产的各种等级制约和纹饰禁忌，甚至象征帝王的专属纹饰龙纹也开始出现在民窑器物上。嘉靖年间，官搭民烧制度的形成和官民竞市现象足以说明民窑瓷器在数量上和质量上都赶上甚至超越了官窑。加上海外市场的大量需求，促进了青花瓷在造型和品种上的大规模增加。民窑所生产的大量出口东亚、东南亚及欧洲市场的碗、盘、杯等生活用器，迅速在海外流行开来，掀起一股海外风尚浪潮。海外浪潮促进了中国人审美观念的改变，使得越来越多的青花瓷进入普通百姓家里，成为人们生活中不可或缺的一部分。

2. 器型体量之变

从洪武早期至万历末期，每个朝代器型众多。研究中国传统的青花瓷造型，需要在传统的造型样式中去分门别类，总结其规律性和异同性。关键是分析和认识潜在的传统陶瓷器型中的创新意识和审美功能，陶瓷造型是创新意识的具体反映，必然受到传统文化和审美情感的影响。单就技术层面来讲，陶瓷器型是运用不同材料和不同技术构造而成的，直观展示了当时陶匠们对工艺材料技术的认知状况，也是当时制瓷技术水平的体现。明代景德镇青花瓷，每个朝代的造型根据不同的生活需求，或多或少都有些不同。如何寻找不同造型之间的潜在联系，认识其多元性，总结其造型规律与审美风尚特征，是全面理解青花瓷造型之美的关键所在。器物造型源于生活，它包含生活水平、经济条件、工艺技术、审美习俗等自然因素，渗透着创造者对生活的理解与感受，并物化为具体的陶瓷造型形态。^①从这个角度上说，陶瓷器型从侧面反映了生活的本质。

《景德镇陶录》记载："宣窑有鱼藻洗、葵瓣洗、磬口洗、鼓样洗五彩桃注、石榴注、双瓜注、双鸯注、暗花白香橼盘、苏麻泥青香橼盘、朱砂红香橼盘诸件。又香合之小者，有饶窑蔗段、串铃二式。"^②"明宣窑青花四台灯，灯制不知何仿，釉色凝白如凝执，粟文隐起。周身青花细画，华缛可爱身列四流，上有提梁覆盖，下有承盘。壶中贮油，四流置烛悬之室内，四座光明书室中之佳品也，以厚值购之归悬斋室。"^③"又有抹红青花画龙者，碗式有如压手杯，四角各有凹痕一道，此种式样有影青龙物薄如纸者，又于过枝夹彩两种外别树一帜，真明窑也。以意揣之，仙葩珍卉，当时盖无奇不有，决不止此数种。"^④由此可见，每个朝代的器型种类丰富多样，样式也是层出不穷，各不相同。

通过分析明代每个时期流行的器型样式与风格种类，如玉壶春瓶、扁壶、贯耳瓶、石榴尊、僧帽壶、梅瓶、梨壶、盖罐、天球瓶、执壶、背壶、军持、葫芦瓶等常用器皿（如图5-2所示）可知，每个朝代的形制大体相同，只是局部如某些底足、瓶口、壶口等细节处稍有不同。在瓷胎和制瓷工艺上，早期的器物造型古朴浑厚、端庄大方，后期的日用器皿总体呈现种类多样、瓷胎精良、画工精致的艺术特点。通过梳理每个朝代的器物分类和造型样式，总结其演变规律，不难发现，常用的陈设器型和日用的盘、碗、杯一直主导着整个青花瓷的发展走向，贯穿于整个明代的始终。这些日用器皿种类丰富，具体到每一个盘或瓶，每个朝代又能衍生出几种或十几种类似的形状。以明代青花瓷梨壶造型为例，梨壶因造型类

① 李砚祖. 设计艺术学研究［C］//中央工艺美术学院工艺美术学系. 中央工艺美术学院工艺美术学系建系十五周年文集. 北京：北京工艺美术出版社，1998：190.

② 蓝浦，郑廷桂. 景德镇陶录图说［M］. 济南：山东画报出版社，2004：205.

③ 历代名瓷图谱［M］//全国图书馆文献缩微复制中心编. 中国古代陶瓷文献辑. 北京：全国图书馆文献缩微复制中心，2003：144.

④ 寂园叟. 匋雅［M］. 济南：山东画报出版社，2010：19.

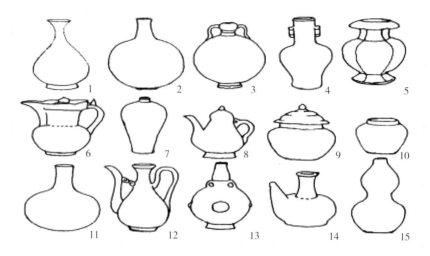

图 5-2　明代流行的常用器皿示意图（作者绘）

（1 玉壶春瓶　2 扁壶　3 蒜头口绶带扁壶　4 贯耳瓶　5 石榴尊　6 僧帽壶　7 梅瓶
8 梨壶　9 盖罐　10 天字盖罐　11 天球瓶　12 执壶　13 背壶　14 军持　15 葫芦瓶）

似梨形而得名，除了梨壶把手的整体曲线与壶嘴的高挑细长之外，像壶口部微向外撇、颈部稍稍内收、腹部外凸、底足缩小等细微的细节变化，都需要陶匠在型制特点上进行强化手工处理，对造型有一个高度把握与感知，达到一种视觉上的平衡，既要丰富耐看又要韵味十足。

　　从梨壶造型的演变示意图（图 5-3）中可以发现，元代器型古拙浑厚，有影青、青白釉、青花等品种，以刻花牡丹或凸印龙纹为主要纹饰。永乐器型较元代清秀精巧，胎体轻薄，口流细长优美，品种开始增多。宣德器型渐渐开始变异，较永乐略肥，除此尚有瓜菱形的新作，品种有青花、青花地白花、红釉等。成化器型有两类，一类为传统梨形，线条起伏流畅；另一类为新创的带钮的平顶盖式。弘治器官窑少见此型，成化窑折枝花卉器有此造型。正德器型与成化平顶盖式器型相近，唯器身加高而显修长。进入清代，康熙器型较明代高而肥硕，把柄的变化最为明显。梨壶纹饰除传统的青花装饰外，又加了许多五彩、粉彩等开光施彩的装饰技巧与表现手法。就器型体量而言，不管时代如何演化，梨壶本身的器型特点与日用

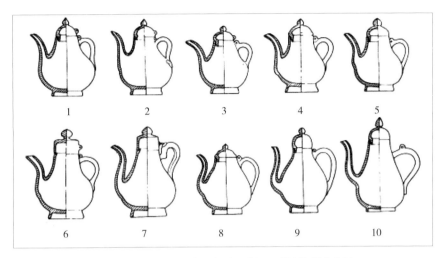

图 5-3 梨壶造型演变示意图（来源：《明清瓷器鉴定》）

（1 元代 2 洪武 3 永乐 4 宣德 5 成化 6 成化 7 正德 8 嘉靖 9 康熙 10 乾隆）

功能不会变，造型历朝历代大同小异，但随着每个朝代的审美风尚不同，在体积容量方面或多或少出现了一些外形上的美化与改进，从早期的古朴到晚期的精致蕴含了陶瓷工匠对器物文化的理解与感受。

3. 器型种类之变

随着明代社会经济的发展，普通民众对青花瓷的实用性功能要求与观赏性审美追求也发生了很大的变化。明代的陶瓷匠人为了适应民众的需求，在各类形制的器型上，做了很大的努力，对生产的盘、碗、壶、盆、瓶、罐、碟等日用器皿都做了严谨翔实的客观分析。每个朝代的器型演化都是在继承前一朝代的型制基础上，融合同时代人的审美喜好，然后加以改革创新，在器型的外观上具有变化中求统一、统一中赋予新变化的时代特点，给人以丰富、耐看、和谐、含蓄的经典器型之美。

通过梳理明代瓷器生产情况，器型的变化是十分明显的。早期的器型大多是沿袭元代的形制，以传统样式为主。为了显示社会等级秩序，器用之制被纳入礼制的范畴，对社会各阶层的器用之物的形制规格都有严格的规定。① 御器厂生产的官窑瓷器主要是满足帝王统治阶级的实用需求，对器型的创新性和丰富性要求不高，器型种类相对比较单一。如永宣时期器型敦厚凝重，胎薄体轻，圆器口边锋利，中边较厚，釉面光润，线条清晰，色调凝重晕散。在器型生产方面，景德镇陶匠具备丰富的制坯经验和过硬的生产技术。"凡造瓷坯有两种，一曰印器，如方圆不等瓶、瓮、炉、合之类，御器则有瓷屏风、烛台之类。先以黄泥塑成模印，或两破，或两截，亦或剜圈，然后埏白泥印成，以釉水涂合其缝，烧出时自圆成无隙。一曰圆器。凡大小亿万杯盘之类，乃生人日用必需，造者居十九，而印器则十一。造此器坯，先制陶车。车竖直木一根，埋三尺入土内，使之安稳。上高二尺许，上下列圆盘，盘沿以短竹棍拨运旋转，盘顶正中用檀木刻成盔头，冒其上。"

"凡造杯盘，无有定形模式，以两手捧泥盔冒之上，旋盘使转，拇指剪去甲，按定泥底，就大指薄旋而上，即成一杯碗之形。功多业熟，即千万如出一范。凡盔冒上造小坯者，不必加泥；造中盘大碗即增泥大其冒，使干燥而后受功。凡手指旋成坯后，覆转用盔冒一印，微晒留滋润，又一印，晒成极白干，入水一汶，漉上盔冒，过利刀二次。然后补整碎缺，就车上旋转打圈。圈后或画或书字，画后喷水数口，然后过釉。"②

由于景德镇御器厂督造严苛，毁器重烧之事常有。故利坯技法上，元以前的瓷无旋坯之器，但以竹刀旋之。到明代则用陶轮转旋，用铁刀随转旋削，使器之里外，都得以光平。一器非修数次，出器时定不能口合，必熟识火候泥性，方能计算加减以定模范。明代的制坯业分工细致，琢器、圆器因形制种类不同，造坯技术也大不相同，杯、盘大部分采用印器技术，瓶、壶、尊、罐等采用手工拉坯技术。这些技术都在继承元代的基础上更

---

① "太祖尝谓廷臣曰：'古昔帝王之治天下，必定礼制，以定贵贱，明等威……近世风俗，相承流于僭侈，闾里之民，服食居处与公卿无异，而奴仆贱隶往往肆侈于乡曲，贵贱无等，僭礼败度，此元之失政也。中书其以房舍服色等第，明立禁条，颁布中外，俾各有所守。'于是省部定职官自一品至九品房舍、车舆、器用、衣服各有等差。"余继登. 典故纪闻［M］. 北京：中华书局，1981：36.
② 熊寥，熊微. 中国陶瓷古籍集成［M］. 上海：上海文化出版社，2006：204-205.

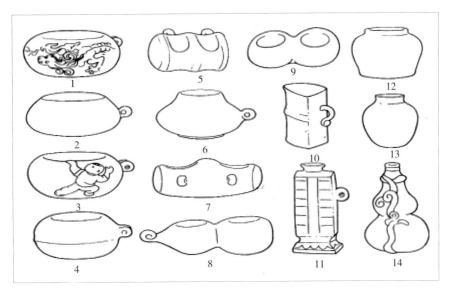

图 5-4 宣德鸟食罐种类示意图（来源：《明清瓷器鉴定》）

加完善。

宣德时期的鸟食罐（如图 5-4 所示），造型主要以立体的型制变化为主，诸多的造型也存在一定的相似性，比如说它的圆口和宽腹，以及右耳边的一个把手，这是鸟食罐的一个通识性特征。但是鸟食罐作为一个实用器物来说，为了避免器型的千篇一律，陶瓷工匠在它的设计上就巧妙地应用曲线、直线、软硬、棱角等变化组合，尽量丰富它的器型，如有扁圆形、长方形、葫芦形以及冠状形等。这些形制的突出特点是平面的立体外观样式，变化的形制让线条丰富而有变化，给人以整体的视觉体验，既要体现鸟食罐的一个实用功能，又要体现富有观赏性的审美功能。这就要求当时的陶瓷工匠根据原料特点，将器型做到实用化，纹饰做到最优化。这就是在器型上所进行的艺术再创造，将平面与立体、整体与局部、对比与协调做一个器型纹饰的完美统一。

从宣德碗种类示意图（图 5-5）可以看出，就宣德一朝，碗的不同形状就多达二十余款，可见其瓷器生产之兴盛，器物形制样式之多样，看似简单的实用器皿，凝聚着明代制瓷匠人的工艺和技术水平。

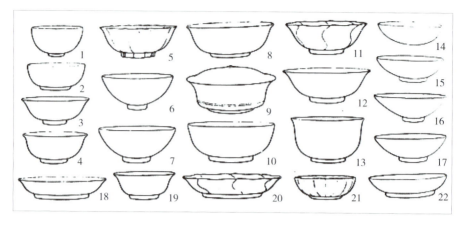

图5-5 宣德碗种类示意图（来源:《明清瓷器鉴定》）

明末官窑没落，民窑兴起，器型样式较之前有很大的不同，主要流行青花和五彩瓷器,样式呈现日益精细化和形制多元化的趋势。叶喆民在《中国陶瓷史》上记载:"明代嘉靖、万历时期五彩瓷器造型样式丰富，以文具而论，即有笔架、笔管、笔盒、水丞、印盒、砚台、笔洗、颜色碟、颜色盒、印匣、砚滴、珍珠盒、笔冲多种。"[1]嘉靖比较重大器，瓷器造型繁杂而笨拙，风格浑厚敦实，最流行的是形状不一、大小不同的葫芦瓶。万历时期器型最为多样，几乎所有日常实用器皿和陈设器物都在这一时期可以找到，最常见的是各类文房瓷盒类和各种折沿盆与器座，以及新出现的壁灯、筒瓶、蟋蟀罐、棋子罐和外销大盘、食具等。[2]

这一时期，还流行明代仿古之风，嘉靖时期已成功仿制成化青花器和斗彩器，如斗彩婴戏杯，颇具形神，为仿成化器皿之佳作。万历崇古之风更甚，当时成化鸡缸杯可值钱十万，跟当时的仿古之风密不可分。大量的仿古精致器皿满足了社会各阶层的审美需求，尤其是小件器物的把玩，文房用器渗入文人的现实生活，透过器物，反映了不同社会阶层的器用需求

① 叶喆民 . 中国陶瓷史［M］. 北京:北京三联书店，2006:502.

② 耿宝昌 . 明清瓷器鉴定［M］. 北京:紫禁城出版社、两木出版社，1993:142.

和审美观念。

　　任何一件青花瓷造型都由物质功能和精神功能两方面组成，只有将二者的功能需求发挥到最大化，才能完美地体现器物的最大价值。器型种类的丰富离不开制瓷技术的提高，更离不开审美水平的提高。杨永善先生指出："中国传统的陶瓷造型，总是循着原来的造型观念发展的，总在逐渐变化，衍生出新的造型样式。正因为如此，陶瓷造型比较容易出现程式化和规范化的特点，产生出形式结构严谨，经得起推敲的优秀的中国传统陶瓷造型产品。"① 由于每个时代的审美不同，青花瓷流行的艺术风尚也不相同。古代造物思想包含对艺术的创造和对美的追求，否则，当第一件日用器皿大碗或大盘完成以后，便可流传后世，为什么又会在样式上或装饰形式上不断地创新，体现时代的差异呢？说到底，就是对艺术、对审美的不断追求。

　　明代青花瓷品种繁多，器型样式制作精良。据朱琰《陶说》所言，何止数百种，大多数品种名称都是来自花样的名称，其次再根据形式的新奇来命名。如永乐压手杯、宣德鱼靶杯、宣德蟋蟀盘、成化鸡缸杯等。瓶罐之类则有美人肩、鱼尾尊、芭蕉式、梅瓶、天球瓶等。器皿之精，为后来之仿效，瓷器墩、大鱼缸也很盛行。

表5-1　明代主要时期的代表器型与流行器皿

年代	代表器型与品种	流行器皿
洪武	执壶、玉壶春瓶、大墩式碗、盘、花口盘、高足碗、高足杯、盏托	执壶、玉壶春瓶、花口盘、高足杯
永乐	无挡尊、鱼篓尊、梅瓶、扁腹绶带葫芦瓶、玉壶春瓶、天球瓶、执壶、扁形执壶、竹节把壶、背壶、扁壶、蒜头口绶带扁壶、藏草壶、卧壶、僧帽壶、扁罐、双系小罐、轴头罐、八方烛台、花浇、水注、折沿盆、漏斗、水盂、压手杯、菱花式杯、鸡心式大小碗、墩式碗、收口碗、撇口碗、卧足碗、凉帽式碗、高足碗、菱花洗、高足盘、菱花盘、撇口浅盘、大盘	无挡尊、扁腹、绶带葫芦瓶、僧帽壶、玉壶春瓶、执壶、八方烛台、花浇、水注、折沿盆、压手杯、鸡心碗

① 　杨永善. 中国陶瓷艺术与造型意识［J］. 装饰，1995（05）:11-14.

续表

年代	代表器型与品种	流行器皿
宣德	梅瓶、扁腹绶带葫芦瓶、天球瓶、玉壶春瓶、胆瓶、贯耳瓶、四方倭角瓶、洗口瓶、小方瓶、执壶、梨壶、瓜棱梨壶、茶壶、凸莲瓣式壶、风流龙柄执壶、背壶、扁壶、蒜头口绶带扁壶、僧帽壶、盖罐、塔罐、大小莲罐、高罐、瓜棱罐、奘罐、撇口罐、出戟法轮式罐、蟋蟀罐、鸟食罐、石榴尊、无挡尊、香薰、撇口大瓶、八方烛台、水注、花浇、双耳三足鼎炉、三足筒炉、方炉、漏斗、豆、盂、灯、水盛、砚、笔管、盒、图章、缸、钵、各式花盆、折沿盆、水仙盆、葵瓣口洗、菱花口洗、格洗、假盔子	梅瓶、扁腹绶带葫芦瓶、天球瓶、玉壶春瓶、四方倭角瓶、执壶、僧帽壶、盖罐、蟋蟀罐、鸟食罐、八方烛台、水注、花浇、折沿盆、石榴尊
成化	梅瓶、莲瓣口瓶、梨壶、太白罐、大罐、高罐、扁炉、圆盒、收口盘、撇口盘、撇口碗、收口碗、花口碗、卧足碗、高足碗、墩式碗、诸葛碗、高足杯、撇口杯、铃式杯、墩式杯、卧足杯、小碟、大盘、菱花式盘	梅瓶、莲瓣口瓶、梨壶、圆盒、各种形制的盘、碗、杯、小碟、大盘等
弘治	双兽耳大瓶、葫芦瓶、罐、香炉、诸葛碗、墩式碗、收口碗、撇口碗、高足碗、折沿盘、撇口盘、大盘	双兽耳大瓶、葫芦瓶、罐、香炉、盘、碗
正德	梅瓶、象耳瓶、双环耳瓶、葫芦瓶、带座瓶、瓜棱瓶、长头瓶、蒜头口瓶、戟耳瓶、军持壶、背壶、梨壶、罐、插屏、花觚、花插、笔插、烛台、灯座、山形笔架、砚、笔洗、缸、香筒、象耳香炉、戟耳香炉、筒炉、带座炉、花瓣口炉、三足鼎炉、六方花盆	梅瓶、象耳瓶、葫芦瓶、瓜棱瓶、军持、花插、烛台、灯座、香炉、山形笔架
嘉靖	玉壶春瓶、梅瓶、蒜头口瓶、双环耳瓶、兽耳瓶、葫芦瓶、出戟花觚、缸、瓜棱罐、扁罐、四方罐、八方罐、折角罐、砚、笔架、笔盒、水盂、执壶、军持壶、筒炉、双耳炉、香筒、盆、盒、洗、葵瓣盒、银锭盒、六方盒、串铃盒、方斗杯、双耳杯、爵杯、收口碗、撇口碗、墩式碗、卧足碗、诸葛碗、高足碗、收口碟、撇口碟、浅碟、瓷板	玉壶春瓶、梅瓶、蒜头口瓶、葫芦瓶、出戟花觚、笔盒、方盒、斗杯、爵杯、碗、碟
隆庆	蟋蟀罐、提梁壶、龙瓶、罐、长方盒、六方盒、八方盒、银锭式盒、方胜式盒方格、盖盒、菱花洗、盆、碗、诸葛碗、高足碗、盘	蟋蟀罐、提梁壶、长方盒、盖盒、碗、盘
万历	梅瓶、活环耳瓶、直口瓶、蒜头瓶、四方葫芦瓶、六方葫芦瓶、壁瓶、双耳瓶、象耳瓶、出戟花觚、执壶、提梁壶、军持壶、扁罐、小罐、蟋蟀罐、绣墩、插屏、瓷板、方炉、筒炉、鬲、缸、圆盒、桃形盒、银锭式盒、镂空盒、长方盒、六方盒、小盒、节盒、笔扇、笔插、笔筒、水盛、洗、盆、灵芝洗	梅瓶、直口瓶、蒜头瓶、四方葫芦瓶、壁瓶、圆盒、方盒、笔山、水盛、笔插、洗

从表 5-1 可以看出，每个朝代都流行梅瓶、玉壶春瓶、葫芦瓶、天球瓶、胆瓶、贯耳瓶、四方倭角瓶、戟花觚、执壶、提梁壶等。它们贯穿明代青花瓷器型发展的始终。其中，中晚期以后，日用器皿较为常见，且每年需求量不断增大，常见的有盘（敞口、折沿、撇口等式）、碗（鸡心碗、卧足碗、高足碗、合碗等）、高足杯、瓶（天球瓶、梅瓶、玉壶春瓶、胆瓶、葫芦瓶、扁瓶、倭角瓶等）、罐（蟋蟀罐、直口罐、盖罐等）、壶（扁壶、梨壶、执壶、茶壶、僧帽壶、背壶等）、洗（花口洗、卧足洗、菱花式洗等式）、砚滴、花浇、钵、盒、盂、石榴尊、香炉、烛台、鸟食罐等。这些日用器皿大部分为民窑烧制，一方面满足国内市场的需求，另一方面出口海外，拓展海外市场。

从图 5-6 万历盒类器型示意图中可以看出，同一类别的器型，由单一走向多元。这是种类的变化，也是时代的创新表现。此种现象，明代晚期出现得比较多见，通过朝廷下达庞大的烧造任务，就可以推理出其时生产规模之大，款式之多，尤其是流行样式更是广受欢迎。具体到此图所列的盒类样式，更是细分为圆形的、方形的、长方形的、单层的、多层的、镂空的、倭角的等等，有形状之分、材质之分、工艺之分。正是这些不同的形状、大小、规格，促成了青花瓷样式的多元化。

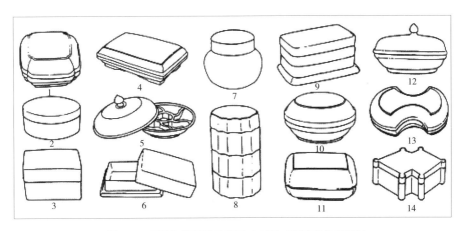

图 5-6 万历盒类器型示意图（来源:《明清瓷器鉴定》）

（1 四方倭角盒 2 圆盒 3 方盒 4 镂空长方盒 5 天盖地花形盖盒 6 长方盒 7 双层盒 8 多棱节盒 9 长方节盒 10 圆盒 11 长方倭角盒 12 宝珠顶镂空盖盒 13 银锭式盒 14 方胜式盒）

纵观明代青花瓷的发展走向，从器型上来看，是不断地推陈出新，不断丰富、不断完善的过程。每一道制瓷工序逐步形成了程式化和规范化的特点，即相对固定的传统样式。这些相对固定的传统样式在每个朝代又有微妙的差别。中国传统陶瓷造型来源于最原始的模拟自然形态，主要有梅瓶、赏瓶、玉壶春瓶、葫芦瓶、天球瓶、胆瓶、贯耳瓶、四方倭角瓶、戟花觚等。它们由最初模拟自然形态的样式，逐步发展到人为改造自然的器物形态，导致在不自觉的过程中，对模拟自然形态的器物进行人为的加工改造，进而引发出其他更多的样式。明代的这些器型在基本结构上，较宋元时期的形制变化不是很大，可以明显地看到器物形态的演变与拓展。但从造型风格上来看，却大不相同，具有鲜明的时代特点。从美学的视角来看器物的造型，所谓完整，就是一个统一协调的整体，各形态部位之间达到一种和谐的完整，在变化中求统一。古希腊美学家毕达哥拉斯经过长时间的观察与思考后，得出一个结论，认为"美就是和谐"。杨永善在《陶瓷造型艺术》中将这种方法总结为"演绎拓展法"，[①] 通俗地说就是在一个原有器物造型的基础上，随心所欲地加以变化获得同一造型的不同形态。例如，同样是梅瓶，图5-7、图5-8，因其造型特点是小口、短颈、宽肩、收腹、小底等，在古代主要是用于盛装酒水，从宋代沿承下来。此瓶从宋代开始出现比较成熟的样式，但每个朝代细节处又各有不同。

从梅瓶的发展演变（如图5-7所示）可以看出，这些造型样式不同却又相近的梅瓶，其基本结构大体一致，都是在同一种规范与程式下形成的。即使是同一时期的梅瓶，也有许多细小的体态差异，主要体现在体量、尺度、比例、形态方面。无论明代陶匠用什么方法演绎出不同实用需求的器物样式，都应该符合以下器物造型的要求：第一，确定适合的尺度大小；第二，形体比例的推敲与调整；第三，器物整体的连贯与协调；第四，细节的刻画要到位。例如口部、底部、把手、壶嘴等细节变化的处理。这种制器尚象的造物观，体现了中国古代传统文化求大同、存小异的思想理念。梅瓶

---

① 杨永善.陶瓷造型艺术［M］.北京:高等教育出版社，2004:123.

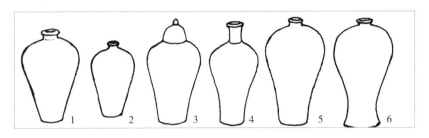

图 5-7　宣德梅瓶变化示意图（作者绘）

（1 小口梅瓶　2 小口梅瓶　3 有盖梅瓶　4 长头梅瓶　5 大型梅瓶　6 大型梅瓶）

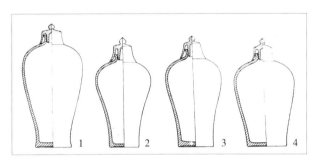

图 5-8　明早期梅瓶演变示意图（来源：《明清瓷器鉴定》）

（1 元代　2 洪武　3 永乐　4 宣德）

最早出现于唐代，因瓶体修长，在宋代称为"经瓶"，最初主要用于盛酒。宋元时期比较流行，最初的生产首先考虑的是它的功能需求，在后来的使用过程中，渐渐走上实用与观赏相结合的用途，可以用来插梅花，也可以作为陈设瓷摆在家中。梅瓶的造型通常情况下，颈部小口段是直线造型，而腹部圆大是曲线造型，腹部的曲线与口部的直线形成一种对比。口径的小与腹部的大也形成一种对比。在梅瓶的手工拉坯造型环节，景德镇的陶匠在颈部的直线型中加入曲线的审美表达，成功地运用了梅瓶形体轮廓线的收缩与张弛的对比变化，使梅瓶下部的曲线中含有直线的韵味，这样，颈部较短的直线就与主体上部的大块面曲线形成对比。从造型的视觉语言上看，既达到了丰富变化又高度统一的含蓄审美观，又增添了同类造型的形式感。明清时期，梅瓶的造型由宋代的清秀细长逐渐演化为丰硕饱满的体态，此时的梅瓶已经没有了盛酒器的影子，它的艺术性已经超越了实用性。这些经典的传统造型样式，仅靠自身的材料、形体、动态、空间所形成的形体节奏和韵律，就能传达造物者的情感和对美好事物的追求。按照现代器型设计观念分析，器皿造型的构成要素主要是点、线、面、体等器皿造型样式的变化，也就是这些要素形态改变或组合改变的结果。"人们通过这些单位或要素的集聚、删减、分割、变化，或扩大、缩小、形变等手段，便能产生出千姿百态的各种形态。"①器皿产生之后，人们通过对其进行无数次的加工，其造型作为器皿的突出特征反映在人的大脑中，反复不断地进行刺激，逐渐使人产生了造型观念。随后在不断设计、制作、使用、感知的过程中，对造型的认识和把握水平不断提高，进而逐渐丰富和完善器皿的造型样式。②

把握住这些关系之后，就容易理解青花瓷艺术风尚的时代特征和艺术风貌，每一个器型的产生与应用，都是陶匠们根据人类的生活需求而设计的，渗透着生产者与使用者对生活的理解与感悟。加上明代文人士大夫崇尚优雅清净，追求尚古之风，在青花瓷的审美观念上，不仅要实用，还要怡性情，反映了实用和审美高度融合的艺术风尚观。因此，要想从根本上认识器型对整个青花瓷生产的重要性，必须从传统文化和审美意识形态方面去做整体分析，进而研究器与技的关系，把器与技、器与道上升到艺术创造的高度上来分析论证。这些都是伴随经济的发展、生活方式的改变，审美情趣不断发展变化的结果。

第三节　技艺的升华

1. 青花瓷色彩之变

《周礼·冬官考工记》提出了五行色彩观的认识与见解，指出了五色之间的相互关系。青、白、黄、赤、黑是由五行学说演化而来的，对应维系宇宙生命的天、地、人、道、自然五位一体的宇宙观，追求素朴天真的

---

① 李砚祖 . 艺术设计概论［M］. 武汉 : 湖北美术出版社，2002:60.
② 高纪洋 . 形而下 : 中国古代器皿造型样式研究［M］. 济南 : 山东美术出版社，2014:13.

自然之道。在古人眼中，"五行""五色""五方""五时"之间是类比且同构的关系，它们共同形成了一个相对固定且普遍联系的象征循环系统。"画缋之事，东方谓之青……西方谓之白……青与白相次也，玄与黄相次也，赤与黑相次也……五彩备谓之绣……杂四时五色之位以章之，谓之巧。""谓先以粉地为质，而后施五彩，犹人有美质，然后可加纹饰。""五色"思想的诞生，不仅有助于人们摆脱原始的自然单色崇拜，意识到色彩的审美价值，并在此基础上探寻色彩应用的规律技巧以及不同色彩之间搭配的协调，对促进中华民族建立"五色体系"有潜移默化的作用。

"五色"色彩观的提出，帮助人们认识到色彩的重要性与丰富性。中国历来将青白两色视为古朴、端庄、优雅的象征。[①]老子在《道德经》中说道："五色令人目盲。"[②]张彦远主张："是故运墨而五色具，谓之得意。意在五色，则物象乖矣。"运墨而五色具的色彩理论不仅适用于绘画领域，而且影响至政治和宇宙学层面，在传统医学著作中体现得尤为明显，这些著作在明代非常流行。五色乱目，使目不明，这是一种本心的色彩观。许多明代的奢侈品，比如漆器、陶瓷、织物，都体现了五色观的广泛应用。反映在青花瓷的用色理念上，常选取青、白二色为主色调，表现一种单纯、朴素、宁静之美。这一实践也是在此理论基础上找到色彩的运用规律与技巧，进而追求青、白二色的层次感与多样性。明代青花瓷到现在仍然被世人所喜爱，其主要原因就是青花瓷独特的青白色彩观。而中国古代的五色体系思想，对民族艺术色彩观的形成起到潜移默化的作用，为明代青花瓷装饰艺术的色彩应用奠定了基础。

《考工记》曰：'设色之工五'，首列画缋之事。画即画也，缋为染彩也。而陶器以青为贵，五彩次之。夫瓷器之青花、霁青大釉，悉借青料。……明宣窑青花，器用苏泥勃青，成化时已绝。正德朝，大珰镇云南，得外国回青，嘉窑御器用回青，捶碎有朱砂斑者，曰上青；有银星者，曰中青。

①　戴吾三. 考工记图说［M］. 济南:山东画报出版社，2003:52.

②　老子. 道德经［M］. 南京:江苏古籍出版社，2001:31.

淳回青，则色散而不收。石青加多，则色沉而不亮。每回青一两，加石青一钱，谓之上青。四六分加，谓之中青。用以设色则笔路分明。"①

从色彩学的角度看，蓝色可以代表蓝天、海洋、湖泊，一种包含宇宙的气象，象征生命的永恒。白色代表高雅、洁白。青花瓷中的蓝是钴料的发色，不同时期的蓝色发色略有不同，总体青翠鲜明，浓淡相宜，青而不浊。白不是普通的白，而是一种白里泛青、温润如玉的白。在明代，器物本身就是在美的思想下产生的，其运用色彩进行装饰是为了满足人类的审美需求，进一步提升器物的实用性与观赏性。约翰内斯·伊顿在《色彩艺术》中说道："色彩是从原始社会就存在的，是原始社会无色光线及其无色彩黑暗的时代产儿。"②宗白华在《美学散步》中也论述道：古代器物装饰艺术有"错彩镂金"和"初发芙蓉"两种美感。色彩审美在一定程度上是社会文化的反映，在一定程度上影响人们的视觉感受与审美意识。曹建文在《民间青花装饰艺术的审美特征及现代意义》中说："民间青花之所以呈现幽雅恬静的视觉效果，与绘制者对于青白色彩的和谐处理有着密切的关系。"③可见青花瓷器物的视觉呈现是在和谐的青白色彩观念的影响下形成的。因此，青花瓷的青与白正是实现了素与华的完美过渡，是一种理想化的艺术美。正所谓同一色也，见深见浅。一瓶一缸，而分七色九色之多者，娇翠欲滴。如永乐青花灵芝纹碗（如图5-9所示）、宣德青花盖罐（如图5-10所示），虽只有简单的青白二色，但瓷质本身白如玉、声如磬的特殊质感，就形成鲜明的蓝白对比，简洁、时尚、大方。无需绘制更多的颜色和层次，变化过多反而容易乱，只要能体现青花瓷独特的、自然的色彩之美就可以成为时代的精品。

明代青花瓷经过一定时间的积累与发展，在14世纪到15世纪形成了独特的典型风格，引领了15世纪青花瓷艺术的流行风尚。永宣时期的青花瓷有许多出口海外，且都质量很高，这些陶瓷受到西方学术界的关注。

① 熊廖，熊微.中国陶瓷古籍集成［M］.上海：上海文化出版社，2006：274.
② 约翰内斯·伊顿.色彩艺术［M］.杜定宇，译.上海：上海人民美术出版社，1985：18.
③ 曹建文.民间青花装饰艺术的审美特征及现代意义［J］.设计艺术，2004（03）：28-29.

图 5-9　永乐青花灵芝纹碗　　　　图 5-10　宣德青花盖罐
（台北故宫博物院藏）　　　　　　（大英博物馆藏）

尽管他们在一般描述中认为出口陶瓷都无款识，但通过研究其纹饰与发色，可以看出明代的制瓷水平和工艺技术。青花瓷出口，大部分来自皇家收藏，器型有盘、罐、瓶、大口水壶等。这些陶瓷作为日用器皿可以频繁使用。当时的器皿底部大多数不施釉，一般呈现红棕色，致使底部都有些腐蚀磨损，那一时期的瓷盘底部都会有此特征（如图 5-11 所示）。永宣时期的青花瓷作为明代最具有代表性的瓷器，其生产技术的难度和独特的时代特征一直是后世研究者研究的重点，尤其是清代康雍乾时期对永宣官窑瓷器的仿制，很多发色问题都无法解决。明早期青花瓷发色取决于使用火

图 5-11　永乐青花缠枝莲大碗底部　　图 5-12　永乐青花缠枝莲大碗
（清宫旧藏）　　　　　　　　　　（清宫旧藏）

的条件，这个蓝色如何呈现不同的蓝灰色、宝蓝色或深紫蓝色，要从青花料本身找原因。永宣青花瓷色泽浓艳，呈宝蓝色，用料最深的部分容易在釉面的凹陷处产生一个起伏的表面，青花自然晕散，形成银色透明的结晶斑，深入胎骨，犹如水墨画在宣纸上所产生的墨韵效果，浑厚华滋，自然天成。这种发色效果被称为"堆积效果"。永乐青花缠枝莲大碗（如图 5-12 所示）上呈现的这种自然晕散的发色效果，在青花瓷史上空前绝后。通常情况下，瓷器轮廓线下薄釉和蓝绿色表面呈现轻微的不均匀，质地看起来像橘皮。

永乐青花瓷碗（如图 5-13 所示），现藏于大英博物馆，高 6.5cm，直径 19.5cm，主要以青花描绘人物故事场景，西王母戴着精美的头饰，身穿长袍，腰间系着腰带和巾幔，站在花园栏杆旁，其余几位侍女手持礼物，缓缓向其走来，手里捧着裹着丝绸的琴和书籍，这些极有可能是献给西王母的礼物。画面其余部分绘有许多吉祥的植物和五座山脉。永乐时期的这款瓷碗，蕴含了如此复杂的人物故事情节，且人物题材在当时本不多见，可见其珍贵。最关键的是，此碗釉面白中微微泛青，上面布有许多小孔，青花料处有重叠堆积现象，深入瓷胎，触摸起来有橘子皮的手感。永乐青花瓷盘（如图 5-14 所示），盘心的发色效果也证实了这一时期青料发色的特殊性。

图 5-13　永乐青花瓷碗　　　　　图 5-14　永乐青花瓷盘
　　（大英博物馆藏）　　　　　　　（故宫博物院藏）

14 到 15 世纪早期的永宣青花瓷在明末 17 世纪被广泛复制，堆叠效果成为后世仿制的主要艺术特色和技术难题。各种不同青花色点聚集在轮廓线边缘，只有少数来自万历时期的复制品能够以假乱真。尤其是在清代康雍乾时期，更是被大量仿制，但不同年代和不同材料的炼制，促使仿制品还是有许多差别，始终达不到永宣时期的用笔、用料特性与结晶斑效果。通过两张图片（如图 5-15、图 5-16 所示）分析对比可以看出，器型大致相同，采用同一种纹饰题材牵牛花装饰，纹饰布局略有不同，青花的发色也有所不同。四方棱角瓶在明代形制独特，特点鲜明，完整的传世品很少。宣德青花牵牛花纹四方委角瓶，青花用进口钴料，色泽浓翠而带有黑色斑点，青花着色亦用小笔触，有浓淡层次。图 5-17 是清代雍正时期的仿制品，此件仿品发色艳丽，纹饰表现手法工整细致，是雍正仿古瓷中的精良之作。与宣德青花对比，还是缺少宣德青花瓷的古朴凝重，没有达到结晶斑的仿制效果。分析其主要原因，还是青花色料苏麻离青与国产料混合使用时达到的一种特殊效果，成就了 15 世纪永宣青花瓷典雅古朴、凝重浓艳的发色。

明代宋应星在《天工开物·陶埏》中记载："凡画碗青料，总一味无名异……此物不生深土，浮生地面，深者堀下三尺即止，

图 5-15　宣德青花牵牛花纹四方委角瓶（故宫博物院藏）

图 5-16　雍正青花牵牛花四方委角瓶（故宫博物院藏）

各省直皆有之，亦辨认上料、中料、下料。用时先将炭火丛红煅过上者出火成翠毛色，中者微青，下者近土褐。上者每斤煅出只得七两，中、下者以次缩减。如上品细料器及御器龙凤等，皆以上料画成，故其价每石值银二拾四两，中者半之，下者则十之三而已。凡饶镇所用，以衢、信两郡山中者为上料，名曰浙料，上高诸邑者为中，丰城诸处者为下也。凡使料煅过之后，以乳钵极研……然后调画水。调研时色如皂，入火则成青碧色。"未经炼制的钴土矿是不能用作青花色料的，必须经过精选、煅烧、磨细后才能使用。

图 5-17　陶冶图拣选青料的情形　　　图 5-18　嘉靖年间所绘古代乳料的情形

（来源:《千年窑火——景德镇陶瓷历史图片集》[1]）

如图 5-17、图 5-18 所示，拣选青料和用水乳料都是古代制瓷工艺里面的重要基础工作。青料的来源加工与正确使用，对青花瓷的生产起到至为关键的作用。即使同一青料，由于拣选、淘洗方法不同，产生的发色效果也不同。

明朝永乐、宣德年间，海上贸易发达，郑和七次下西洋，一方面把中国的瓷器和丝织品等输出国外，另一方面，由西洋引入进口青花钴料苏麻

---

① 冯林华.千年窑火——景德镇陶瓷历史图片集［M］.北京:中国文史出版社，2004:160.

离青。《正德大明会典·朝贡事例》云：苏门答腊国于永乐三年（1405）遣使朝贡，贡物有"回回青"。又见黄省曾《西洋朝贡典录》的《苏门答腊国》中，贡物也有"回回青"[①]记载，谢方先生在此作注曰："产自西域者云回回青。"[②] 由此可见，苏门答腊并非回回青的产地，而其产于西域，都是从西洋引入中国，遂使永宣时期的青花瓷具有独特的魅力，达到后世无法仿制超越的高峰。明代官窑青花瓷在成化以前，大部分使用进口青花料绘制青花瓷。成化窑瓷器一改永宣时期雄健粗放的风格，已不用进口钴料，改用江西乐平的陂塘青，呈色淡雅而无黑铁斑。一改小笔触着色，采用双勾线条，一笔涂抹的上色法，无明显层次感。[③] 由于进口青料比本地开采的钴料价格更高，故主要用于官窑瓷器生产，且进口青料中必须掺入本地钴料以避免晕散，对于呈色效果来说，本地钴料的含量越少越好。宋应星在 1637 年的笔记中写道，浙江所产钴料分为三个等级，但都比不上来自江西和广东的钴料。[④] 成化使用国产料与高铁低锰料的混合料，中期以后因回青来源断绝，才使用浙江产的青料。[⑤] 青料的改进是青花瓷艺术风尚发生重要变革的一个转折点，对民窑的发展起到至为关键的作用。由于民窑青花瓷质量及制作水平均不及官窑，而且民窑使用的是国产钴矿作为着色青料，大部分使用的色料都是国产含 MnO 量高的钴矿原料，有平等青、石子青、无名子及浙料等，均为高锰低铁型青花钴料。此外，民窑青花瓷胎和釉色成分与官窑青花瓷非常接近，而青花着色部分中的着色元素 Co、Fe_2O_3、MnO 的比例与官窑青花不甚相同。

　　嘉靖时期的青花瓷在发色上也比较具有代表性，主要原因是使用以回青和石子青配合的青料。《江西省大志》记载："回青淳，则色散而不收；石青多，则色沉而不亮，每两加石青一钱，调之上青；四六分加，谓之中青；

① 　黄省曾.西洋朝贡典录［M］.北京：中华书局，1982：69.
② 　黄省曾.西洋朝贡典录［M］.北京：中华书局，1982：70.
③ 　余家栋.江西陶瓷史［M］.郑州：河南大学出版社，1997：383.
④ 　邱锋.宋应星和天工开物［M］.北京：中华书局，1981：48.
⑤ 　李国桢，郭演仪.中国名瓷工艺基础［M］.上海：上海科学技术出版社，1988：158.

十分之一谓之混水……中青以设色，则笔路分明；上青用以混水则颜色明亮，真青混在坯上，如灰色；石青多，则黑。"①典型的嘉靖朝青花，就是掌握了恰当的比例调配方法，关键在于采用回青料，改变了以往青花的色调，形成了浓艳泛紫的色泽，为嘉靖时典型的上等颜色。这是回青料中加石青的缘故，其色泽如蓝宝石一样鲜亮，又似青金蓝般艳丽。《匋雅》云："嘉靖青花，有绝浓艳者，画笔亦美，盖官窑久藏内府，近始流出者也。若用之经久，则光彩就晦矣。"②此类代表器物有青花云龙、八仙人物大罐和葫芦瓶、盒等。需要注意的是这一时期青花瓷发色，较之前有了很大的突破与改进。嘉靖蓝地留白瓷盘（如图 5-19 所示），直径 2.5cm，青花发色浓艳，蓝中泛

图 5-19　嘉靖蓝地留白瓷盘（大英博物馆藏）

紫，每个盘内绘四只仙鹤围绕一个寿字，为长寿的象征，画面突出的特征为青花地留白纹饰，颇为罕见，底部书写六字嘉靖年款。《南窑笔记》曰："嘉窑料用回青，故浓翠红艳，多龙凤、梵书、鱼鸟花样，但画工精重不能比于宣、成窑。万历窑又次于嘉窑。"③

　　万历二十四年，回青料用尽，则采用瑞州石子青。朝廷曾命甘肃巡抚设法进贡，以应饶州烧造瓷器之急。最终甘肃方面是否进贡到回青，史书并无记载。《明神宗实录》记载了太监潘相到景德镇后的上奏："描画瓷器，须用土青，惟浙青为上，其余庐陵、永丰、玉山县土青，颜色浅淡。请变价以进，帝从之。"说明万历三十四年官窑已用浙江青料。纵观万历一朝

①　中国硅酸盐学会.中国陶瓷史［M］.北京：文物出版社，1982：375-376.
②　童书业.童书业瓷器史论集［M］.北京：中华书局，2008：38.
③　童书业.童书业瓷器史论集［M］.北京：中华书局，2008：39.

青花瓷生产，前后阶段发色差异很大。嘉靖至万历前期，官窑使用进口青花钴料与国产青花钴料石青混合的青料，使青花呈纯蓝色调。官窑工匠掌握了青花钴料的提纯工艺技术和呈色效果，促使这一时期官窑青花瓷的生产又达到一个小高潮。而万历后期，随着回青料的枯竭，官窑生产只能使用浙江青花钴料，重复仿制，青花瓷质量开始急剧下降。

通过上述分析可知，青花瓷色彩之变最关键的在于青花钴料成分的改变，还有不同时期的烧制技术、窑火温度、绘制手法等相关因素。从永乐、宣德时期采用进口的苏麻离青钴料到成化、弘治时期采用本国的平等青，再到嘉靖、万历时期采用回青料，钴料成分的改变决定了青花瓷在明代早中晚三个时期呈现微妙的色彩变化。正如方李莉在其著作《景德镇民窑》中所述："明早期青花瓷发色较暗，色调沉稳，嘉靖以后由于钴料提纯工艺的进步，青花瓷色泽逐渐清新、悦目、鲜艳。"[1] 在青花瓷色彩的演变过程中，采用对钴料的淘洗与煅烧等提纯技术来改良青花瓷的着色效果。《江西省大志·陶书》对青料的处理有详细记载，掌握了各种含钴矿石的性能，主要分为敲青和淘青两道工序。敲青："首用锤碎，内朱砂斑者为上青，有银星者为中青，每斤可得青三两。"淘青："敲青后，取其零碎碾碎，入注水中，用磁石引杂石，真青澄定，每斤得五六钱，谓之淘青。"[2] 明代宋应星在《天工开物》中对青花瓷的用料工艺做了详细记载，尤其是青花瓷的青料锻造工艺是从水碓的淘洗到用火的煅烧来达到色料的精纯，这是陶瓷科技文明发展史上的一次显著成果，也是促使明末万历以后青花瓷发色品质达到理想效果的具体体现。

由此可见，明代青花瓷艺术风尚的演变与每个时期的青花瓷发色有密不可分的关系。不同时期御器厂的管理者与督陶官都对青花料的加工与改良做了详细深入的研究。这些都说明一方面是钴土矿处理方法上得到改进，另一方面是青花料提纯工艺的改变，才促使每一时期青花瓷发色呈现不同

① 方李莉. 景德镇民窑 ［M］. 北京:人民美术出版社，2002:78.
② 冯先铭. 中国陶瓷 ［M］. 上海:上海古籍出版社，2001:527.

的色泽与层次，也为后人研究明代青花瓷的断代与鉴别提供了有力的佐证。

2. 烧制技术的变化

明代御器厂依仗统治阶级的力量，在厂内设烧窑业和制坯业两大主要生产体系，建立御窑若干座，景德镇御器厂遗址出土的制瓷工具和遗址窑炉的分布图可以证实这一点。在遗址中发现了各种各样的 14—16 世纪的陶瓷制造工具，一方面说明景德镇陶瓷工艺技术的完善，另一方面也说明了陶瓷工匠的创造力。以出土的青花纪念铭文 1522 年和 1571 年的两枚研杵为例，一枚出土于湖田，另一枚出土于景德镇一处现代水泥厂。研杵在古代主要用于研磨色料，是为单个工匠而制的特殊工具。可以看出，16 世纪，陶工和画工之间有了一定程度的社会分工，因而产生专为某个工种而制造的工具。出土于景德镇明代遗存中的试烧品则证明了明代陶工为了达到预想效果而尝试不同的色料绘制，也可以说明窑工对某一专业分工领域的研发创造精益求精。

明代景德镇的制瓷业在中国陶瓷史上占有重要的一席之地，其原因在于景德镇御器厂具备一套最完善的手工业制瓷生产体系，俗称"过手七十二"，主要包含原料开采、泥釉料调制、立坯成型、修坯吹釉、彩绘装饰、满窑烧成、运输包装等八个主要环节。这一套完善的工艺流程是景德镇制瓷业生存与发展的根本。瓷器的制作是艺术与技术的综合体，造型不仅需要技巧，更要考虑其美感与实用价值。而陶土做坯、上釉彩绘、满窑烧瓷，更需要矿物、釉料、温度控制等科学技术与实践经验。"过手七十二"的制瓷工艺，每个环节都有其自身的核心技术和工艺难度，综合在一起，其技术含金量并非简单可以达到。明代王宗沐《江西省大志》、清代蓝浦《景德镇陶录》、清代朱琰《陶说》等书都有所记载。有关青花瓷的烧制，以练泥、做坯、配釉、手绘、烧窑五个环节最为重要，一点也不能马虎，否则精品难出。此外，技术的提高除了要具备一整套完整的生产工序（如图5-20 所示），更要具备独特的手工业地理布局。一方面是明代青花钴料与本地窑系的空间分布，另一方面是明代区域青花瓷生产水平的变化，涵盖窑址空间分布的密度、技术革新和产品改良等外在因素。①

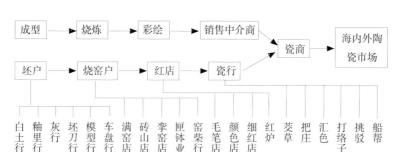

图 5-20　景德镇完善的制瓷技艺
（来源：《传统与变迁——景德镇新旧民窑业田野考察》）

在中国古代官府手工业生产中，决定产品质量的因素主要有两个，即管理技术与生产技术。管理技术作为指导生产、规范生产的标准，上至朝廷，下至工匠，制定各项合理的制度法规，用于更好地规范生产。生产技术主要体现在明代官窑生产组织形式是沿用御器厂的手工生产管理模式，常年保证三百人左右的生产规模，从事一种含金量较高的高度密集型手工生产。主要体现在以下环节：材料供应、拉坯、修模、印模、画工、施釉、烧制。为确保同一批次产品器型相同、规格相同、纹饰统一，采取专业流水线生产模式，各个环节按标准化方式进行，技术成熟统一，以确保产品质量和工作效率。各个工序又分解成若干生产对象，进行专门化生产，这也是官窑区别于民窑的生产技术核心所在。正所谓："画者画而不染，染者染而不画。器上之边线青箍，则出旋坯之手，而底心之识铭书记，又独归落款之工，其他各工之分，大抵都类此。"② 可见分工之精细。官窑瓷器的生产，拉坯、修坯、施釉、画工、彩绘等流水化作业生产模式是御器厂生产官窑瓷器的显著特征。

明代窑炉的设计与使用也体现了工匠的创造性。从景德镇珠山御器厂

① 黄义军.宋代青白瓷的历史地理研究［M］.北京：文物出版社，2010：23.
② 江西省轻工业厅陶瓷研究所.景德镇陶瓷史稿［M］.北京：生活·读书·新知三联书店，1959：118.

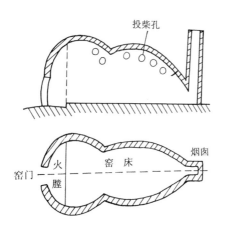

图 5-21　葫芦形窑示意图
（来源：《中国古陶瓷图典》）

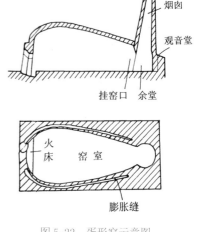

图 5-22　蛋形窑示意图
（来源：《中国古陶瓷图典》）

北部的建国瓷厂发掘报告可知，在珠山北部发现了明早期葫芦窑窑炉群和作坊遗址，在珠山西南部发现了宣德时期葫芦窑两座，明中期馒头窑窑炉群两座和作坊遗址。元以来，景德镇瓷窑一直是葫芦形窑（如图 5-21 所示），到明末清初演变为蛋形窑（如图 5-22 所示）。葫芦窑是中国传统窑炉中独具风格的窑，其结构简单，烧成时间短，产量高，消耗原材料少，故从元至明末一直沿用此窑（如图 5-23 所示）。

图 5-23　瓷器窑
（来源：《天工开物·陶诞》）

窑炉的改进与明代制瓷业的发展有非常密切的关系。《景德镇陶录》卷四记载："结砌窑巢，昔不可考。自元明以来，镇土著魏姓世其业"；"魏族实有师法薪传"；"余尝见其排砌砖也，一手挨排粘砌，每粘一砖，只试三下，即紧粘不动。其排泥也，双手合舀一拱泥，向排砌一层砖中间两分之，则泥自靠结砖两路流至脚，砌砖者又一一执砖排粘。"《陶录》卷四还记载："要火路周通，使烧不到处能回焰向彼，全恃泼水手段。"[1]且烧夫泼水手法十分老到，"凡窑皆有火眼，照来焰泼去，颇为工巧。"[2]

魏氏砌窑技术在明代史料中多有提及，有关砌窑的高低、阔狭、大小、深浅以及火膛、火拭、火眼都有一定的规制和要求。嘉靖五年，有窑户仿效魏氏的方法砌窑，所烧之瓷大半膨裂，成熟者亦偏倚不正。可见，魏氏砌窑技术之精湛。而明代御器厂正是采纳魏氏砌窑技术之精华，包括满窑技术和温度的控制，都在御器厂优秀工匠的掌握之中。

在窑炉结构方面，早期官窑砌欲固，涂欲密，使火气全面，陶器易熟，不至松泄。其多料多寡，易标民窑广狭差焉。因此，官窑质量优良但能源消耗大。明中后期，窑炉的形制也有大幅度增加，可以根据烧制器物的需要来使用不同的窑炉。《江西省大志》记载："窑式六，曰风火窑、曰色窑、曰大小爁熿窑、曰大龙缸窑、曰匣窑、曰青窑。"嘉靖时期，民间烧造青花瓷的窑有 20 余座，经历了由龙窑向葫芦窑、馒头窑的转变。明末出现蛋形窑，即所谓"镇窑"。在消耗燃料方面，"民窑烧器，自入窑门始九行，前一行皆粗器障火，三行间有好器杂火中间，前四、中五、后四皆好器，后三、后二皆粗器，视前行。"[3]而官窑烧造重一色，在前面窑位上，不杂粗器，而以空匣障火，后三、后二皆不利用。这就是所谓"官窑之器纯、民窑之器杂"的原因。

图 5-24 为明代蛋形窑炉门景，可以看出明代砌窑坚固密实，美观、实用、大方。它的装烧工艺较元代有新发展，主要体现在：匣壁普遍比元代的要薄，仰烧的方法更为先进，开始使用瓷质垫饼来装烧瓷器。烧瓷工艺的提高与

[1]　蓝浦，郑廷桂 . 景德镇陶录图说［M］. 济南：山东画报出版社，2004：7.
[2]　熊寥，熊微 . 中国陶瓷古籍集成［M］. 上海：上海文化出版社，2006：502.
[3]　王宗沐 . 江西省大志［M］. 北京：中华书局，2018：371.

窑炉的结构设置密切相关。官窑与民窑的窑炉设置不同，他们体现了两种不同性质的生产方式，生产效率也不相同。

图 5-24　明代蛋形窑炉门景　　图 5-25　《天工开物》载明代施釉情形

（来源：《千年窑火——景德镇陶瓷历史图片集》）

烧成技术方面，明末瓷器需求量加大，采用窑身加大方法，容量大，生产快，这都与掌握火候有关系。尤其是烧大件瓷的窑，如明代的龙缸窑，也被称作缸窑，窑制前宽六尺，后如前，绕五寸，长六尺，顶圆。鱼缸大样、二样者只烧一口。瓷缸三样者，一窑给砌二台，则烧二口，缸多画云龙或青花，故统以龙缸窑名之，专为烧造帝王及宫殿用的画龙纹的青花瓷缸、青花双云龙宝相花大缸、青花双龙莲瓣大缸等。此类龙缸造型庞大，在明以前试烧多次，均不成功。万历以后，大件龙缸也能成功烧成。装匣方面，大小器匣钵之创造，垫以渣饼，解决了以前瓷器口边有芒、口裂、以铜跻其口的现象。

由于民窑比官窑体量大而装烧瓷器多，而且每烧一窑所用燃料又基本相同，可见其烧造技术不在官窑之下。随着每个朝代制瓷工艺的不断完善，由一次印坯改为两次印坯，装烧工艺也较元代有了大幅度提高，开始广泛使用平底匣钵，且官窑使用瓷匣套烧，此方法可以避免烧成时容易出现"落碴”的现象，大大提高了青花瓷的烧成质量。万历后期御器厂停烧，大批失业的官匠流入民间，促使民窑烧制技术快速发展。自此，景德镇民窑瓷器在明晚期迎来一个全新的时代，所烧造的青花瓷成为各个阶层争相购买的奢侈品。

除了窑炉生产技术的提高外，吹釉技术在青花瓷艺术风尚演变过程中也起到至为关键的作用。永宣青花圆器类器皿，在制瓷上釉工艺上首创了“吹釉法”[①]，以前大小圆器，俱在缸内蘸釉，因器皿体量大而重，用手搬拿容易破，故全釉难得。而吹釉法则用截寸竹筒，长7寸，口蒙细纱，蘸釉以吹，吹之遍数，视器大小与釉之等类为多寡之差，多至十七八遍，少亦三四遍。从蘸釉到吹釉工艺技术的发展，体现了景德镇传统制瓷业上釉技术的改良与提高。图5-25为《天工开物》载明代施釉情形，它是遵循传统的蘸釉方式。而永宣时期，景德镇御器厂窑工发明了吹釉法，改变了浸釉的方式，增加了底部圈足的釉，提高了制瓷工艺水平。

此外，御用瓷器的生产成本较高，主要是因为帝王统治者对制瓷业的重视，从选料、制样、画器到落款，每一个环节都体现了皇权作用下的官窑品质。窑场不仅需要大量燃料以达到烧制所需要的温度，而且所有的瓷器都要用单独的匣钵进行装烧。此种匣钵为一次性用品，烧制一次就会玻化。图5-26为官窑瓷器烧造

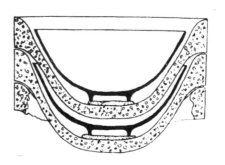

图 5-26 官窑瓷器使用匣钵烧造示意图
（来源:《明初官窑考》）

使用的匣钵，它能提高瓷器的烧成温度和成色质量。大多数的匣钵都是呈漏斗状的，其他窑具则没有如此精细。永乐一朝，景德镇窑炉多种多样，包括烧单件装烧器物的高温窑、烧制匣钵用窑、马蹄形剖面的低温隔焰窑

---

① 傅振伦.《陶说》译注［M］.北京:轻工业出版社，1984:38.

及大型的非御用瓷窑等。①

3. 艺术与技术融合之美

如何让技术与艺术相融合，使青花瓷朝艺术化方向发展，这就必须提高造型和纹饰技艺。艺术装饰美与各个时代人们的审美需求紧密相关，青花瓷装饰即是如此。② 可见，纹饰技艺在青花瓷生产中的重要地位。纹饰技艺的提高，改变了工匠的生产效率和审美意识，工匠也在此基础上提高了审美眼光，可以进行不断的完善，促使青花瓷生产朝技艺化方向发展。纹饰的技艺性取决于工匠的审美观。如何在美的规律指导下，实现技术与艺术的自然融合，达到形式上的完美统一，是古往今来众多实践者与研究者所共同关注的课题。列夫·托尔斯泰说："艺术不仅仅是技艺，它是艺术家体验了的感情的传达。"李泽厚在《美学四讲》中说道："艺术本技术，指的是物质生产活动中的技术操作所达到人的内在目的性与外在规律性的高度一致。"③

在明代，技术与艺术并没有严格的区分，可以说技艺是相通的，手工业产品本身就具有实用与审美双重功能。青花瓷表面光滑、色泽鲜亮、瓷质坚固、永不褪色，集实用与美观于一体。这就需要陶匠具备高超的纹饰绘制技术，在拉坯造型环节，还可以根据需要，用刻、划、镂、雕、堆、贴、彩绘等手法进行主观处理，在艺术与技术融合方面往艺术多元化的审美倾向上发展。只有这样才有可能创造出青花瓷的艺术美，体现青花瓷独特的实用与审美价值。例如天启年间许多瓷器的口沿上多有脱胎爆釉的现象，这是因为瓷泥的制备草率以及烧后冷置过程中胎釉收缩率不同而造成的。发展到崇祯年间，一些器物的口沿上涂有含铁的酱色釉或彩，就是为

① 霍吉淑.大英博物馆藏中国明代陶瓷:上册[M].赵伟,陈谊,文徽,译.北京:故宫出版社,2014:127.

② "艺术的装饰性，是艺术中美的部分.但艺术不仅要满足美的要求，更要满足思想需求，要能从艺术中认识社会生活，社会阶级斗争和社会发展规律".宗白华.中国美学史中重要问题的初步探索[M]//林同华.宗白华全集:第3卷.合肥:安徽教育出版社,2008:453.

③ 李泽厚.从美感两重性到情本体——李泽厚美学文录[M].济南:山东文艺出版社,2020:113.

了掩盖这种缺陷，同时带出金属的质感，以提升瓷器的品位。① 这种技术一直延续到清代还在继续使用。故明代青花瓷生产，无论日用瓷、文房用瓷、祭祀用瓷、外贸用瓷都追求料宜细、型要雅、绘要精、花要蓝、釉要亮，集整个制瓷技术与工艺精良于一身。

在青花瓷纹饰绘制技巧方面，有自身独特的工艺技巧，与中国传统绘画相似。平面化、图案化、重线条、重变化是青花瓷纹饰创作中表达的核心创作理念，最终目的是实现器型与纹饰的完美融合。在工艺技巧方面，首先用青花钴料勾线，大多采用双勾填色的方法，线条细劲流畅，体现骨法用笔；其次进行混水，混水的原理也深受中国画墨分五色的影响，靠混水的深浅浓淡技巧来区分纹饰的深浅变化和留白布局，这是掌握纹饰变化最为关键的实践环节。青花混水料调配分为五个色调：头浓、正浓、浓水、淡水、影淡。② 青花的表现形式和水墨之间的相似性很强，先用料笔勾好纹样线条，再根据浓淡需要分出不同的颜色与深浅层次。朱琰在《陶说》中对青花料的比例分配有所记载："回青淳，则色散而不收，石青加多则色沉而不亮。每回青一两，加石青一钱，谓之上青。四六分加，谓之中青。中青用以设色，则笔路分明。上青用以混水，则颜色清亮。选画青合格者为样器，给画工。凡绘器颜料加减，色泽程度，悉以此器为准。"③ 可以看出，上青混水，颜色清亮，中青设色，笔路分明，要出一件合格的样器，必须熟练掌握青花料的调配比例和混水技巧。以官窑瓷炉为例，宣宗时期整体器型庄严厚重、大方得体而线条优美粗犷，而宪宗时期器型整体精致细腻，减少庄严气氛而强调线条的柔美。通过明初永乐海水江崖纹三足炉（如图5-27所示）与弘治青花人物图三足炉（如图5-28所示）对比分析，不难发现二者的区别主要体现在纹饰类别和造型样式上，都是不同时期艺术风

① 霍吉淑. 大英博物馆藏中国明代陶瓷：下册［M］. 赵伟，陈谊，文微，译. 北京：故宫出版社，2014：414.

② 罗晓涛. 传统陶瓷青花装饰［M］. 武汉：武汉理工大学出版社，2005：33.

③ 朱琰. 陶说［M］//. 全国图书馆文献缩微复制中心编. 中国古代陶瓷文献辑录. 北京：全国图书馆文献缩微复制中心，2003：1290.

图 5-27　永乐海水江崖纹三足炉　　　　图 5-28　弘治青花人物图三足炉
（故宫博物院藏）　　　　　　　　（上海博物馆藏）

尚影响下的经典流行器物，都受帝王审美趣味的影响。就纹饰线条而言，首先，弘治时期人物纹饰上线条日趋纤细，与永乐时期海水江崖纹的粗犷有显著的不同。其次，两个不同时期的青花瓷发色特点也大不相同，永乐早期青花线条晕散色浓，而弘治晚期淡雅精细，主要原因就是进口钴料不能正常供应，必须采用国产的平等青来达到理想的青花发色效果。事实上，使用国产平等青后，景德镇画匠掌握了平等青发色淡雅不晕散的效果，且不会渗透邻近颜色，故保持整个画面的色彩清新雅致。再次，两个香炉三足功能的合理化演变不同，前者考虑更多的是炉足长度与接触地面面积的关系，后者为了强调足的线条，保持了炉的高足而减少了足与地的接触面，都是为了满足使用功能的合理化而做出的改变。这也体现了明代的陶匠在掌握生产技艺的同时，考虑到了艺术性的合理再创造，在技术与艺术之间寻求一种平衡。

与此同时，天启、崇祯年间，开始出现使用本地细致研磨的钴料的新式装饰技法。例如吹青粉末状钴蓝彩，围着蓝线勾勒的留白图案吹青，此种表现技法在日本九州岛的碑古窑厂被大量模仿。现藏于大英博物馆的天启青花玉兔盘（如图 5-29 所示），高 2.7cm，直径 16.4cm，其缺陷与纹饰

相结合所形成的独特美感在日本尤
为流行，口沿处有"虫食痕"，底部
有跳刀痕，盘内款式和玉兔图案都
是在吹蓝釉面上留白而成。画面上
的蓝是用了一种吹青工艺，即通过
一端蒙有纱网的竹管将蓝色吹于器
表，需要留白的部分用蜡衣覆盖，
在全器上釉前再把蜡衣除去。这种
技术也是明晚期的一种创新，能将
吹青工艺和画面纹饰更好地融合在
一起。

图 5-29　天启青花玉兔盘
（大英博物馆藏）

　　明末青花瓷器型非常多元化，出现大量的新奇器物。正如万历十一
年王敬民奏折中所举，"围棋、棋盘、棋罐无益之具，屏风、笔管、瓶罐、
盒炉不急之物，总九万六千有奇"①。

　　这些杂具，以隆庆朝为多，万历朝最精。"物汁水莹厚如对脂，有粟
起若鸡皮者，有发棕眼若橘皮者，亦可玩也。"图 5-30 为宣德时期的鸟食罐、
印、六方盒、花插等小件器皿，图 5-31 为嘉靖至万历时期的各种新奇物件。
仔细分析对比，可以发现有许多不同之处。

　　首先，时代不同，风尚不同。宣德器物工整细致，清新质朴，高雅动人。
万历器物形制多样，风格多元，受道教和西方外来文化影响，呈现多元化
的艺术风尚。其次，青料不同，发色不同。宣德器物为官窑烧制，使用进
口苏麻离青，发色浓艳凝重，呈色一流。万历时期使用国产青料，民窑烧
制，蓝中带灰紫，呈色大不如前朝。再次，朝代演进，观念创新。宣德器
型相对保守，万历器型新奇多样，它们呈现两种不同的艺术风尚。由此可见，
官窑的制瓷技术与民窑还是有很大的不同，明末这些新奇之器物，正是融

① 　江西省轻工业厅陶瓷研究所.景德镇陶瓷史稿［M］.北京：生活·读书·新知三联书店，
1959：159.

图 5-30　宣德青花小件器皿
（大英博物馆藏）

图 5-31　嘉万时期新奇物件
（大英博物馆藏）

合了技术与艺术，东西方思想文化的碰撞，才能诞生出时代的流行产物。

第四节　本章小结

　　本章从器技之变来论述明代青花瓷的审美嬗变，围绕器循礼制、技进于道，器型的转变，技艺的升华等方面展开。其中器循礼制、技进于道包含明代瓷制礼器思想、道器观的演化、器物等级制约等社会现象与影响因素。器型的转变主要体现在从礼器向生活用器转变，体量上从古拙到精致，种类上从单一走向多元。技艺的升华主要涵盖青花料技术的改良所呈现的色彩之变，烧瓷技术的变化和艺术与技术的融合之美。

　　明代御器厂的陶匠，肩负着提高生产力和制瓷技术的使命，取得一系列制瓷技术的突破。如陶匠改进了旋坯工具，发明了吹釉技术，总结了南北方窑炉特点，发明了景德镇蛋形窑。尤其是对青花钴料的提炼与改良，大大提高了青花瓷的烧成质量，形成"有明一代，至精至美之瓷，莫不出于景德镇"之现象。通过分析明代青花瓷器型上从早期到晚期的发展变化，可以看出器型的发展源于工匠的创造性，技与道的核心理念还是器物的实用功能与审美功能。实现技艺的升华，体现技术与艺术的融合是青花瓷向前发展的核心动力。如何体现青花瓷的艺术美，首先需要明代陶匠生产经典大气、胎质精良的器物造型，其次需要具备高超的纹饰绘画技术去装饰胎体画面，二者都凝聚了明代制瓷工匠的智慧与创造力，也反映了同时代人的审美理想与艺术追求。只有将青花瓷高超的工艺技巧与清新典雅的艺术审美融为一体，才能实现技艺的升华。

第六章　纹饰之变

第一节　纹饰之美

　　青花瓷是人类物质文明的产物，具有不可缺少的器物实用功能与文化审美功能。青花瓷纹饰的产生莫不以生活为源泉，以生活本能感觉到的原始物质特性和精神为核心，除去器物自身的实用功能，更多的是满足人类的审美需求。纹饰创造的过程不仅体现了明代景德镇陶瓷画匠以丰富的感情、独特的制瓷技术去发现纹饰的自然规律，还可以让后世欣赏者与研究者透过这些纹饰变化，去体味和研读时代文化的差异，从而产生心灵的共鸣。

1. 取法自然

　　古人造物通常以生活需求为依据，注重器物的实用功能。明宣窑青花鹅壶，壶制不知何仿，以鹅形制壶寓意诫饮者，莫至昏夜无知沉冥不醒。鹅壶可贮酒一升五，合其体制之精。此壶取法自然，最大限度地发挥了鹅形制壶的实用功能。

　　"成窑用色浅淡，颇有画意也。鸡缸杯者，上画牡丹，下画子母鸡也。秋千杯者，士女秋千也。龙舟杯者，斗龙舟也。高士杯者，一面画茂叔爱莲，一面画渊明对酒也。娃娃杯者，五婴相戏也。其余满架葡萄及香草、鱼藻、瓜茄、八吉祥、优钵罗花、西番莲、梵书，各式不一，皆描画精工，点色深浅，瓷色莹洁而坚韧。"成窑以青花斗彩最有特色，斗彩图案如牡丹、母鸡、龙纹、婴戏图等，皆为生活之常见题材，取法于自然，应用于陶瓷纹样中，不仅为器物装饰增添了生活情趣，更体现了纹饰在器物功能上的审美价值。

在成化以及后来历朝历代，都获得非常高的客观评价。正因如此，才有"成化彩碗，表里各画葡萄果一枝，果凡五六朵，朵紫而叶碧，光景常新，枝藤虬结处袅袅欲动。最难得者，内外彩色花纹不走一丝，映日光照之不知其为两而彩画也"[①]，生动再现了明代彩碗表里纹饰的精湛，内外花纹不走一丝，不在光照照耀下，看不出是两面画，足见纹饰绘制工艺技术之高超。

宣德皇帝喜欢蟋蟀，特命景德镇御器厂造蟋蟀罐，又名蟋蟀盆。"今宣窑蟋蟀盆犹甚珍重，其价不减宋宣和盆也。"[②] 从 1993 年景德镇中华路附近遗址出土的十几件宣德时期青花蟋蟀罐（如图 6-1 所示）可以看出，帝王的喜好对景德镇青花瓷生产的影响，而御器厂就是为皇家服务的职能机构，使用珍贵的宫廷用器来养蟋蟀，反映了宫廷娱乐文化的奢华风气。《菽园杂记》批评道："宣德年间，朝廷起取花木鸟兽及诸珍异之好，内官接迹道路，骚扰甚矣。"依据宣德行龙纹蟋蟀罐（如图 6-2 所示）可以推断出，此罐可能为宣德皇帝御用之物，因为在当时，带有龙纹的器物是坚决不能

图 6-1　宣德青花蟋蟀罐（景德镇御窑博物馆藏）

①　寂园叟. 匋雅［M］. 济南:山东画报出版社，2010:19.
②　蓝浦，郑廷桂. 景德镇陶录图说［M］. 济南:山东画报出版社，2004:206.

图 6-2　宣德行龙纹蟋蟀罐
（景德镇御窑博物馆藏）

流向民间的。后再依据出土的地层结构，可以判断此罐为宫廷烧造的专属器物，是专为迎合宣德皇帝斗蟋蟀的爱好，在取法蟋蟀自然习性的基础上专门定制的蟋蟀专属用器，反映了宣德皇帝嗜好娱乐，过度挥霍。由于官窑对产品质量要求极高，此罐也有可能是筛选下来的贡品，砸碎掩埋于地层，后经考古挖掘，才有上述的理论推断。

水滴属于文房用器，陈设于书案之上，体型较小，形状多样，用于储水。此类水滴应该是书画家案头用于磨墨储水的器皿。《杏园雅集》与《武林春色图》中，砚旁都有一把小壶，将出土物与明初绘画印证，能看出这批文房用器是用于磨墨储水之用。[①] 取法自然是中国古代器物造型的基本原则。取法自然并非等于自然，不是简单模仿自然器物之本来面貌，而是要深入理解自然器物之结构与原理，并将其融入自然器物构成要素的加工布置之中，实现自然物象艺术化的呈现，达到与自然妙合的化境。

纵观整个明代青花瓷烧造的几个关键节点，永宣、成弘、万历期间，除青花瓷的发色不同之外，还有一个进步就是材质的进步，以及器物文化的多元化发展。不可否认，早期青花瓷是为统治阶层服务的，造型和装饰大多沿袭传统样式，在器型的创新性和装饰的多元性上未有突破。后期官窑衰退，民窑发展，瓷器满足了人类的各种需求，且改变了人类的器用观念，

---

① 　刘新园 . 明宣宗与宣德官窑［J］. 南方文物，2001（01）:100.

向材质领域突破。如嘉靖青花婴戏图碗（如图6-3所示）、万历青花花果龙纹长方盒（如图6-4所示）等，表明日用器型更加注重其实用性。纹饰的创新来源于生活，更加紧跟时代的脚步，瓷土材质向精细化发展，以满足人们精致生活所需。

图6-3　嘉靖青花婴戏图碗
（大英博物馆藏）

图6-4　万历青花花果龙纹长方盒
（大英博物馆藏）

从嘉靖青花婴戏图碗可以看出，庭院婴戏图在明代是一个非常流行的绘画题材，就童子人数来讲，有五子、七子、十子、十三子、十六子不等，每个朝代的画风与发色略有不同。此类题材从永乐至万历经久不衰，究其原因在于更加贴近日常生活，富有浓郁的生活气息。明代的工匠在创作这些青花纹饰时，一方面靠生活经验，另一方面也要在一些图谱上寻找素材。来自安徽的两位晚明工匠程大约和方于鲁，分别在《程氏墨苑》和《方氏墨谱》中刊印了他们的墨锭饰稿。图6-5是方氏墨谱的婴戏图样，这些留存下来的手稿影响了当时的绘画风格，越来

图6-5　婴戏图样
（来源:《方氏墨谱》）

越多的人借鉴图谱纹样，将流行通俗小说和历史故事人物场景装饰在瓷器上。对空间和地点的再现能力是明代文人画家和陶瓷画匠的重要属性之一，几百年来都是如此。①

明末版画在万历时期达到了历史的巅峰。版画的产生，影响到社会生活、风俗习惯、艺术思潮等方方面面，它的书坊之多、规模之大、版本之繁复、印刻绘制之精美都是历史之最。最典型的《水浒传》《西厢记》等名著，都有十几、二十几个版本。在制作工艺上，彩色套印技术成为明代版画的一大特色，例如十竹斋画谱。这些画谱颇具生活气息，具有民间传统意味，很多是以人物画、花鸟画为主，一时间形成一种艺术风尚流行开来，直接影响到景德镇的文人画瓷。画谱的出现，反映了版画在明末的普及性以及适用性，它将明末的绘画艺术推向高潮，也加快了景德镇青花瓷艺术风尚由宫廷转向民间的划时代演变。

从明代青花瓷器型与纹饰的发展规律来看，器物最初产生的造型就决定了它的实用功能，功能不变，造型不会有很大的变动。时代在发展，思想观念在进步，物质需求和精神需求都在提高。人们对青花瓷的认识不再局限于器物功能方面，而是在满足日常实用功能之后，对器物的形体美与纹饰美的精神追求。这就迫使器物造型要为适应时代工艺、纹饰发展作出同步改变。所有的改变要在自然生活的基础之上，不能盲目地模仿或跟风，正所谓艺术源于生活，又要高于生活。明代的陶瓷画匠就是在深入生活取法自然的基础上，创造出与时代发展同步的流行器物。

2. 纹饰布局的变化

明代纹饰图案的大体来源主要分为以下几类：第一，吸收明以前陶瓷上流传下来的花卉图案，如龙、凤、花鸟纹饰；第二，受古代铜器上的云纹、花纹、雷纹、卷草纹等纹饰的影响；第三，吸收唐宋织绫饰花纹，特别是明代流行织物中的织金、提花，绣花中的二方、四方连续图案，对青花瓷纹饰都有直接影响；第四，吸收建筑、木雕、漆器等装饰材料上的花

---

① 柯律格.明代的图像与视觉性［M］.黄晓鹃，译.北京:北京大学出版社，2011:90.

纹图案；第五，吸收各个国家和民族的宗教艺术装饰图案；第六，受中国古代绘画和版画图案的影响。由此可以看出，青花瓷图样都源于现实生活，每一件装饰纹样都是根据器型的立体形态，将图案与造型完美地结合起来，传达一种自由、活泼、和谐的形式之美。

纹饰变化是艺术风尚演变中最直接、最明显的外在形式表征。主要包含传统图案类装饰和文人绘画类装饰。传统青花纹饰图案是传统审美思想的一种视觉反映，凝聚了中国传统文化的审美情感，是社会意识形态的反映。其装饰图案的吉祥主题，包含着传统文化的众多思想和人文主义精神。明早期的青花纹饰图案大部分延续了吉祥主题的装饰纹样，例如龙凤纹、宝相花、缠枝莲等传统纹样。文人绘画类装饰主要体现在明中后期的民窑产品上，比较注重山水、人物、花鸟绘画装饰的独立性，题材、构图、装饰手法也与传统图案装饰拉开了差距。民窑的工艺匠人们开始转向追求自由挥洒的笔墨抒写、灵动疏远的意境，足以凸显青花瓷艺术风尚的华丽转变。

明代青花瓷纹饰之所以能给人一种稳定沉静的感觉，离不开造型优美柔和的形体曲线与变化多样的纹饰图案。这两者构成了画面形象的视觉中心，能让人感觉到纹饰与形体结合的相得益彰，于沉稳宁静中达到一种气韵的流动。这种情感的产生源于图形与纹饰结合的巧妙。从具体的纹饰布局来看，总体规律是主体纹饰通常出现在器物的最佳位置，即所要表达的主要情景内容。辅助纹饰通常以连续纹样的形式出现。这种连续纹样的重复装饰是青花瓷纹饰特征的一种表现形式，它是没有起点也没有终点的一种连续图案样式，大致的规律是按照上下或左右重复排列，向周围曲线式延伸，丰富整个画面，起到造型和纹饰相得益彰的艺术效果。有时为了丰富器物的艺术形象，提高艺术表现力，可以根据画面纹饰的需要作出调整，允许采用夸张或变形的手法对其装饰，以表现其装饰语言和形式特征。中国传统的审美观念，于线条中得到节奏，于色彩中得到和谐，于形式中得到完整，又以形式来表现宇宙的永恒与自然，逐渐达到一种由写实到抽象再到意象的境界。根据艺术创作节奏的一般原理，通常情况下，复杂的色调适宜用反复的节奏，透明的色调适宜用折叠变化的节奏，渐浓渐淡的色调适宜用回旋的节奏，而青花瓷的纹饰布局正是合理运用线条的流畅、色彩的和谐、形式的完整来体现纹饰布局的节奏感与韵律美。

每个时代的经济文化水平不同，决定了器物文化的流行样式和纹饰风格略有不同。明代青花瓷的纹饰主要在继承元代纹饰基础上，经过一代代人的继承与创新，形成了不同时代的风格特征与器物精神。明人崇尚科学实践，讲究生活内涵，"画必有意，以物言至"，纹饰内容充分表现出对贵族阶层的关注与理解，且继承了传统的实用需求，加以适宜的改进，形成了温厚高雅、古朴凝重的艺术特色。明人强烈的生活意识和自由不羁的想象，充实了青花瓷纹饰的内容，也丰富了青花瓷器物文化的表达。因此，明代青花瓷纹饰，其发展与演化都是人类对社会生活普遍性的客观反映。

明早期，纹饰的流行主要以传统图案类型为主，主要纹样有缠枝纹、龙凤纹、花卉纹、云鹤纹、回纹、八宝纹、八卦纹、璎珞纹、松竹梅纹、梵文和波斯文等。其中，云纹、龙纹、缠枝莲纹、菊纹、花卉纹、花果纹、雷纹、窃曲纹、火焰纹、涡线纹、水波纹等应用得最多，这种波状线纹有行云流水之视觉效果，配合那曲线的造型，展示了一种优美、柔和、飘逸、灵动的节奏韵律。隆庆青花飞凤盘（如图6-6所示）所体现的节奏与韵律就是很好的印证。

图6-6　隆庆青花飞凤盘（作者绘）

事实上，最能体现回旋和反复节奏形式的是转枝花，即后人所谓的缠枝花。明代缠枝花应用很广，有时作边饰图案，有时作画面主体图案，有时又可以转变成散点式的装饰元素。其构成形式多样，整个画面可以只有一种缠枝花为主体构图装饰，也可以作为龙凤纹的背景装饰。缠枝花内容涉猎也很广泛，可以扩充到自然界的一切花卉上。总之，缠枝花的特点是画面纵横往复，韵律婉转流动，节奏形式优美。

从永乐青花缠枝莲纹饰与器型分解示意图（如图6-7所示）中可以看出，缠枝花的应用与形式布局，与盘型的设计完美贴合，突出了缠枝花的气韵和形式美感。

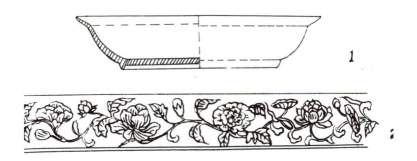

图6-7　永乐青花缠枝莲纹饰与器型分解示意图（作者绘）

明中期以后，青花瓷采用了大量的锦纹图案，特别是沿袭宋代开始的"锦地开光"画法。如图6-8、图6-9的表现形式，锦地开光是在各种形式的图案轮廓外，对外来文化，加以融合和吸收，创造具有中国文化元素的图案装饰风格，在形式上达到了艺术与技术的融合，体现了动静皆宜之协调，对比丰富之美感，可以说是造型与纹饰、线条与色块的完美结合。

图6-8　明末青花开光菱口盘

图6-9　明末青花杯碟组合
（大英博物馆藏）

明代中晚期纹饰以绘画形式为主，受画风影响，多为写意，用笔豪放潇洒，富有变化，构图疏朗高古。整个明代对外贸易盛行，宗教文化反映在青花瓷上比较明显，八吉祥纹、藏文、波斯文、阿拉伯文比较盛行。加上嘉靖以后，道教、佛教很流行，反映道教色彩的葫芦、八卦、云鹤等图案就比较常见。嘉靖年间，官窑纹饰方面以云鹤纹居多，往往在几只飞翔的白鹤之间衬托以卍形云纹。八仙庆寿附以八卦和寿字也是常用的题材，嘉靖时缨络纹开始在瓶、碗一类器皿上出现，青花碗为明墓中常见的陪葬品。[①]这种青花碗都是民间日常生活用品，带有浓厚的民间风格，装饰纹样不像官窑那样讲究对称，画意轻松自由，是典型的民窑风格。其中，平话故事、小说志等人物形象、山水画纹样也在民窑生活用器中大量出现，纹饰从器用生活的角度再现了明代社会和明代瓷业生产发展的变化。

事实上，民窑青花一旦脱离御器厂的严格规范，反而形成一种天真烂漫的生活气息。图6-10、图6-11为明末流行的纹饰样式，不管是达官贵人还是民间中上阶层百姓，都在使用民窑生产的瓷器，其中以青花瓷居多。确切地说，整个青花瓷纹饰的演化是一场由宫廷到民间的审美传播。在这个传播过程中，宫廷画家和文人画家起到主要的推动作用。

图6-10　明末民窑青花山水杯　　　　　图6-11　明末青花写意纹饰
　　　　（上海博物馆藏）　　　　　　　　　　（作者绘）

---

① 童书业.童书业瓷器史论集［M］.北京:中华书局，2008:377.

3. 吉祥纹饰题材的分析

吉祥纹饰作为人们对美好事物的表达，历朝历代都深受欢迎，主要应用于服饰、器物、绘画、建筑等各个方面。就吉祥纹饰的具体风格而言，以写实纹饰为主，用笔简练流畅，风格豪放，比较能体现工匠的想象力和创造力，带有浓郁的生活气息。高士图展现隐逸的文人趣味；婴戏图表达对生活平和、天真烂漫的向往；观音求子、八仙佑福、长生祝寿等民间信仰都是真实存在于生活中的；莲池鸳鸯纹，比喻爱情美满；松竹梅纹，修竹挺拔，老松苍劲，象征着不畏严寒、品格高洁的坚贞气节。

就吉祥纹饰内容而言，明早期主要有龙凤纹、莲纹、缠枝纹、梅、松、竹、牡丹花、鸟类、婴戏图等；中期代表纹饰有松竹梅、缠枝牡丹、婴戏图、云龙、游鱼、海水并兽等；晚期代表纹饰有螭虎龙、云龙、折枝花果、竹叶芒草、白马驮经以及牡丹纹样的各种组合。装饰纹样中取用比较多的为种子曼荼罗，亦即法曼荼罗。法曼荼罗相对来说形式最为简单，而含义其实更为深广，更有神秘之义，作为器物图案，也宜于安排。[①] 明中后期陶瓷花鸟装饰图样大致有凤、孔雀、喜鹊、雉鸡、雁、鹰、鹭鸶、黄鹂、山雀、寿带鸟、鹦鹉、白头翁、鸲鹆、鸡、蝴蝶、草虫、牡丹、松、竹、梅等。景德镇陶匠通常将这些题材元素，在有限的瓷盘、碗、瓶等器物空间里自由发挥与组合，遵循程式和惯例的同时，也有一定的自由性。他们可以替换，也可能会被重新组合。明代的统治阶级很多是文人士大夫的代表，他们具有深厚的文学底蕴和高雅的艺术情操，都推崇中国传统的文学艺术。为迎合统治阶级的审美趣味，景德镇官窑瓷器纹样善于应用吉祥纹饰，如高士图、百子图、岁寒三友图等。具体到纹样方面更是采用吉祥寓意纹饰，如麒麟、鱼藻、锦鸡、仙鹤、蝙蝠、鸳鸯、灵芝、石榴、仙桃等纹样图案。

---

① 欧阳世彬.十五世纪景德镇民窑研究［J］.陶瓷学报，2000（02）.

表6-1 明代青花瓷流行吉祥用语款一览表

年代	吉祥用语款内容	落款位置	常用器型
洪武	福、寿	器裹心	青花福字碗、青花寿字碗、折腰碗
永乐	福	器裹心	青花福字碗
宣德	福	器裹心	青花福字碗
成化	福		青花花鸟碗
弘治	玉堂金马、金玉满堂、长命富贵、福	器壁与口边	青花缠枝莲碗、青花松鹤菱花口盘、五彩把莲盘
正德	福、寿、天下太平、长命富贵		青花人物碗、青花花卉罐、青花花卉碗
嘉靖	长春同庆、永保长春、长春寿喜、富贵长春、长命富贵、万福攸同、福寿康宁、天下太平、永葆万年		青花松下老人碗、青花八仙直口瓶、青花八仙直口碗、青花八仙罐、青花婴戏碗、青花花卉碗、青花缠枝莲盘、青花牧牛碗、青花缠枝莲碗、青花缠枝莲罐
隆庆	万古长春		青花缠枝莲碗
万历	金玉满堂、德府长春、永保长春、长春寿喜、富贵长春、长命富贵、万福攸同、福寿康宁、天下太平、状元及第、三元及第、福、寿、雅、寿福、上	器裹心器盖面	青花缠枝莲盘、青花婴戏盘、青花荷莲罐、青花鹭鸶碗、青花婴戏碗、青花字碗、青花开光人物墩碗、青花松鹿梅瓶、青花山景海水小杯

　　万历青花果核攒盘（如图6-12所示），取各种形式的吉祥纹样组合，传达器型与纹饰的融合之美。现实中，由于每个器型的独特性和适应性，允许画工将其与别的元素组合在迥然不同的表面上。瓷器装饰体系，允许技能和经验悬殊的画工同时参与生产，因此，同样的装饰纹样生产出来的陶瓷产品形态有着熟练和稚拙的区分。[①] 甚至在民窑画匠之中，可以身兼多职并很快掌握入门的手工绘制技术，对花鸟形象表现得更加抽象和随意，从而导致民窑青花不注重形似而不断演化成图形符号的丰富变化现象。比较显著的特点是感性，借题发挥，不讲技巧，为生活而造物，体现一种最

---

① 雷德侯.万物——中国艺术中的模件化和规模化生产［M］.张总，等，译.北京:生活·读书·新知三联书店，2005:130—137.

真实的生活状态。此外，还有直接采用吉祥寓意的汉字书体来作为吉祥纹饰，如"福""禄""寿""喜"等（如图6-13所示），大多以吉祥款的形式出现在器型裹心处、器壁、口边或盖面。从表6-1可以看出，每个朝代的吉祥用语大多相同，福、天下太平、长命富贵等贯穿每个朝代。尤其是青花瓷吉祥用语底款装饰中，明早期主要画在碗心，中后期以后，扩大到青花瓷器壁和杯壁，发展到末期直接绘制于杯身和器物盖面。嘉靖青花缠枝百寿盖罐（如图6-14所示），口径24.5cm，高60cm，底径26cm。由于嘉靖皇帝信奉道教，向往长生不老，故这一时期表现福寿康宁、寿山福海、团寿、缠枝莲托寿字等吉祥祈福的纹样和题材特别流行。此罐形体较大，气势雄伟，也被称为"将军罐"，是嘉靖朝创新的造型。其缠枝莲托寿字纹样,别具一格。每一个"寿"字既是独立的，又与其他的"寿"字互相呼应，体现了祈求福寿连绵、渴望长生不老的愿望。

艺术特色方面，吉祥纹饰的出现与应用都是建立在人类社会长期发展的基础之上，表达人们的社会生活所需和精神向往。吉祥纹饰作为一种艺术化的符号，不仅仅是为了传递特有

图 6-12　万历青花果核攒盘
（大英博物馆藏）

图 6-13　晚明青花碗心
（大英博物馆藏）

图 6-14　嘉靖青花缠枝百寿盖罐
（故宫博物院藏）

的观念、情感而创造的装饰形式，也是通过纹饰与器型的完美结合，表达人们对吉庆祥瑞的一种渴望。这也体现了中华民族的传统审美文化内涵，直接影响了整个社会的审美倾向，是吉祥纹饰从古至今一直备受欢迎的主要原因。表6-2中，选取明代比较常见的吉祥纹样，依据它们在存世作品出现的次数进行一个数据分析，得出一个使用概率问题。由此可以推断出吉祥纹饰在当时的社会受欢迎程度。

表6-2 明代常用纹饰分析

序号	纹饰名称	出现次数	百分率
1	龙纹	16	20%
2	穿花行龙纹	6	7%
3	海水龙纹	5	6%
4	凤纹	3	4%
5	龙凤纹	2	2%
6	云鹤纹	4	5%
7	缠枝莲纹	15	18%
8	松竹梅	5	6%
9	三羊	2	2%
10	婴戏	11	13%
11	轮花	3	4%
12	孔雀	1	1%
13	灵芝	5	6%
14	狮子	1	1%
15	海兽	2	2%
16	梵文	1	1%
17	八吉祥纹	2	2%
18	阿拉伯文	2	2%
19	八宝纹	3	4%

注：王清丽归纳整理。

随着社会经济的发展，市民经济进一步世俗化，人们对吉祥纹饰的要求越来越具体化、观念化。吉祥纹饰作为明代青花瓷装饰纹样的主要流行形式，贯穿整个明代制瓷业的发展，传递一种对理想生活的美好憧憬，体现吉祥纹饰作为装饰语言所承载的真、善、美，也体现了一个时代的艺术风貌。

从某种程度上来说，吉祥纹饰的发展与演变，一方面说明了陶瓷装饰纹样向多元化发展，另一方面通过对美好事物的想象，表达了人们对美好生活向往的精神诉求，借以摆脱现实生活中存在的是非、不公问题。这种思想的转换与多元化的发展在一定程度上改变了人们对中国传统社会经济模式的思考，它对明晚期的思想文化和社会习俗所产生的冲击非常大，改变了传统的经济增长和生产消费模式，形成一种新的社会观念和艺术思潮。

4. 流行纹饰与艺术风尚相统一

明代青花瓷纹饰内容丰富，涵盖面甚广，早中晚时期各有特色，自成风格体系。据《江西省大志·陶书》记载，明代瓷器的装饰特征"或描花、或堆花、或暗花、或玲珑⋯⋯ 无不具备"，其中彩绘是明代瓷器装饰的主要手法。[1]早期的青花瓷中，常见的主体纹饰有牡丹、菊、莲、灵芝和花果纹等。这些主体纹饰也是每个时期的流行纹饰，贯穿明代整个青花瓷艺术发展的始终。洪武时期的青花瓷图案以花卉纹居多，主要题材有折枝牡丹、莲花、菊花、石榴、宝相花等。永乐青花纹饰画风整体有所改变，清新疏朗，多留有空间。主要纹饰为龙凤纹、缠枝纹、花卉纹、瑞果纹，常见的花纹有缠枝梅花、牡丹、莲花和菊花，辅助花纹有蕉叶、如意云、回文、波涛等。龙纹仍见少数细颈、长身龙，有三爪、四爪及五爪之分。同时流行一种用六种或八种折枝花果为一组的散点装饰形式，表现手法为双勾而不填色。

永乐花果边饰图（如图 6–15 所示）以日常生活中常见的水仙、枇杷、茶花、石榴为素材，采用细线勾勒、小笔填彩的手法，呈现深浅浓淡不同的笔触变化。这种装饰形式为永乐青花装饰的创新打开了新的发展样式，一直影响到明中晚期青花瓷的发展。

---

① 张甘霖 . 中国古代陶瓷批评史［M］. 南京：江苏凤凰美术出版社，2020：127.

图6-15　永乐花果边饰图（作者临摹）

宣德时期的青花纹饰具有鲜明的时代特征，不仅画意豪放生动，笔法酣畅淋漓，而且题材内容广泛。过去一直认为宣德青花很少描绘人物，目前从大量的研究资料和考古挖掘中发现不少丰富的人物场景纹饰，从宣德青花琴棋书画图罐纹饰展开图（如图6-16所示）可以看出宣德青花瓷纹饰在表现题材方面的突破，以丰富的场景、人物故事来设计布局整个陶瓷画面，构图形式也实现了创新。

宣德时期的纹饰种类有龙凤纹类、缠枝花卉类、折枝花果类、人物等。具体常见的纹饰主要有龙、凤、龙穿宝相花、三鱼、三果、缠枝牡丹、缠枝葡萄、缠枝宝相花、石榴、荔枝、双桃、柿、樱桃、萱草、鱼藻、鸳鸯莲池、缠枝莲托八宝、庭院人物、松竹梅、缠枝茶菊、阿拉伯文、藏文、梵文等。官窑器普遍使用龙纹，龙体一改元代细长颈，有竖发、披发及前披发，显得凶猛。龙纹样式主要有云龙纹、海水龙、团龙、龙戏火珠、莲龙、飞翼龙、衔花龙以及吐珠光龙等。动物纹饰中常见麒麟和犀牛纹，此类图案非常流行，还见有琴棋书画、楼台亭阁纹。流传于世的多为民窑瓷器，纹饰画法沿袭明初常见的一笔勾勒法，但有所变化，特别是中锋用笔所绘的流云和人物形象，具有独到之处。①

成化瓷器采用印、画、刻、准、填等多种工艺形式，纹饰多采用双勾填色法，所填颜色较淡，线条较细。这一时期，多产小件，画风比较规整，

① 江建新.简论明早期瓷器及相关问题［J］.南方文物，2000（02）.

图 6-16　宣德青花琴棋书画图罐纹饰展开图（局部）

（来源：《景德镇古代名瓷线描纹饰集》）

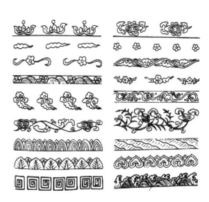

图 6-17　成化青花秋葵纹碗纹样　　　　图 6-18　成化青花边饰纹样图

（来源：《景德镇古代名瓷线描纹饰集》）　　　（来源：《明清瓷器鉴定》）

近似于图案式的花纹穿插组合。图 6-17 为成化青花四朵或六朵秋葵叶或其他团花组成的纹样形式。图 6-18 为成化青花边饰纹样图，这些边饰辅助了主体纹样的穿插组合，使装饰形式更加丰富多样。整体绘画风格正如耿宝昌在《明清瓷器鉴定》中所总结的："所绘人物衣着，只绘单色外衣，无内衣做衬托；所画花鸟，造型圆润丰满，花朵只绘正面，无阴阳之分，山石无凹凸之感，无体积明暗之分。"[①] 青花纹饰清新自然，线条纤细圆润，

① 耿宝昌．明清瓷器鉴定［M］．北京：紫禁城出版社，两木出版社，1993：93-94.

具有非常鲜明的时代特征。

弘治时期的纹饰以龙纹最多，主要有云龙、海水龙、飞翼龙、莲池龙和团龙纹等。常见纹饰有五龙、九龙、行龙、云龙、穿花龙、海八怪、海马、海马异兽、四鱼、海螺水纹、狮球、松鹤、松鹿、花鸟、松鼠、葡萄、松竹梅、石榴、荷莲、玉兰、菊花、蕉叶、栀子花、月影梅花、落花流水、灵芝、缠枝牡丹、水波纹、忍冬纹、如意云、吉祥诗句等。[①]整体风格与成化相同，较之成化更加纤细柔弱，舒展流畅，书面显见收缩，空间较多。

正德时期的青花瓷带宣德、成化遗风，有古朴浑厚和精细工整两种画风。加上此时伊斯兰教、道教、佛教兴盛，纹饰上多出现阿拉伯文、藏文等。这一时期纹饰以缠枝花卉纹和龙纹为主，并较多地运用波斯文作为画面装饰图案。正德阿拉伯文（如图6-19所示），带有非常明显的地域文化色彩。

嘉靖时期，除传统龙、凤、花卉纹外，还盛行婴戏图、鱼藻图，并以福、寿、草字作为主题，八卦、云鹤、八仙图案也十分流行。[②]图6-20为嘉靖青花八卦云鹤纹葫芦瓶纹样，主要表现题材为仙鹤与祥云，多采用双勾轮廓线

图6-19　正德阿拉伯纹图　　　　　　图6-20　嘉靖青花八卦云鹤
　　　　　　　　　　　　　　　　　　　　　　　纹葫芦瓶纹样

（来源：《景德镇古代名瓷线描纹饰集》）

① 余家栋.江西陶瓷史［M］.郑州:河南大学出版社，1997:436.
② 余家栋.江西陶瓷史［M］.郑州:河南大学出版社，1997:436.

填涂，画风自然，生动有趣。此时的纹样，突出表现了"吉祥祈福"的内容，如灵芝、瑞兽祥麟、福寿康宁、寿山福海、团寿字等也是比较常见的纹饰。总体风格日趋繁复华丽，笔法清秀但画面缺乏层次感。

隆庆时期，纹饰风格画意潇洒，尤其是人物画方面。常见的纹饰图案有灵芝、松竹梅、缠枝牡丹、云龙纹、龙凤纹、三凤朝阳、龙凤穿花、鹭鸶何莲、鸳鸯、鱼藻、玉兔、松猴花果、婴戏、高士、仕女等。

万历时期的造型、纹饰风格与嘉靖时期差别不大，同样带有道教色彩。晚期还开创了青花淡描、铁线描及淡水点染的绘画技法。这一时期出现比较多的是龙凤、穿花云龙、蟠螭、麒麟、海兽、百鹿、松鹤、牡丹、荷花、花草虫蝶、璎珞莲花、缠枝葫芦、折枝花卉、八吉祥纹、福、禄、寿等吉祥纹样。[①] 此时，官窑没落，民窑盛行，民窑画匠常描绘一些放牧、捕鱼、秋收之类的场景（如图 6-21 所示），具有浓厚的生活气息，深得老百姓喜爱。

通过梳理每个时期流行的题材纹样，可以发现一些时代流行的共性。每个朝代皇帝崇尚的器物类别和造型纹饰不尽相同，龙凤纹、缠枝莲纹在明代变化不是很大，说明青花瓷的纹饰伴随每个朝代的更迭与变迁，或多或少发生了一些微妙的变化，但是总体的纹饰样貌没有太大的改变。对于出现在青花瓷上的纹饰，洪武至万历时期，最流行常见的是缠枝花卉植物纹和龙凤纹等吉祥纹饰，广泛应用于明代各个时期的青花瓷上，具有明显

图 6-21　明晚期民窑流行样式
（1.弘治青花贺寿图盘心　2.万历青花荷鹭图碗心　3.嘉靖青花跃鲤图碗心
4.天启青花鸣春图碗心）（作者绘）

① 耿宝昌.明清瓷器鉴定［M］.北京:紫禁城出版社，两木出版社，1993:143.

图 6-22　1.缠枝莲纹　2.石榴纹　　　图 6-23　3.缠枝菊纹　4.牡丹纹
（作者绘）　　　　　　　　　　　　　　　（作者绘）

的时代特征。图 6-22 为缠枝莲纹和石榴纹，图 6-23 为缠枝菊纹和牡丹纹，其他常见的还有灵芝及花卉纹等。缠枝莲纹为宣德、正德、万历时期的主要装饰纹饰之一，至于缠枝牡丹纹及灵芝纹，则分别为洪武、成化及嘉靖、万历时的纹饰。植物纹中的三友纹（如图 6-24 所示），为宣德时期的独有纹饰。除了植物纹外，另一种较为常见的纹饰为动物纹，包括龙、麒麟、鹤、鱼等（如图 6-25 所示），均是传统的吉祥动物纹样。其中，最流行的是龙纹，青花莲池龙纹盘（如图 6-26 所示）出现在明洪武时期及晚明的嘉靖、万历时期，表现的皆是双云龙戏珠的情景。

图 6-24　三友纹

图 6-25　鱼藻纹

（作者绘）

图 6-26　青花莲池龙纹盘
（作者绘）

从总体上看，动物纹也是晚明时期的主要装饰内容。麒麟瑞兽纹（如图 6-27 所示）只出现在万历时期的瓷器上。麒麟是中国古代传说中的一种瑞兽，暗含"长命富贵，金玉满堂"的吉祥之意。麒麟纹最早装饰于元代的景德镇窑，明代以后成为瓷器装饰的流行纹样。明代官窑青花瓷按纹饰种类来说，除了单色青花瓷外，还有青花与釉里红、单色釉、斗彩、五彩以及描金等结

图 6-27　麒麟瑞兽纹
（来源:《明清瓷器鉴定》）

合种类。按时间的先后顺序看，釉里红瓷器出现在洪武、永乐年间；单色釉则常见于多个时期，如永乐、宣德、成化、万历时期等；斗彩为明代中期流行器物，常见于正德、成化年间，后演化为一种独特的艺术风尚，广为流传。

以数量而论，永宣、嘉万青花瓷传世最多，万历五彩瓷最多。至于描金瓷器则只出现在嘉靖时期，金釉施在突出的龙纹上瑰丽罕见。《佩文斋书画谱》论《明画瓷器》及当时瓷画，其中青花白地之器有五十种，青花之器十五种，里外白青之器三种，白瓷之器九种，紫色之器二种，杂色之器八种。其内外夹花的锦地瓷器，趋向华缛一派，追踪成窑。①可见青花瓷器在明代的受关注程度与社会地位。

明代青花瓷纹饰是一种装饰艺术形式，又是一种艺术手段或表现方法。作为艺术形式，它可以是一种具体的纹样或一个流行的符号。作为艺术手段或表现方法，就是将器型装饰进行物化，可以规律化、秩序化、程序化、理想化，体现一种鲜明的时代特征。明代青花瓷纹饰从文化学的层面上看，纹饰是文化的产物，是文化的一种艺术存在方式。如果缺少一定的文化联

①　傅振伦.中国伟大的发明——瓷器［M］.北京:轻工业出版社，1988:125.

系，那仅是一种视觉的形式而已。

文化学者马林诺夫斯基曾指出："一物的结构与其使用的方法相结合了，才成为它的文化实体。"①故文化人类学家习惯把纹饰作为一种文化现象去研究，从不同的器物文化中，寻找不同的文化民族现象。就像布尔迪厄所说的那样：文化为人类的交流与互动提供了基础，它同时也是统治的一个根源。艺术、科学以及宗教——实际上所有的符号系统，包括语言本身——不仅塑造着我们对于现实的理解、构成人类交往的基础，而且帮助确立并维护社会等级。②

从艺术的角度而言，纹饰艺术是人类最早的艺术形态，著名美术史家沃尔夫林认为："美术史主要是一部装饰史。"③纹饰艺术的历史构成了人类艺术史发展的主线，在陶器历史的发展演变中，起到重要的推动作用，也是陶瓷艺术变革的主要力量。因此，明代青花瓷纹饰所体现的不仅仅是社会生活，还蕴含了文化生活。即纹饰也能像人类一样改变身份，而在这样的过程中，明代青花瓷纹饰也同时反映出造成这种改变的社会状态。

第二节　皇权象征下的纹饰需求之变

明代青花瓷纹饰变化折射出整个明代早中晚时期社会风尚的变化，许之衡在《饮流斋说瓷》中说："瓷虽小道，而于国运世变亦隐隐相关焉。"自上而下地恪守礼制规范化的生活方式，在明初反映为朴实无华，社会风气整体上淳朴敦厚，谨遵礼制，在社会各行各业均有体现。

纹饰作为陶瓷装饰的一个重要组成部分，是明代青花瓷本身所特有的一种文化现象。它是从生活的角度出发，对器物进行艺术再加工，使之形象更加突出。它是社会审美意识和精神文化创造的高度凝结，是社会审美意识和物质形态不断融合与发展的结果。伴随人类审美意识的提高，纹饰

---

① 李砚祖. 工艺美术概论［M］. 长春：吉林美术出版社，1991：147.
② 戴维·斯沃茨. 文化与权力——布尔迪厄的社会学［M］. 陶东风，译. 上海：上海译文出版社，2006：1.
③ 沃尔夫林. 艺术风格学［M］. 潘昌耀，译. 沈阳：辽宁人民出版社，1987：102.

特征逐渐发展成为人类文化生活的一种需要。它的寓意和象征性往往大于其应用性，是人类抽象意识的现实体现。而中国古代的文化传统，对艺术大致有两种态度，一种是艺术服从于国家的主体思想，以儒家为代表，文以载道，也即艺术为政治服务。另一种强调个体自我的表现，认为个体的自由超乎一切，以老庄思想为代表，追求率性，直抒胸臆。

皇权象征下的纹饰变化，主要是按照每朝皇帝的审美喜好去引导纹饰的发展。其中，龙凤纹饰和吉祥纹饰表现最为突出，具有明显的时代特色。永宣时期，国力强盛，社会生产力提高，中央集权得到强化，因而垄断了整个青花瓷产业，朝廷可以用最先进的制瓷技术和工艺来生产陶瓷，进而促进制瓷业的快速发展，这是一种普遍的发展规律。[①]国盛则瓷业盛，国衰则瓷业衰。

1.纹饰的变化与帝王的审美趣味

纵观明代十六位皇帝，其中具有深厚艺术修养的有宣宗、孝宗及宪宗，这从明何良俊所著的《四友斋丛说》中可知："我朝列圣，宣庙、宪庙、孝宗皆善画，宸章晖焕，盖皆在能、妙之间矣。"但就明代官窑的成就而言，宣、成两朝声誉更高，明、清史料文献均有记载，如清人程哲的《窑器说》云："在胜朝则有永、宣、成、弘、正、嘉、隆、万官窑，其品之高下，首成窑，次宣，次嘉，其正、弘、隆、万间亦有佳者。"

虽然弘治窑偶有佳器，但远不及宣德、成化器。分析其背后的人文原因，与两代皇帝的艺术造诣密不可分，反映在当时制瓷业上，表现出他们对瓷器的重视与喜爱。就现存的资料可知，宣宗的艺术喜好广泛，主要从其诗画中反映出来。宣宗在位期间，常常即兴感慨时作诗或与群臣自娱，且擅于作画。据明韩昂《图绘宝鉴续编》云："宣庙御笔有山水、人物，有花果、翎毛，有草虫，上有年月及赐臣名。"明宣宗好画之余，亦喜赠予群臣，所画题材多样，山水、人物和花鸟皆善所能。据乾隆时期所编的《石渠宝笈》和《秘殿珠林》两书记载，宣宗绘画作品有三十一件之多，其中

---

① 赵宏.中国陶瓷文化史［M］.北京:中国言实出版社，2016:37.

的《三阳开泰图》《戏猿图》《花下狸奴图》《子母鸡图》《瓜鼠图》《万年松图》皆是精妙之作。宣宗在位期间，还特别重视宫廷画院和景德镇御器厂，其本人的书画娱乐活动直接影响了宫廷绘画艺术的形式与走向。御前画史孙隆深受宣宗皇帝赏识，"宣宗章皇帝时洒宸翰，御管亲挥，公（孙隆）尝与之俱"。宣宗的审美趣味直接影响了这些宫廷画师，如浙派开创者戴进、山水画家李在、人物画家商喜就在此时期供奉朝廷，为明早期院体画的兴盛和景德镇制瓷业的发展作出了巨大贡献。

此外，宣宗曾下令并参与铸造著名的宣德铜炉一事，也体现了其对手工制造业的高度重视。有关形制，张应文在《清秘藏》一书曾提出："制度极雅,然花纹者绝少。"可参照《博古》《考古》诸书,并内库所藏柴、汝、官、哥、钧、定等器皿，款式典雅者，照式铸造。事实上，对于祭祀炉具铸造的款式，宣宗本人所提供的参考资料，主要为宋代作品，如《祥符礼器图》《宣和博古图》《考古图》及柴、汝、官、哥、钧、定等窑的著名陶瓷器物，充分表现了宣宗对宋代艺术的喜好。

永乐皇帝更是一位对瓷器有所偏爱的皇帝，据《明太宗实录》永乐四年十月丁未条记载:回族结牙思进玉枕（碗），上不受，命礼部赐钞遣归。谓尚书郑赐曰："朕朝夕所用中国磁（瓷）器，洁素莹然，甚适于心，不必此也。"

而明宪宗也是一位有相当艺术修养的皇帝。吕成龙在《明成化朝御窑瓷器简论》中提出："由于成化皇帝爱好书法、擅长丹青，又有较高的艺术修养，使得成化朝的御用瓷器也颇具文人气息。"[①] 不仅如此，他对瓷器的生产制作也极为关心，许多种类的瓷器生产数量和装饰形式都是他亲自决定的。据《宪宗实录》记载，成化十八年应时用上奏六事，提出撤回遣镇督陶太监一事，宪宗不但不听劝阻，反命令锦衣卫定时用企图晋升之罪，且说："御器为供用之物，内臣为遣差之人，安敢妄言及此。"故成化窑瓷器上的装饰，大部分都是御器厂的画工按照宫廷下达的官样绘制而成的，

---

① 吕成龙.明成化朝御窑瓷器简论［J］.故宫博物院院刊，2016（04）:26-36.

而样稿均由宪宗皇帝钦定，宫廷画家设计完成，可以看出成化皇帝对艺术的热爱以及对御用陶瓷生产的高度重视。宫廷画家依据皇帝的审美喜好去设计型饰、尺寸、风格、色彩等。朝鲜《李朝实录·成宗康靖大王实录》载，成化十六年，"皇帝喜朝鲜献物，凡可佩之物悬于带上"；十七年，"各样雕刻象牙等物件，务要加意造作，细腻小巧如法、无得粗粝"；成化二十年，"所进物至为精巧，朝鲜有如此巧匠，可当更赐五百两，如前制造以进"。由此可以看出宪宗皇帝对工艺器物小巧精细的独爱，这种审美倾向直接在景德镇官窑瓷器制作上体现出来，最有代表性的就是成化鸡缸杯等小件器皿。

2. 以龙凤纹饰为主体的纹饰变化

《大明会典·六十二卷》载，洪武二十六年规定：凡器皿……不许用朱红及抹金、描金、雕琢龙凤纹。明初龙纹已成为皇室专用符号，一般臣民是不能僭越使用的。《大明律》注十七记载："凡官民房舍、车服、器物之类，各有等第。若违式僭用，有官者杖一百，罢职不叙。无官者笞五十，罪坐家长。工匠并笞五十。若僭用违禁龙凤文者，官民各杖一百，徒三年。工匠杖一百，连当房家小起发赴京籍充局匠，违禁之物并入宫。"大明王朝对器用等级的要求非常严格，龙凤纹饰彰显着皇亲权威，更是神圣不可侵犯。

明代青花瓷纹饰的作用和功能仅次于器型，如何为器型服务，二者融为一体，也是明代制瓷工匠和管理者所关注的重点问题。宣德八年《大明会典》记载："尚膳监题准，烧造龙凤瓷器，差本部官一员，关出该监式样，往饶州烧造各样瓷器四十四万三千五百件。"[①]宣德八年至十年是御器厂生产官窑瓷器的高峰时期，宣德八年仅龙凤瓷器就有四十四万三千五百件，数量巨大。龙凤纹饰是传统纹饰中的一种，以典型的龙、凤形象为主体，通过与其他纹样的穿插与结合来装饰器型。众多吉祥纹饰中，以龙凤纹饰最具有代表性。先从龙的外在形象上说起，龙自古以来就是富贵权力的象

① 李东阳，等.大明会典［M］.南京:江苏广陵古籍刊印社影印明刻本，1989:2632.

征，龙身上的鹿角、牛头、蟒身、鱼鳞、鹰爪等形象来源于生活，夔龙为众龙之首，是传说中的单足神怪动物。历代帝王都自命为龙，称真龙天子，龙的化身。而民间也把龙视为神圣、吉祥之物。

瓷器上的龙纹装饰主要流行于明、清两朝。明代瓷器上的龙凶猛威武，胸前大多有曲折的绶带，身披火焰纹，怒发冲冠，穿越在波涛祥云之间，以示主宰权势。洪武瓷中龙纹传世品不多，最初主要为元代龙纹的形状，后逐步由元代样式慢慢地转变成具有明代气象的龙纹装饰。永乐、宣德龙纹头部鼻子变大，比洪武时期小而窄的龙头在视觉上更具平衡感。四肢更为粗壮，毛发浓密，且常成束往后或向上飘举，更显示出威猛稳重的感觉。永乐龙纹较为单纯，变化不多；而宣德时期的龙纹，除了与永乐类似的龙纹之外，更存在好几种不同的形态。

永乐时期的龙纹都是青花绘制，龙纹的形态也较为固定，主要特点为龙头往后回头。这种龙纹的造型应该始于永乐朝，后成为永乐与宣德时期特有的特征。永乐朝的龙纹有两种形式，一是穿花龙，行走在祥云之间；二是海水龙，腾跃在一片汹涌的波涛之上。这两种形式的龙纹，历朝历代都陆续出现，影响深远。比较有代表性的龙纹青花瓷器型有宣德青花云龙纹天球瓶（如图 6-28 所示）、嘉靖青花云龙纹罐（如图 6-29 所示）等。

图 6-28　宣德青花云龙纹天球瓶
（故宫博物院藏）

图 6-29　嘉靖青花云龙纹罐
（大英博物馆藏）

宣德青花海水白龙纹扁瓶（如图
6-30 所示），现藏于中国国家博物馆，高
45.4cm，口径 7.8cm，足径 14.5×10cm。
口部微撇，长颈，腹部扁圆，胎体厚重坚实，
瓶身满绘海水波涛，巨浪之中两条白龙在
水中穿越，矫健凶猛，瓶颈绘有两朵缠枝
莲花。整个器型构图饱满，海水纹样气势
奔放，衬托了两条白龙的威猛异常，是宣
德时期非常有代表性的器物之一，也是历
代龙纹青花瓷中最具代表性的器物。之所
以达到如此高的艺术水准，除了得益于宣
德御器厂画工高超的绘画技法，还与进口
的苏麻离青钴料凝重深沉的呈色特点有很
大关系。所画的龙，须鬣飞动，鳞甲玲珑，
指爪利劲。造型之生动，传神之高超，正
如宋代郭若虚在《图画见闻志》中所说："穷
游泳蜿蜒之妙，得回蟠升降之宜，仍要鬐
鬣肘毛，笔画壮快，直自肉中生出为佳也。"[①]
在明代陶瓷装饰中，龙纹的绘制体现了青
花瓷装饰以形写神、形神兼备的绘画美学
观。

图 6-30 宣德青花海水白龙纹扁瓶
（中国国家博物馆藏）

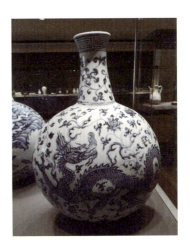

图 6-31 宣德穿花龙扁瓶
（大英博物馆藏）

永乐皇帝极其喜爱海水龙，这种好尚
的心态和在位年间的海事活动，即郑和下
西洋有密切关系，这也反映在官窑瓷器的制作上。流传于世的海水龙都比
较接近郑和下西洋时代的宣德海水龙。还有一种为云龙纹，以云纹来搭配

---

① 熊寥.陶瓷美学与中国陶瓷审美的民族特征［M］.杭州:浙江美术学院出版社,1989:
102-103.

腾跃的龙纹，这在明中后期是相当普遍的。穿花龙也是明代才出现的瓷器纹饰，宣德穿花龙扁瓶（如图 6-31 所），龙身旁的辅助花纹也大都是以番莲花为主，成化时期的穿花夔龙和弘治时期的莲塘游龙也都是由此演变出来的。

表6-3　明代早中晚期龙纹演变特征分析表

时期	特征	品种	纹饰风格
早期：永乐	形态丰腴，温润祥和，头部、鼻子变大，身躯四肢粗壮，头部毛发往后或向上飘举	1.青花穿花龙；2.青花海水龙；3.云龙纹	从早期的写实样式向晚期的图案化样式转变，基本上以写实风格为主
早期：宣德	气势威猛、英姿勃发	1.回首式龙纹；2.应龙纹；3.转颈龙；4.正面蟠龙；5.衔芝螭龙	
中期：成化	躯体呈花叶状，更具优雅柔美，辅助背景装饰皆是番莲纹	夔龙纹	笔法愈精简，形体上逐渐脱离写实繁复，走向图案化倾向
中期：弘治、正德	双龙头尾皆相连，视觉美感上流动活泼，龙爪皆为轮形五爪	1.横向龙纹；2.从空而降式龙纹；3.正面站立式龙纹；4.云龙纹；5.穿花龙；6.海水龙纹	
晚期：嘉靖	穿花龙配饰番莲花为主。形式有回首、正面披发横向行龙、转颈式龙纹	1.穿花龙；2.海水龙；3.云龙纹；4.青花龙、蓝地金彩龙、黄地红彩龙、红龙、绿龙、蓝地白龙	平面图案式造型，鳞片以直线条交叉呈网状，不再细腻地勾勒，用笔草率。图案繁复、色彩丰富，注重工艺性
晚期：隆庆	海水龙波涛演变成简单的波浪状，用笔简单率意，丧失了早期威猛劲力的气势	1.海水龙；2.云龙；3.青花青花描金、青花黄龙、五彩、黄釉青花龙纹	
晚期：万历	龙凤纹搭配或双龙构图，注重花叶搭配，色彩丰富，构图繁复	1.海水龙；2.云龙；3.穿花龙；4.夔龙纹	

　　龙纹在整个明代一直是官窑御用生产的专属产品，其流行样式一直主导青花瓷发展的审美变迁。从表 6-3 可以看出，早中晚期的龙纹因时代流行

样式与帝王喜好的不同，每个时期也略有不同，海水龙、云龙、穿花龙是每
个朝代都盛行的构图样式，色彩样式上早期以青花为主，晚期龙的种类增多，
色彩样式扩大，如有蓝地金彩龙、黄地红彩龙、红龙、绿龙、蓝地白龙、五
彩龙、黄釉青花龙等。

　　从宣德龙纹（如图 6-32 所示）、正德龙纹（如图 6-33 所示）到万历
龙纹（如图 6-34 所示），龙的主体形态和风格特征并没有因朝代的更迭产
生过多的变化。仅从外形上看，早期宣德龙纹形态丰腴、温润祥和，中期
正德龙纹体型瘦长、神态凶猛，而晚期万历的造型简单概括，纹饰概念没
有变化。宣德时期龙纹从早期写实样式逐渐转变成晚期图案化样式。这种
龙纹的变化与每个时期流行的风格样式密切相关，深受皇帝的审美喜好所
影响。龙纹作为皇权的象征，早期龙纹图样更多体现的是强悍凶猛，象征

图 6-32　明早期宣德龙纹

图 6-33　明中期正德龙纹

（作者绘）

图 6-34　明晚期万历龙纹

（作者绘）

大明王朝的国运兴旺、真命天子的威猛霸气。中后期的龙纹，纹饰繁复概括，造型生硬，缺少变化，反映了明中后期的国运日趋衰微，统治阶级无暇顾及瓷器生产样式。

凤凰为古代传说中的百鸟之王。《尔雅》曰："鸡头、蛇颈、燕颔、龟背、鱼尾，五彩色，高六尺许。"许慎《说文解字》曰："凤，神鸟也。天老曰：凤之象也，鸿前麟后，蛇颈鱼尾，鹳颡鸳思，龙文虎背，燕颔鸡喙，五色备举。出于东方君子之国，翱翔四海之外，过昆仑，饮砥柱，濯羽弱水，暮宿风穴。见则天下大安宁。"《礼记·礼运》曰："麟、凤、龟、龙，谓之四灵。"唐代韩愈《与崔群书》曰："凤凰芝草，贤愚皆以为美瑞。"宣德青花双凤盘（如图6-35、图6-36所示），将凤纹与牡丹结合在一起，蕴含吉祥富贵之意。凤纹与龙纹一样，也享有至高无上的皇权地位，普通百姓不能用，所有生产的凤纹瓷器也不得流向民间。

从表6-4可以看出，凤纹与龙纹一样，流行贯穿于整个明代的社会发展变迁过程。从造型、纹饰、特征三个方面总结凤纹不同时期的纹饰风格，可以发现，它也是由早期精细生动的写实描绘演变为晚期图案式的写意刻画，凤纹本身的灵动飞舞在历史的演变中逐渐消失，趋向一种图案式的程式化表现。

图6-35　宣德青花双凤盘
（故宫博物院藏）

图6-36　宣德青花双凤盘纹样
（作者绘）

表6-4　明代早中晚期凤纹演变分析表

	明早期	明中期	明晚期
造型	从元代凤纹演化而来，凤头较大，尾巴长，身子加长，呈卵圆形造型	造型符合鸟类生理结构，身体瘦长，飘带式的尾部羽毛较长，动态丰富	造型平板呆滞，不够精准，流行图案式构图
纹饰	与番莲花纹饰搭配，凤首装饰飘带多且繁复	穿花凤所占比例大于明早期，凤身加大，搭配的花叶比前朝疏朗空阔，出现图案式团凤纹	流行穿花凤，但不限于番莲花，纹饰刻画不够精细，笔意上缺乏灵活生动、栩栩如生的美感
特征	以写实为主，精致生动，有单凤、双凤、龙凤形式搭配番莲纹和云纹	承袭明早期的写实性风格特征，飞舞生动，纹饰描绘精细	由早期精细生动的写实演变为晚期的图案式写意。特征板滞，缺乏早、中期的灵活生动

正统十二年二月，《明英宗实录》记载，英宗谕工部官员曰：所有官员服饰皆有定制，如有僭越蟒龙、飞鱼等违禁花样，工匠斩首，家属发配充军。成化十一年八月下发《禁约官员僧道人等收藏暗花龙凤盘碟僭用例》。成化以后，朝廷一再命京师五城兵马司及各省布政、按察两司加强巡视查缉，督促官民遵守礼制。

嘉靖六年，命令在外官民不许滥服五彩等违禁颜色，及将蟒龙造为女衣，或加妆彩，图利货卖。由此来看，龙凤纹饰及违禁花样的青花瓷器，不再是上层统治阶级独有的所属物，而已然变成市井商铺买卖的商品。尽管朝廷也下令阻止这种违禁现象，但依然无法遏制这种僭越的社会风气。可见律令的规定与实际执行存在着极大的差距，象征皇室身份的颜色、纹样都被民间用来仿效并作为商品买卖。

3.纹饰装饰工艺的变化

明代青花瓷纹饰题材丰富，装饰手法多样，表现技巧层出不穷。通过前文梳理流行纹饰的应用、吉祥纹饰的布局，可以推理出青花瓷装饰纹样大概有三种类型：第一，早期的缠枝图案纹样；第二，宗教题材纹样；第三，晚期的绘画形式纹样。装饰工艺的变化主要围绕这三种类型展开分析。

　　明早期青花瓷纹饰相对比较单一，主要有缠枝四季花、缠枝牡丹、十六瓣莲花形、云头花、回纹、勾云纹、波涛纹等。布满纹饰的大盘口沿，其边缘处通常装饰波浪纹和不常见的卷云花纹，边缘有时是平的，有时呈叶状。这些盘子边缘部分的纹饰图案，大部分是缠枝纹重复排列，中央是装饰的主体，画面大部分用花卉、葡萄、松、竹、梅、湖石、芭蕉、芦苇等图案样式。例如宣德青花三友图（如图6-37所示），盘中央有十分有条理的设计图案，梅、竹、松是画心主体，缠枝莲循环往复作为辅助纹饰，瓷盘边缘以波涛海水纹作为边饰，衬托主体纹饰的吉祥寓意。明代青花瓷盘，盘子的边缘大部分用波涛纹、花草纹等装饰，盘中央由白色花、叶或果实组成，圆形的花叶形成鲜明对比，更多有流动卷曲的纹样。每种图案都可以单独组成一幅完整的青花瓷装饰纹样，如图6-38、图6-39、图6-40，是流传于世非常典型的永宣青花瓷盘。四个不同纹样的瓷盘放在一起分析比较，可以发现明早期青花纹样正好描述着它们个性特征与流行风尚之间的关联，用不同形式体现了纹饰与社会审美流行之间的关系。早期瓷盘的装饰工艺主要以缠枝莲、缠枝花卉、折枝花果、三友图等题材进行综合装饰，这种方法有别于16世纪末以后的瓷盘类型，在有限的空间内表现出无限的装饰形式。后期的瓷盘装饰手法更对称一些，纹样内饰及边饰更加多样化。

　　第二种纹样为宗教题材纹饰，包括藏文、阿拉伯文、八卦纹、八吉祥纹、波斯文等，也是青花瓷独有的纹饰现象。藏文在永乐器物上可见，八吉祥

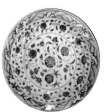

图6-37、图6-38、图6-39、图6-40
明早期青花瓷盘一、二、三、四　（大英博物馆藏）

纹常与缠枝番莲纹结合，为缠枝番莲托八吉祥纹，出现在宣德、成化及嘉靖青花瓷器上。八吉祥纹为嘉靖、万历时期的独特装饰，万历时期八卦纹更多与海水波浪纹一起使用，亦有灵芝作衬托。至于波斯文及阿拉伯文，则为正德青花瓷器独有，不见于其他时期的官窑青花瓷器上。波斯文通常置于开光处，周围以植物纹陪衬。其他有代表性的主体纹饰，如海水仙石纹，出现在永乐瓷炉上；由几何形组合而成的徽章纹，为正德青花器上独有的纹饰现象，富有一定的时代特征。明代瓷器几何纹饰逐渐被写实性纹样所取代，其中中后期锦纹盛行，"锦地纹较为常见，其绘画精湛，细致超过前朝"。[①] 锦纹流行于成化窑青花器，折枝花果对四面，在锦地上加画折枝花果，叫锦上添花，锦纹和折枝花果相映成趣。

　　第三种就是晚期的绘画形式纹样。明代画家尽反元人之所尚，继至万历，画院之制废除，当时以画出名者，多为画院外的文人士大夫。所持论调，大多厌弃院体画风。"至议马远、夏珪诸画派为狂邪板刻，举世滔滔，靡然成风，于是明季绘画，复呈灿烂之观焉。"[②] 明代的绘画，以林良、吕纪为代表的宫廷绘画，因适应统治阶级的需要而得到了发展。民间以董其昌为代表的文人画，也受到了当时社会的欣赏和重视，成为民间绘画艺术发展的主流形态。文人画家的大量出现，对青花瓷纹饰特征的形成有着深刻的影响。值得注意的是，当时皇帝和宫廷画家明显受吴门画派花鸟画的影响，特别是为首的沈周（1427—1509 年），成化年间的官窑装饰风格基本上与他的花鸟画（如图 6-41 所示）相似。从成化秋葵青花宫碗（如图 6-42 所示）可以看出，

图 6-41　沈周花鸟画
（来源：沈周写生卷）

①　魏理.明清瓷器装饰纹样艺术研究［D］.武汉:武汉理工大学，2008:16.
②　郑午昌.中国画学全史［M］.上海:上海书画出版社，1985:319.

笔意与画风的传承关系。然而在造型庄严的青花瓷上，却找不到丝毫吴门画派花鸟画的影子，更多的是将这一时期流行的花鸟画风，用青花的表现形式装饰在陶瓷器皿上。

图6-42　成化秋葵青花宫碗
（大英博物馆藏）

明末文人画家朱耷，为明太祖朱元璋第十七子宁献王朱权的九世孙，深受传统文人画影响，用笔简练，构图奇绝，墨色淋漓，他的画风（如图6-43所示）就影响了当时盛行的民窑画工的审美，在陶瓷上广为流传。朱耷作为皇室后裔，早年家境优越，深受上层社会审美思想影响，明亡后出家为僧。他在绘画上的艺术成就影响了明末清初写意花鸟画的艺术风貌，对景德镇民窑青花瓷产生了巨大影响。明万历青花碗（如图6-44所示），构图简洁空灵，用笔自由率意，一改过去的传统繁复风格。此图与八大山人的绘画风格相比，水墨趣味浓厚，用笔勾勒点染达到的画面效果，所传达的笔墨情趣与八大山人的绘画风格有异曲同工之妙。通过两种不同类型和材质的作品比较，可以看出明代文人画家对民间青花瓷纹饰风格的影响。民国学者刘子芬在《竹园陶说》中说："成窑画笔古今独步，盖丹青妙手寄其心力于瓷片之上，故能笔细如

图6-43　朱耷花鸟画
（来源：《八大山人画集》）

图6-44　明末青花碗
（大英博物馆藏）

图 6-45　晚明青花芥末罐
（大英博物馆藏）

发，用青如用墨，点染描画，各臻其妙也。"①该观点更加有力地佐证了青
花瓷与绘画之间的关系。加上当时徽州是明末版画印刷的最大中心，毗邻
景德镇，景德镇民窑工匠很容易买到这些画谱，并以此为摹本，进行青花
瓷创作。其中表现唐人诗意的山水画和叙事性人物故事比较受欢迎，晚明
青花芥末罐（如图 6-45 所示）吸收了中国山水画的文人诗意，以山水、
楼阁、亭台为主，且用扇形装饰扇格，体现了典型的时代风格。

晚明青花盖罐（如图 6-46、图 6-47 所示），画面青花色调较为模糊，

图 6-46　晚明青花盖罐　　　图 6-47　晚明青花盖罐盖子图案

（来源：《大英博物馆藏中国明代陶瓷》）

① 杨桂梅，张润平. 中国瓷器简明读本［M］. 北京：新华出版社，2016：136-137.

纹饰为晚明转变期比较有代表性的图案，内容为一群高官在侍从的陪伴下在花园接受献礼的场景。这类表现历史上显赫的人物从下属处接受献礼的图像流行于晚明时期。画面中的人物形象一部分来自当时流行的平话故事、传记传说、戏剧人物、木刻版画，还有一部分来自画匠们对表现题材的想象发挥。其人物造型受著名人物画家陈洪绶绘画风格影响，颇具文人气息。笔墨、意境、造型受中国画影响，落墨成章，神之与形，如火附薪。以形写神，以求神似，也是景德镇民窑画工们对笔墨规律的理解，以青花瓷为艺术载体，得以更好地展现。①

图 6-48　晚明青花罐 1
（大英博物馆藏）

此外，还需要特别注意的是这一时期出现带有诗、书、画、印国画题材的青花瓷作品，该风格类型的青花瓷将传统中国画的审美内涵与文化意蕴很好地置于器物本身，在明末地位凸显。晚明青花罐是一个很好的例证（如图 6-48、图 6-49 所示）。画面中心表现一头喷火麒麟注视云雾中的太阳，这只神话中的生灵旁边围绕程式化的山石和芭蕉图案。最为关键的是，瓶身背面落两行竖排题款"丙子之夏云林子书"，还有一

图 6-49　晚明青花罐 2
（大英博物馆藏）

———
① 刘萱，董伟．明末民窑青花瓷艺术文人画风探究［J］．中国陶瓷，2010（05）．

方钤印。这种艺术形式的重大突破，对清代及后世青花瓷的发展具有里程碑的意义，体现了民窑画工将绘画的笔墨、造型、文化与艺术融为一体的精心构思，也反映了青花瓷艺术风尚在装饰形式和表现技巧方面出现了根本性的转变。

至于纹饰如何绘制与体现，通常情况下，是御器厂的画工直接根据朝廷下达的官样在白坯上进行绘制，依据器型的不同，画出适合形体的纹饰。这种在立体器物上手绘要比在平面上作画难得多。正所谓"工致之匠少，而绘事尤难也"。画瓷之前先着色，着色由色匠先敲青，再淘青，即取其零碎碾碎，入注水中，用磁石引杂石，真青澄定，每斤可得五六钱。青料正是经过这样的处理，才能用于画青。画工依样器，用小毛笔蘸青料绘之。在具体的实践中，优秀的画工能掌握线条的粗细长短，起伏转折变化，青料分水过渡均匀自然，和谐统一。纹饰的布局和造型的起伏融合在一起，待1300摄氏度高温烧成后釉面层次分明，发色浓淡一致，方为上品。

每个时代的审美情趣都反映了艺术风尚的精神面貌，明代青花瓷的发展刚好迎合了这一时代契机，多数喜欢陶瓷的文人或画家，都想通过青花瓷这一艺术载体，把心中的审美情趣表达出来，就在器型、构图、装饰方面下功夫，导致了流行与时尚审美趣味的形成，即文化认同归属感的产生。有了多数人的认同感就会对整个社会的审美风尚产生影响，形成青花瓷装饰的装饰主流。青花瓷纹饰图案的演变与流行，也反映了中国陶瓷艺术具有强烈的观念意义与时代精神。

第三节　文人生活的纹饰趣味之变

1. 文人雅士的盛行

明代青花瓷纹饰的流行与文人生活息息相关，文人士大夫所秉持的器物观与标准对明代的生活方式影响甚大。研究明代青花瓷纹饰，要从宏观历史与社会风俗的角度去推理明代器物与生产消费之间的关系，把青花瓷看作商品、器物或某种程度上的奢侈品去分析研究，以此探讨明代统治阶级所制定的种种禁令与等级规范如何在市场机制中运行，其消费文化如何被彰显，明代社会对物质文化与精神财富的态度又是如何，这些都密切关系到文人的审美趣味，将文人的审美趣味视为明代物质文化模式转变的要素。

明代青花瓷在许多文人心目中趋于完美，较大程度上符合他们的审美标准与认知习惯，其艺术价值可以与宋代五大名窑相媲美。朱琰《陶说》曾言："宣德窑，明窑极盛时也，选料、制样、画器、题款，无一不精。"明弘治窑象簋小鼎，鼎仿《宣和博古图》样式，釉色黄如蒸栗，古雅可爱，置之几上可供熏燎，曾藏于吴门虎丘僧舍。明器无能过宣、成者，要知一时有一时聚精之物。这是对明代器物的一种高度认同。沈德符在《敝帚轩剩语》中讲道："本朝瓷窑器，用白地青花，间装五色，为今古之冠。如宣窑品最贵，近日又贵成窑，出宣窑之上。盖两朝天纵，留意曲艺。宜其精工如此。然花样皆作八吉祥、五供养、一串金、西番莲，以至斗鸡、百鸟及人物故事而已。"① 正是这些官窑青花瓷凭借其自身的品质与技术，才迎来古今之冠的美誉，给文人植入一种全新的文化认同感。单国强也曾言："自明中叶起，文人士大夫对著名艺人常奉之以礼，对其所作甚至视为家传之物，加以著录收藏。"以上记载皆表明器物的精致与文人的喜爱在情感上达到了共鸣，即使处于社会底层的商人也开始尝试收藏器物，以提高自己的艺术修养，更有甚者将其视为传家之宝，可见珍视程度。而文人与陶匠之间的互动交流，也促使陶瓷这一艺术载体得以在民间广为传播。

明代青花瓷被文人雅士所钟爱，分析其原因，最主要的是与明代文人的生活方式密切相关。从表6–5可以看出，文人的主要活动有读书、鉴乐、弈棋、书画、博古、饮酒、清谈、品茗等。从表6–5数据分析可知，明代文人的生活方式与社会流行时尚密切相关。其中，早期活动较少，中期稳步上升，晚期突飞猛进，这种生活方式的改变直接体现了明代社会发展的主流活动与流行趋势，人们越来越重视对精神生活的追求。

---

① 沈德符.万历野获编［M］.北京:中华书局，1959:21.

表6-5 明代文人生活行为一览表

项目	文人生活行为种类								合计
	文人雅艺类型					文人行乐类型			
	读书	鉴乐	弈棋	书画	博古	饮酒	清谈	品茗	
明早期	0	1	0	0	2	6	12	2	23
明中期	13	9	5	4	9	7	17	2	66
明晚期	13	15	5	31	17	12	38	11	142
生活行为合计	26	25	10	35	28	25	67	15	231
小计	124					107			

注:根据研究样本数据整理而成。

对青花瓷器物文化影响最大的是饮酒与品茗。文人的饮酒行为是文人消愁遣怀、宣泄情感的重要手段。饮酒对于器具的选择也尤为重视,针对不同场合,选择适宜的酒杯、酒器,一方面能满足大众饮酒之所需,另一方面也显示了文人的生活方式与艺术品位。品茗在当时也涵盖了同样的道理。与此同时,明代学风重文艺,装饰技巧偏复古,而这种复古思想是由文人倡导的。文人之间的社交取决于自己的身份,以画会友是常见的交往形式,其中包括卷轴、册页、手卷,以及古玩、陶瓷、青铜器等手工艺品。

图6-50是木刻版画,出自戏曲作品《意中缘》,是一部17世纪初期的戏曲作品的插图,以木刻版画的形式流传下来,刊刻于1644—1661年。图中后面的桌子上陈列了部分图画和陶瓷、文房器物等,门前主体部分表现几位文人雅士正在鉴赏一幅字画的活动场景。鉴赏就明代用法而言,可称之为"赏鉴",既有"依据质量进行鉴别"之意,也有"判定真伪"之

图6-50 木刻板画
(来源:《明代的图像与视觉性》)

意。[1] 此图展现了明代文人雅士在以画会友的赏鉴活动中相互交流的场景。文人书画家对书画艺术的赏鉴品评，蔚然成风，各成一家。再加上金石学和碑学的盛行，引发了时代审美观念的改变，品鉴、文玩、书法、绘画、园林风气相继兴起。

高濂主张"冬时插梅必须龙泉大瓶，象窑敞瓶，厚铜汉壶，高三四尺以上，投以硫黄五六钱，砍大枝梅花插供，方快人意。近有饶窑白瓷花尊，高三二尺者，有细花大瓶，俱可供堂上插花之具，制亦不恶"。张谦德则主张："大都瓶宁瘦，毋过壮；宁小，毋过大。极高者，不可过一尺。"他是明显反对花器过高的，而对于高濂以为制亦不恶的三二尺高的花器，张谦德则直言："古铜壶，龙泉、均

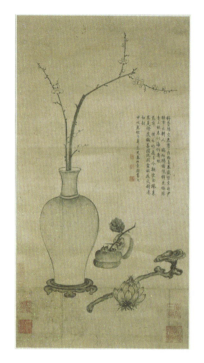

图 6-51　乾隆弘历先春如意图
（中国国家博物馆藏）

州瓶，有极大高三二尺者，别无可用，冬日投以硫黄，斫大枝梅花插供亦得。"花不论草木，皆可供瓶中插贮。采折劲枝，尚易取巧，独草花最难摘取，非熟玩名人写生画迹，似难脱俗。图 6-51 以梅瓶插梅花，空灵处配以灵芝、柿子、花卉，动静相宜，疏密有致，别有一番古意。古人对瓶器的需求也以生活的环境和插花的实用功能相结合，体现文人的生活趣味。

2. 文人画家对品质生活的追求

明代文人画家在当时是一个很大的社会群体，他们以自己的方式很自然地融入世俗的生活。比较有影响力的有沈周、文征明、唐寅、仇英、徐渭、王绂等，一方面他们仍然离不开士人传统人生道路的选择，以入仕为正途；另一方面他们又在仕途之外，找到新的人生归宿。他们在生活中表

① 柯律格. 明代的图像与视觉性［M］. 黄晓鹃，译. 北京：北京大学出版社，2011：132.

现出对官场的冷淡，在自己的艺术天地里却大显才华，追求适意，或诗酒流连，或山水游乐。[1]

受时代流行风气的影响，明代文人学会赏花、插花，其插花完全脱离了政治的排场，而趋向纯美感的艺术创造。明代文人一反昔日以盘花为主的形态，而以瓶花为主，使瓶花俨然成为明代插花艺术的代名词，这也刺激了明代青花瓷的消费需求和社会审美风尚的改变。文震亨在《长物志》中发表了自己的器用观点，即"今人见闻不广，又习见时世所尚，遂致雅俗莫辨。更有专事绚丽，目不识古，轩窗几案，毫无韵物，而侈言陈设，未之敢轻许也"[2]。

当时的江南一带物质消费比较高，追求生活品质已经变得很普遍。江南地区丝织品的出产、印刷品的流通、食品供应的充裕等，无不体现了物质文明在此地的高度集中，构成了一个消费型社会发展的客观条件。通常情况下，普通的市民都有足够的货币去改善衣、食、住、行、器用等生活品质，何况是富人阶层，较强的市场消费能力在社会上形成一种非常普遍的流行文化。

消费文化的普及，给社会带来了新的焦虑，主要体现在两方面：一个是财富的获得与财富的消耗所带来的焦虑。就传统而言，节俭是美德，奢侈的生活容易导致腐败。二是贵族士人身份地位的模糊，传统的"天有十日，人有十等"的身份制度受到冲击。匠户受到消费文化的影响，生产器物的标准逐渐变得开放，不再以官窑器物作为唯一的标准样式。雅俗之别在此时作为一个新的秩序而建立，人们尝试用雅俗之别来缓解社会的焦虑，表现在艺术创作上，明末的文震亨就是一个很好的例子。文震亨本身就生活在流行文化最兴盛的苏州，他所写的《长物志》十二卷讲的都是物质的享受，从居室谈到书屋，从花木谈到喝茶，至于衣服跟舟车的谈论就更不在话下。他要给读者传达的就是：用什么器具才是高雅的，用什么器具是俗的。比

① 罗宗强.明代后期士人心态研究［M］.天津:南开大学出版社，2006:163.
② 文震亨.长物志［M］//文渊阁四库全书.北京:商务印书馆，1993:872.

较有意思的是，书里面所批评的往往是当时很流行、价钱很贵的东西，他却认为这种东西很多是很俗气的。

柯律格认为《长物志》这类书籍，主要是在流行机制比较混乱时，建立秩序的一个尝试。文震亨所要建立的秩序就是雅俗之分。不过文震亨对雅俗之分的执着，或者他对自己有能力做这样的区分的信心是来自他的家族。他出身苏州的名家，家里有非常丰厚的文化资产。这里要追溯到他的曾祖父文征明。文征明对世俗的抗拒，从他的画中很明显地看得出来。文征明是明代吴门画派文人画的代表人物，其个人的艺术造诣很高，对同时代画坛的影响非常大，现藏于台北故宫博物院《关山积雪图》（如图6-52

图 6-52　关山积雪图局部

（来源:《文征明画集》）

所示），尺寸为 21.5cm×418cm，描绘了一幅雪满山中、跋涉行旅、万籁俱静的山水意境，表现了自己孤傲、冷逸、荒寒的审美意趣。事实上，所谓文人画并不是指官场不顺或家境贫寒之人所画的画。相反，人文画家大部分出身于有钱的商业家庭。

文人画家群体的大量出现，促使景德镇文房用器的需求量大幅度增加。因为明晚期青花瓷的主要消费群体是商贾大户和文人阶层，比较受欢迎的是文房用器。器型和纹饰既可以表现端庄厚重，又可以体现富丽堂皇；既可简洁时尚，又可清新淡雅。大部分器型为民窑生产，风格上逐渐摆脱了传统的图案样式，绘画性题材样式开始流行开来，且发展势头超过了宋元时期，成为一种时代画风，引领青花瓷纹饰样式朝绘画形式美的方向演进。这是文人画家群体大量出现所产生的社会效应，其势必影响青花瓷的整体审美发展趋向。

纵观青花瓷艺术风尚的发展演变，无论是造型的改进、纹样的变化，还是表现形式的创新，都是以人为主体，即景德镇的陶匠在制作工艺上实现了人与自然的高度融合。这种以人为主体的创作理念，反映了人类的生活方式和生存状态，形成了造型与纹饰完美结合的艺术样式，在中国陶瓷艺术史上具有很高的价值。

3.绘画题材的精神性表达

明代是中国历史上具有多元文化的时代，明朝心学盛行，且以八股文取士，各种文化艺术活动空前繁荣。明初统治者追仿宋制，重建画。早期的明代画坛相对活跃，各个流派林立，其中以宫廷画最为兴盛。江南的一些重要工商业城市中，专业画家与文人画家云集，形成诸多画派，如画院派、浙派、吴派、松江派、江夏派等。明代绘画艺术的繁荣对景德镇陶瓷艺术产生了深远的影响。明中期的青花人物受当时文人画的影响，画风潇洒自如。在题材上，所表现的大多是文人的生活和仙人道士，充满文人追求的情趣和意境，具有较浓厚的文人气息。加上晚明心学与禅学之兴盛，使"闲""净""空""寂"的传统价值观念在明末文人画中体现得越加明显。①

明代御用瓷器生产制作者为景德镇御器厂的专职陶匠，在管理陶匠的生产中，为提升有效的管理方式和高质量的生产效率，明政府让内府或工部派官员在景德镇驻扎管理烧造事宜。其中最重要的环节即官样的制作到陶瓷画匠的转换。明代青花瓷生产，由宫廷画家设计好造型和色彩样稿，通过尚膳监下达景德镇御器厂按图绘制，御器厂选拔最优秀的官匠照样生产，来实现具体的生产要求。据记载："明正德年间之后，景德镇御器厂的工匠只有三百多人，画手十分缺乏。"在御器厂二十三作分工与人事编制当中，画作的作头只有四名，画匠十九名。"官匠凡三百余，而复召募，盖工致之匠少，而绘事尤难也。"② 可见明御器厂班匠中画匠人才十分稀缺，要在陶瓷装饰画面上有所创新是很难的，更多的可能是对历来宫廷画师发往御器厂的粉本和画谱的摹仿，依照官样式工序来完成瓷器的装饰。这种官样自身又是由青花线条、青花混水笔触和从简到繁的花鸟图式而构成的。③ 明代御器厂青花作画叫画青，"画青，每晨午二次，集工役分青染渍，择愿朴者二人，一绘大，一绘小。看画完，差其多寡同异，付窑带烧，合格者为样器，给画工。凡绘器颜料加减，色泽程度，悉以此器为准。"④ 青花瓷最初理想的蓝本，就是依据官窑花鸟画形态模仿展开。画工们依据可模仿的宫廷花鸟图谱形象，寻找青花瓷的装饰语言。"青花圆器，一号动累百千，若非画款相同，必致参差，难以识别。故画者，学画不学染，染者，学染不学画，所以一其手，不分其心也。画者、染者，分类聚一室，

---

① 李兴华、黄吉宏、王秋雷.景德镇陶瓷器物中的人文美学精神[M].南昌:江西高校出版社，2012:145.

② 所列十九名画匠可能是长期雇募在厂的工匠或是编役匠，而众多的画匠则因雇募带有流动性而未计入各作匠数之内。

③ 雷德侯.万物——中国艺术中的模件化和规模化生产[M].张总，等，译.北京:生活·读书·新知三联书店，2005:135.

④ R.L.霍布森.中国陶瓷史:明清瓷器[M].金慧君，译.南昌:江西高校出版社，2021:68.

以成画一之功。"① 因为景德镇纹饰画工分工细致，学画不学染，学染不学画，故画者、染者各分类一室。这一方面说明了景德镇瓷业生产、画工技术的专业性，另一方面也说明了当时瓷业生产的繁荣程度。

　　了解明代整个御用瓷器的生产方式，首先要搞清楚工部与御器厂的关联。明中期之后曾加强对御器厂的监管，罢免之前委派的中官，改由工部营缮司所丞监督烧造。虽然后来改为尚膳监督造，但是遣往御器厂督陶的仍是工部的官员。景德镇御器厂此时官样瓷器的设计就是由营缮司所丞中的画家和能工巧匠来完成的。

　　其次是仁智殿与御器厂的关联。明代宣德到弘治年间属于明代宫廷艺术繁盛时期，明代画家和艺匠们隶属于文华、武英、仁智三殿。文华殿主要安排善书者，武英殿主要创作装饰御用器物与殿堂壁画，另外大多数宫廷画家都在仁智殿从事绘画创作。"凡杂流以技艺进者，俱隶仁智殿，自在文华殿、武英殿之外。"② 明人项元汴《历代名瓷图谱》曰："当时瓷窑图画者，皆殿中名笔。故其敷色深浅浓淡之间，迥非俗匠所能措手。"明人王士性在《广志绎》一书中评论宣德、成化青花瓷器之时曾说："然二窑皆当时殿中画院人遣画也。"③ 宣德、成化二朝青花瓷器以缠枝莲纹样居多，而宣德蟋蟀罐上的纹样宛若宋代院体画家在团扇上作出的一幅幅花鸟小景，此种构图形式典型地吸收了院体画的风格特点。从画史通论中我们可知殿中画院人就是供职于仁智殿的宫廷画家。如宣德早期的花鸟画名家边景昭，其后的周文靖、石锐、商喜、商祚、林良等均擅长绘制花木与翎毛。至于蟋蟀罐上面的纹样具体出自哪位画家的手笔，尚不能确定，但可以肯定瓷器的粉本源于当时的宫廷画家。正如《元·百官四》记：元官窑（浮梁瓷局）生产的御用器的造型与纹饰就由将作院诸路金玉人匠总管府中的"画局"所设计。也就是说，器物的样式由宫廷画家设计好之后，通过尚膳监下达景德镇御器厂按图样生产。

① 傅振伦.《陶说》译注［M］.北京:轻工业出版社，1984:34.
② 华彬.中国宫廷绘画史［M］.沈阳:辽宁美术出版社，2003:285.
③ 王士性.广志绎［M］.北京:中华书局，1981:84.

第三是锦衣卫（内府）与御器厂的关联。尤其是天顺之后一直到嘉靖九年，御器厂督陶官由工部改为中官督造御器。《明英宗实录》载："江西饶州府造青龙白地花插，瑕莹不堪。太监王振言于上，遣锦衣卫指挥往，仗其提督官，仍敕内官赍样，赴饶州更造之。"[1]之后内宫设计瓷样几乎都是由内府负责。而内府多由宦官组成，并不具备专业绘画背景，不像画家们被安排在锦衣卫任职，只有依靠同样熟知皇帝兴趣爱好的锦衣卫，由他们来设计粉本，将帝王的审美喜好反映在粉本上。

由此可以推断，官样由明代的宫廷画师所画，宫廷花鸟画与明代中晚期的民窑青花瓷纹饰有许多共通之处。早期宫廷绘画比较兴盛，技法上推崇工笔写实，比较有代表性的画家有林良、吕纪、边文进等，绘画风格以工整严谨见长，多用水墨，稍带写意，用笔肯定、轻快，这种画风一直影响到成化时期。当时御器厂的画匠大多从民间画手中征集而来，永宣时期的画家如谢环、商喜、李在等，在绘瓷时，体现了早期的精致秀丽、含蓄婉约的画风。发展到中后期，宫廷绘画由兴盛走向衰微，伴随而来的是以董其昌、文征明为代表的文人画派兴起，整个画风也随之改变，用笔简约豪放，轻松洒脱，强调水墨淋漓，这些画风或多或少影响了青花瓷纹饰风格的转变。青花瓷绘画风格也由工整严谨逐渐转化为率意自然，崇尚流畅快意的简笔风格。从传世官窑器物的绘画纹样风格上，可以明显感受到这种笔法与观念的演进，由原来的勾线、混水、单涂发展为以线勾勒、粗笔点染等多种写意手法并存。这说明受传统中国

图6-53　金山寺青龙瓷盘
（来源：《大英博物馆藏中国明代陶瓷》）

① 熊寥，熊微.中国陶瓷古籍集成［M］.上海：上海文化出版社，2006：16.

画的影响，用绘画审美的要求画于瓷胎之上，其绘画风格直接影响了青花瓷的流行风尚。

从青花瓷的绘制过程与水墨花鸟画的表现形态来看，青花与水墨为宫廷服务的功能是一样的，不同的是材质发生了改变，由宣纸转化为陶瓷。与元、明初青花相比，将用水墨形式表现的花鸟绘画直接搬到陶瓷装饰中，这是在明中期之后才出现的。[①]金山寺青花瓷盘（如图 6-53 所示）现藏于大英博物馆，高 4.5cm，直径 21cm，生产于 1573—1620 年。此件瓷盘胎体厚重，圈足低矮。盘内菱形花瓣开光处写"金山寺"三个字。金山寺位于南京市内，是长江中下游一座著名的佛教寺院。

台北故宫博物院藏有一幅金山寺水墨立轴画（如图 6-54 所示），作者为明代画家文征明。文征明出生于苏州，是继沈周之后最重要的吴门画家之一。他曾在 1522 年农历八月二十二日登上金山，之后不久创作了这幅立轴，描绘了汹涌波涛中兀立的金山，水面舢板起伏，而寺庙建筑则掩映在树丛中。金山寺青花瓷盘的山峦图案与文征明所绘金山水墨立轴有相似的形态，加之时间相吻合，故推断出二者之间存在许多关联。

图 6-54　文征明山水画
（台北故宫博物院藏）

① 　方李莉.景德镇辉煌——明代陶瓷的艺术之美［J］.群言，2009（06）:29.

正是基于这样的时代背景，促使民窑的画工吸收明末文人画家的审美思想和绘画理念，加上自身具备娴熟的绘画技巧，用笔轻松熟练，信手拈来，一气呵成，线条流畅且富有变化，疏密布局也吸收了中国画的留白。用绘画的形式感与书写性围绕器型去构思与布局，这种新颖的画面处理方式与绘画技巧，完全不同于传统装饰纹样。一种崭新的艺术样式应运而生，并很快大范围流传开来。邓白在其美术文集中这样写道，"瓷器自从吸收了绘画的技法以后，其装饰语言得到了飞速的发展，无论青花还是五彩，都出现了新的面貌。"①

总之，明代青花瓷艺术风尚的演变，由精工写实到简笔率意风格的演变，恰好与明代绘画风格的发展趋势相一致，明代青花瓷上的纹饰大多出于艺术精湛的能工巧匠之手，是明代绘画样式的精神性表达，对当时景德镇的陶瓷画匠在绘画观念与创新样式上有着极其深远的影响。

第四节　宗教影响下的纹饰之变

1. 藏传佛教纹饰的继承

青花瓷受宗教文化影响，最明显的变化体现在纹饰与造型方面。特别是宗教在明代的流行，对青花瓷的造型和纹饰影响甚大。但以研究宗教的资料而论，青花瓷上纹饰的价值则更为珍贵。

八吉祥纹来源于西藏佛教艺术，始于元，流行于明、清时期，为当地的一种吉祥图案，又称八宝纹，指法轮、法螺、宝伞、白盖、莲花、宝瓶、双鱼、盘长八种图案，常见于藏族佛画、曼陀罗和唐卡等宗教物品上。八吉祥是藏传佛教的主要供器，被视为吉祥的象征，而八吉祥纹起初是藏传佛教密宗器物上的流行纹饰，伴随佛教一起传入中原，经常出现在宣德、成化及嘉靖的青花瓷上（如图 6-55 所示），反映了宣、成、嘉三朝与西藏的关系。明代青花瓷纹饰具有浓郁的宗教色彩，缠枝莲纹反映了当时非常流行的佛教莲宗归心净土的观念。高士云气、仙台楼阁则是一种道家皈依

---

① 邓白. 邓白美术文集［M］. 杭州:浙江美术学院出版社，1992:62.

自然的心境，宣德、正统时期十分流行。

　　明初太祖皇帝开始沿用元朝旧制，以国师、大国师名号分封赐给西藏各宗教首领，目的是要让当地的宗教势力善导及管理百姓。正如《明史·西域传》记："初，太祖以西番地广，人犷悍，欲分其势而杀其力，使不为边患，故来者辄授官。"[①]

图 6-55　宣德八吉祥纹瓷盘
（剑桥博物馆藏）

　　永乐时期，明成祖按地区分封了两大法王和五大教王，以均衡当地势力。另一方面，为了进一步强调分峙的政治隶属关系，明初统治者弃用元朝以军力作后盾的方式，而采用严格的朝贡制度，如例贡、袭职朝贡、谢贡和庆贺朝贡等形式。以实际的经济利益回报前来朝贡的使者，以经济手段加强对西藏各派首领的政治凝聚力，故朝贡制度可谓明朝对西藏管治政策的核心。宣宗之后，在朝贡利益的刺激下，前来中原朝贡的番僧使团规模剧增，到天顺年间一次朝贡

图 6-56　宣德僧帽壶
（西藏博物馆藏）

的人数竟达 2000 至 3000 人之多，故有成化初年规定朝贡数目的政策。

　　明朝厚待番僧的朝贡，景德镇御器厂生产的瓷器是最佳的赏赐物品。官窑瓷器同其他赏赐一样，在西藏僧侣的眼中均是崇高地位的标志，统治权力神化的象征，亦是身份、地位、神权、政权的凭证。基于这样特殊的管治政策，明初官窑所烧制的瓷器中，就有许多造型及纹饰与西藏佛教有关，如僧帽壶（如图 6-56 所示）、出戟盖罐等宗教器具，纹饰则出现较多

① 李大龙.中国古代藩属与朝贡研究［M］.北京:华夏出版社，2022:157.

藏文和八吉祥纹。现藏于台北故宫博物院的宣德款青花藏文高足碗（如图6-57所示），碗外壁书写藏文一周，释文为："日平安、夜平安、阳光普照皆平安，日夜永远平安泰，三宝护佑永平安。"[①] 主要通过经文咒语的形式来祈福，以求平安吉祥之寓意，主要用作佛寺供器。依据台北故宫博物院的藏瓷统计，宣德官窑青花器中，有十五件八宝纹及两件藏文器物，反映出明初藏传佛教器物与西藏管治政策的关系。从景德镇成化晚期的官窑遗址中发现了较多书有梵文、藏文佛经的瓷器，为番僧参与宫中法会的器具。成化梵文杯（如图6-58

图6-57　宣德藏文高足碗
（台北故宫博物院藏）

图6-58　成化梵文杯
（台北故宫博物院藏）

所示），以梵文作装饰在中国陶瓷装饰中极为少见。台北故宫博物院收藏的成化青花器中，就有二十二件是八吉祥纹，四件是藏文，八件是梵文，为该院所藏宣德窑至万历窑青花八吉祥与藏文器物中数量最多的，约占纹饰器物总数的一半，反映了宗教文化对成化瓷器装饰的影响。

2. 伊斯兰纹饰的引入

　　伊斯兰文化的渗透最早发生在唐朝，元朝蒙古人"尚白"的审美情趣促进了青花瓷的发展，对伊斯兰文化的推崇也达到了高潮。在明代，回族人得到朝廷的重视。大明开国功臣中就有不少是回族人，如胡大海、常遇春、

---

①　马希桂.中国青花瓷［M］.上海：上海古籍出版社，1999：133.

蓝玉、沐英等，他们为建立大明政权立下了汗马功劳。正是这些开国将领的丰功伟绩，大大提高了回族人在明代统治者心目中的地位，之后就有不少回族人在朝廷中担任重要职位，如永、宣时期的郑和及万历时的麻贵和达云。在宗教的管治方面，明朝政府从未禁止或干预宗教之事，表现出大明朝廷对伊斯兰文化的尊重。正德年间，明武宗更加推崇伊斯兰教。正德皇帝对佛经、梵语无不通晓，甚至一马姓孕妇曾经"以善骑射、解胡乐达语遂得幸"。关于阿拉伯语或波斯语，即明代回回文的学习在《武宗实录》中则有这样的记载："上之在南京也，发南京古今通集库所贮宋国卤簿等图并符验铁券及诸钱粮文册……至是，以太后旨，仍令玺载还。又甘肃镇守太监王欣奉上旨购通汉语能书回回达子、西番年十五以下者各二十人以进，亦罢遣给主。"

据《清真先正言行略》载："武宗于佛经梵语，无不通晓；习鞑靼语，自名'忽必烈'，习清宗语，自名'妙吉敖烂'。"其中，武宗学习回族语与伊斯兰教有关，亦方便跟身边的回族人沟通。这一时期的波斯文瓷器，装饰手法与从前同类型的纹饰大不相同，之前多以波斯文将古兰经赞美真主的内容，围绕式书写在器物上。正德时期则以花捧文字的形式出现，即在缠枝花舟上写波斯文字，器物主体的装饰是"回回花

图 6-59　正德阿拉伯文古兰经
（大英博物馆藏）

"。从大英博物馆的正德阿拉伯文古兰经（如图 6-59 所示）可以得到实物考证，用这种装饰手法的瓷器，占了正德器物一定的比重。据台北故宫博物院的藏瓷统计，在正德窑的青花纹饰中，宗教纹饰较多，主要体现在波斯文方面，与藏传佛教有关的八吉祥纹、藏文和梵文均有所欠缺。故波

斯文可谓正德窑的一大特色，由此可以看出正德皇帝对伊斯兰文化的喜好以及明代对外来文化的包容。在陶瓷器物上采用代表伊斯兰文化的图案符号进行装饰，且此种装饰风格的瓷器在明代相当一段时期内大量出现。这一方面是政治交往、经济利益的需要；另一方面也反映了外来文化对景德镇制瓷业的发展起到强大的推动作用。

3. 本土道教装饰纹样的盛行

宗教是一种文化活动，从其产生之日起，就充满许多神秘的幻想，给人以心灵的慰藉。八卦纹出自《周易》中的八种基本图形，主要象征天、地、雷、风、火、水、山、泽八种自然现象，作为青花瓷纹饰，早在宋代的龙泉窑已出现，这与宋徽宗崇道不无关系。明代嘉靖、万历两朝皇帝特别信奉道教玄术，就着迷程度而论，世宗尤甚。特别是嘉靖晚年，世宗以政治配合宗教，对有利国家的事宜全归功于玄学方面。所谓上之所好，下必争竞。臣民为了讨好世宗的崇道心理，竞相献上灵芝、香品、白鹿甚至白兔，以讨世宗欢心。嘉靖十九年，《重建敕封万硕侯师主佑陶碑记》载："我朝洪武之末始置御器厂，督以中官。洪熙间，少监张善始祀佑陶之神，建庙厂内。曰师主者，姓赵名慨，字叔明，尝仕晋朝，道通仙秘，法济生灵，故秩封万硕，爵视侯王，以其神异以显赫今古也。"故在嘉靖官窑瓷器上，富有祥瑞象征的纹饰大量涌现，八卦纹除见于香炉外，亦出现在其他器物上，如瓶、盘、碟、碗、杯等。且常与其他纹饰结合使用，如灵芝纹与鹤纹搭配使用，以求祥瑞。葫芦瓶常用作盛装仙丹的器皿，因"葫芦"与"福禄"谐音，故在嘉靖时期最为流行。若以八卦纹比喻黄老之术，灵芝、鹤等比喻长寿，就不难看出世宗欲求长生不老的奢望。

嘉靖皇帝好黄老之道，青花瓷器的纹饰道教色彩浓重，八仙、八宝、八卦、老子讲经、卍字纹、灵芝八卦、缠枝莲八宝等纹饰大量涌现。该时期民窑青花纹饰体现了率性粗放的用笔，简化了许多具象形式，演化为抽象的符号。嘉靖皇帝信奉道教，不理国政，为了追求长生不老之术，不惜一切代价寻求良药，如炼丹、算命、制药等。传世的木刻版画中有记载嘉靖皇帝与道士一起拜访各种神仙道士的活动。现藏于故宫博物院的万历青花盘（如图 6-60 所示），高 3.5cm，直径 22cm，瓷盘内外都以青花图案装饰。内底图案为一位手持如意而坐的仙人，其身后有一位为他手持华盖的侍从，身前是一位裸露半身的侍从，正把一剂药料倒入炼丹炉中。背景中有三座山峰隐藏在云雾中，画面前景绘有山石、牡丹和神仙。其盘内壁绘满整个葫芦纹样，此种纹饰显示了明代青花瓷装饰中道教与佛教场景的综合运用，可见宗教文化对人们审美观念的影响。

图 6-60　万历青花盘
（故宫博物院藏）

　　万历时期，装饰于青花瓷器上的八卦纹，常与龙纹、鹤纹、波涛纹及风火纹等相组合。波涛纹及风火纹为与天空方位的象征，是自然中多变不定的现象，配合八卦纹的占卜符号，表达了对玄学风水的尊重。八卦纹与龙纹的组合，即名为海水苍龙捧八卦。龙比喻九五至尊的皇帝，八卦代表黄老之道，就八卦在上而龙在下的位置，可以看出神宗信服于道术。至于八卦纹与鹤纹的组合，表达内容与嘉靖一样，均为渴求长寿的愿望。图 6-61 为万历八仙葫芦瓶，该瓶的造型分为上下两个画面，上面灵芝纹配仙鹤纹，下面灵芝纹与两个道士仙人组

图 6-61　万历八仙葫芦瓶
（中国国家博物馆藏）

合成一幅场景图，通过器型与纹饰传达一种渴望长生不老的愿望，与时代的发展紧密结合。

　　晚明佛教思想大量流入《四书》之中，荒木见悟说："明代末期的四书

学则儒佛调和论甚嚣尘上，葛寅亮《四书湖南讲》亦是这种思想趋势的代表作。"智旭从心学立场解释《四书》，是明末三教合一思想潮流下的解释策略。明末是一个地方吏治败坏、民不聊生的时代，里甲、粮长制度遭到破坏，衙门胥吏、地方生员与地主鱼肉乡里，而举人以上的士绅阶级则常与地方行政官僚结合，形成恶势力，人民生活困顿。但在思想世界中，三教合一、儒佛同调蔚为明末清初思想的主流。[①] 而历代统治者，利用各种宗教思想来教化民众、统一思想、规范行为，以维护自己的统治地位，达到长治久安的政治目的。在青花瓷上反映出来的这种文化现象，是民间工匠和封建统治者集体智慧的结晶，随着历史的变迁而不断沉淀和传承，是人类社会实践的产物，而这种纹饰风格的转变，可以看出整个明代宗教势力之间的抗衡与竞争。明代帝王的宗教好尚，从早期的以佛教为主，演化到中期的佛道并行，到了晚期，道教成为帝王的最爱，这些现象在明代的青花瓷纹饰上都有很好的体现，说明了官窑纹饰在明代帝王宗教好尚影响下所作出的观念与技术上的调整，是艺术风尚演变的核心因素。

第五节　本章小结

本章主要对青花瓷纹饰之变进行深入分析，从历史学、美学的角度去论证青花瓷纹饰特征的演变规律和纹饰变化背后所承载的民族精神、文化内涵，体现最为明显的就是龙凤纹饰、吉祥纹饰、流行纹饰及文人绘画四个方面。通过梳理明代官窑瓷器纹饰题材风格的变化，可以发现明代初期的纹饰大多受元代文化的影响，以植物花卉纹饰为主，风格上由元代青花瓷繁复的装饰图案逐渐转变为疏朗空阔的花草纹饰图案。永宣时期的纹饰基本上可以说是继承融合了元末明初的笔绘风格，朝美丽典雅的方向发展，也是以花草植物纹为主，如缠枝莲、牡丹纹、竹松梅等纹饰。正泰、景泰、天顺三个时期，目前尚未发现有官窑瓷器传世，故不作详述。成化弘治时

---

① 黄俊杰. 如何导引"儒门道脉同归佛海"？——蕅益智旭对《论语》的解释[J]. 现代哲学，2006（05）.

期的装饰手法主要是双勾填彩，更倾向于小巧精致、活泼纤细的风格，比较注重留白。明代后期嘉靖、隆庆、万历时期的纹饰种类最多，风格比较多样化，流行自然写意风，受中国传统文人绘画影响，用笔轻松率意，色彩较前期浓艳，图案花纹几乎布满全器。通过分析该时期流传下来的青花瓷器皿，出现许多形制多样化、纹饰世俗化的陶瓷器物，如灵芝、瑞兽、葫芦、祥云等吉祥纹饰频繁出现，再现了明末封建统治者祈求吉祥长寿的思想愿望。

纵观整个明代不同时期的青花瓷纹饰变化，其装饰风格也在不断地演化，构图由复杂趋向简单，画法由严谨转为奔放。早期流行的缠枝纹样，虽然使用双勾没骨画法，但是用笔严谨细致；中期绘制题材多样化，用笔粗细有法，但总体风格趋向于自由洒脱；晚期以文人绘画为主，用笔简约豪放，生动有趣，流露出浓厚的生活气息。

青花瓷无论是官窑器，还是民窑器，吉祥纹饰与流行纹饰贯穿于明代青花瓷业发展的始终，广泛适应了不同社会阶层物质精神文化之所需。随着物质条件的改善，拥有者不满足于器物的实用功能，试图通过陶瓷器物经营、摆放、陈列、收藏等手段为生活增添情趣，甚至以此彰显自己的身份地位和物质财富。事实上，每个朝代的经典流行纹饰本身都具有一定的文化内涵和象征意义，想通过纹饰的变化去推断其背后的社会意义和价值理念，就必须依据当时的史料记载，并通过实物分析，去还原社会历史变迁中艺术风尚对当时以及后来社会所起到的影响。

第七章 明代青花瓷风尚观

　　本书研究青花瓷艺术风尚演变主要以青花瓷器型、纹饰的变化为发展脉络，研究其历史发展、制瓷技术、对外交流，以及器物功能、文化审美、演变规律等。青花瓷的发展受每个朝代的经济发展状况、政治环境、历史变迁等众多因素影响，特定时期的社会思想倾向、审美观念、流行风尚或艺术思潮都是影响和制约青花瓷艺术风尚演变的重要条件。

　　中国几千年来的传统文化是劳动人民的文化，这也决定了统治阶级的审美思想最终还是要反映人民大众的美好生活。明代陶瓷匠人集纹饰、器型、绘画、釉色于一体，表现传统文化内涵，引领青花瓷艺术风尚从古朴走向精致，从实用走向观赏。

第一节 艺术观

　　明代青花瓷的生产与发展，再现了青花瓷本身特有的艺术风格和审美情趣。孙长初在《中国古代设计艺术思想论纲》中阐述道："中国古代设计艺术思想向前发展的动力，不仅仅是技术的不断创新，而是人类社会不断发展的审美文化。"[①]整体上看，明代每个历史时期青花瓷的制作工艺大体相同，但总体呈现的艺术风尚还是有许多差异的。正如赫伯特·马尔库塞在《审美之维》中所说："美，是一种与艺术所有传统形式相联系的性质。美的展现即是感性与理性的统一、真与善的统一、当下与将来的统一。美是审美形式中涌现的决定性因素。"

　　青花瓷的审美艺术观提升了人类实践活动在精神生产领域的地位，丰

---

① 　孙长初.中国古代设计艺术思想论纲［M］.重庆:重庆大学出版社，2010:217.

富了器物的文化内涵和形式美感。当这种文化内涵被社会普遍感受到并达成共识时，这种文化就开始传播，甚至带动更多的文化相互作用，从而，一种无形而又强大的文化观念开始萌生、固化且形成模式，成为一种文化力量，促进艺术风尚形成并迅速在民间传播开来。根据美学二元原理，由精神到物质，再由物质到精神，美学范畴里的相互体验、相互作用的原理在时代和社会的交叉点得到印证。① 进而得出青花瓷是陶瓷文化的传播者，陶瓷文化不仅是一种物质文化，更是一种精神文化。

1. 纹饰自然美

青花瓷纹饰的变化从美学角度上说，是一种有意味的形式，主要体现在纹饰线条和色泽变化方面。就线条而言，对纹饰画面的理解、想象要比色泽的变化复杂得多。纹饰本身从内容到形式的积淀，是通过窑工的生产劳动而不断创造的，人的思想认识与动手能力起决定性作用。满足外在器型纹饰和谐统一，兼具器物的实用功能，在物质化生产规律的基础上，得以集中有效地展示，最终呈现的是明代陶瓷文化在陶瓷器物上的精神性表达。

形式美的概念一旦确立，纹饰的演变规律又会影响创作者的审美趣味，使纹饰的规律在陶瓷艺术创作者手上更自由地呈现，线性的表达更自由地发挥。这是艺术风尚演变的高级阶段，一方面要重视创作者的情感因素，另一方面透过情感来表达事物的美好，它从本质上区别于早期的内容再现与图案模仿。纹饰自然美的规律与中国古代美学思想相一致，更多强调的是均衡与对称、调和与对比、反复与持续、节奏与韵律等形式规律以及内在情感的个性表达。大英博物馆所藏的永乐青花扁壶（如图 7-1 所示）就是一个将纹饰自然美合理运用的很好例证，画面除肩部一周纹饰图案外，颈部及壶身都画着祥云和松、竹、花、鸟等自然元素，用青花的形式描绘了一个云影山光、鸟语花香的理想世界，让观者可以直接感受到生命的律

---

① 钟鸣，王文胜，陆海空.大器湖田——千年窑造的文化解读［M］.合肥:黄山书社，2016:135.

动。青花瓷装饰艺术这种驾驭自然、追求纹饰自然美的构图方法，完全区别于自然物象的本来形态。透过不同时期的青花瓷纹饰风格，可以窥见明代陶匠在景德镇生产陶瓷时所融入的主观情感，进一步增强了艺术形象之外的审美力量。

马克思在《1844 年经济学哲学手稿》中对美的认识有段经典的论述，运用到青花瓷上就是人类是能够依照美的规律来造型，按照器物的尺度来生产，并且能够合理地运用到具体的对象上去的。这个讲的就是主客观的统一，马克思不是从

图 7-1　永乐青花扁壶
（大英博物馆藏）

审美、意识、情趣、艺术欣赏方面出发，而是从人类的基本实践，人对自然的社会性生产活动去讲美的规律，从而论证了美的本质所在。正如黑格尔所说："自然美只是为其他对象而美，这就是说，为我们，为审美的意识而美。"① 青花瓷上的纹饰图案作为积淀了生命情感的符号元素，一方面体现了陶瓷工匠对生活题材的提炼与感悟，另一方面反映了明代文人画家和陶瓷工匠追求源于自然而又高于自然的理想纹饰。

中国传统理念把自然美作为理想之美的典范。熊寥先生认为，青花瓷由点、线、面构成的几何纹饰，不是凭空虚构出来的，也不是远古图腾的抽象体现，而是根据自然界的自然物象提炼出来的，是创作者主观思想能动性的艺术体现。尤其是在吉祥寓意的纹饰中，传统的吉祥图样经过每个朝代的传承，逐渐演变为一种完美的艺术样式在人们的社会生活中广为应用，例如五福捧寿、福寿双全、寿山福海、松菊犹存、松鹤长春、群仙献寿等。

---

① 黑格尔.美学：第一卷［M］.朱光潜，译.北京:商务印书馆，1979:160.

故纹饰自然美是陶瓷装饰中最原始、最真实的美。这种美在中国传统美学思想的指导下，以独特的艺术表现形式，形成自然而然的美，不仅体现在纹饰方面，还体现在胎质、釉色、器型等各个方面，试图达到一种自然天成、浑然一体的美的形态。

2. 器型韵律美

青花瓷是实用与审美相结合的统一体，主要通过和谐的比例、流畅的线条、起伏的轮廓等优美造型，及其附着于器体的图案装饰、色彩对比的有机统一，来传达某种概括的思想、情感、意境，并表现出一定的格调、韵律与风尚。[①] 器型韵律美是人们在欣赏器物形态时产生的一种潜移默化的审美需求。

韵律是指艺术的气韵与节律，是衡量艺术水平高低的重要美学法则。器型是体现韵律的外在表现形式，主要指陶瓷器物的形态与样式，二者有机相连，融为一体。青花瓷的韵律美不同于建筑、音乐、舞蹈、戏曲，它主要是通过器型、纹饰、色彩、线条等主体因素表现出来的大小、高低、曲直、明暗、虚实等有序变化，所形成的一种韵律美，这种韵律美是每个朝代的陶瓷工匠生产器型时考虑的重点问题。例如中国古代青花瓷传统器型棒槌瓶、天球瓶、玉壶春瓶、梅瓶、葫芦瓶、凤尾尊等，在手工拉坯生产之初，在考虑其实用功能的基础之上，也会将器物的线面对比、方圆对比、粗细对比、空间对比等艺术技巧运用到形体之中，注意变化与统一、对比与和谐等形式规律。

明代陶瓷器物的造型总体具备完整性的特征，对于每一个陶瓷器物的部件构造，都用拟人的方式称谓，分别为口、径、肩、腹、足、底等，这种完整性也主要受中国传统文化的影响。荀子在他的《劝学》中就曾经写道："不全不粹不足以为美也。"这里所谓的全，就是追求完整性的一种表现。青花瓷造型的形体轮廓线都是由曲线构成，这种自由曲线的起伏变化最重

---

① 熊寥.陶瓷美学与中国陶瓷审美的民族特征［M］.杭州:浙江美术学院出版社，1989：10.

要的是讲究韵律，明代陶匠们在运气走泥成型的过程中存在情感的抒发，讲究一气呵成的整体创造，有开合起伏，有高潮跌落，最终达到器物对称、均衡、方正、沉稳的韵律形体美，传达出中国传统文化的审美文化内涵。

青花瓷除了具备完整性以外，还具备中国传统文化中方圆的美学思想。方圆在陶瓷器物造型中的运用，具有相对丰富的文化内涵。《周易·系辞上》云："著之德圆而神，卦之德方以知。"圆是由曲线构成的，流畅、舒展、平和有节奏。而方是由直线构成的，意味着形体要挺拔、险峻、刚直。二者结合呈现的方圆美学思想，不仅体现出了孟子所说的"不以规矩，不能成方圆"，也体现了黄炎培教子"和若春风，肃若秋霜，取象于钱，外圆内方"的处世之道。① 因此说，明代的陶瓷匠人在制作器型的时候，已经将中国传统文化中的方圆美学思想注入陶瓷器物中，蕴含了古人的造物文化，追求返璞归真、天人合一的审美意境，这才诞生了青花瓷器物的凸凹有致、方圆得体，布局严谨，型饰合一。

韵律美具有广义性，也具有不确定性，它伴随创作主体的深化而不断变化。它可以丰富器物的文化内涵和审美对象的精神领域，提高艺术再创造的美学价值。主要表现方法有两种，即抽象与具象。抽象更多体现在节奏、气韵、形式感方面，而具象则指器型、纹饰、线条、色彩等方面。韵律美中，线条的运用最为关键，无论是造型的外在轮廓线，还是内部装饰的纹饰线，线与线、线与形之间的关系，都必须达到和谐与统一。高濂称："青花如龙、松、梅茶靶杯，人物海兽酒靶杯。……又如竹节靶罩盖卤壶、小壶，此等发古未有。他如妙用，种种小巧之物最佳，描画不苟，而炉、瓶、盘、碟最多，制如常品。"②

小巧器物，描画不苟，精致生动，核心问题在于对线条的合理运用。线的韵律在更大程度上已不是一种绘画技巧，而是上升到一种情感语言与符号，表达人的情绪，触及人的灵魂。如宣德青花折枝灵芝纹石榴尊（如

① 邱春林.工艺美术理论与批评：戊戌卷［M］.上海：上海古籍出版社，2019：217.
② 熊寥，熊微.中国陶瓷古籍集成［M］.上海：上海文化出版社，2006：236.

图 7-2 所示），以石榴为造型元素，形制优美，线条勾勒轻松细致，腹部采用开光的工艺形式，将灵芝纹夸张变形，拟人化，瓶口与底部的纹饰与器型贴合得非常完美，上下纹饰的呼应，突出了主体部位的纹饰自然美，实现了器型与纹饰的高度融合，诠释了器型韵律美的艺术性。

此外，色彩的应用对于器型韵律美的产生也至为关键。青花瓷所体现的独特的蓝白色彩观，给人一种清新、明快、单纯、强烈的视觉体验，是一种比较强烈、直接的艺术语言。加上前文论述的青花瓷器型的丰富性与纹

图 7-2　宣德青花折枝灵芝纹石榴尊
（故宫博物院藏）

饰的多样性等相关问题，都对器型韵律美的体现起着至为关键的作用。明代青花瓷反映了人与物、人与社会之间的一种集合关系，以及由此产生的观念意识，即人按照社会需求来创造器物，并把自身喜好投射到器物上，使之更加符合社会需求，再通过器物反映人的精神世界，从而达到创造美的目的。如果从审美的角度去理解青花瓷与人的关系，必然要将青花瓷看作人与自然的物化和延伸，无论是造型上的对称、平衡、协调、规整、阴阳、刚柔，还是纹饰上的虚实、长短、动静、疏密、留白等，都蕴含着人与物、人与社会的复杂关系。通过明代早中晚时期的经典青花瓷器型分类整理研究，可以得出器型是艺术风尚演变最为直观的表现载体，从永宣时期的厚重大气、气象辉煌，到成化时期的小巧精致、瓷胎精良，再到嘉万时期的胎体笨重、工艺繁复粗糙，一系列的现象分析与实践证明，在明代青花瓷的整个制瓷环节中，景德镇陶瓷工匠合理物化"道"与"器"的关系，用艺术创造美的规律去继承丰富器型，用造型比例的精准、动态和谐的变化来展现青花瓷器型典雅、大气、质朴、敦厚的韵律美。

3. 绘画形式美

克莱夫·贝尔（CliveSell）提出美是一种有意味的形式，强调形式的审美特性，给后期印象派绘画艺术提供了理论支撑。荷加斯在《美的分析》中提出，会使任何绘画构图变得优雅和美的基本规则是"适应、多样、统一、单纯、复杂和尺寸"①，认为直线和弧线的组合变化，可以产生无限多样的形式。19 世纪法国古典主义代表人物安格尔也认为艺术的根本在于形式："形式，形式——一切决定于形式。"②

美之所以不是一般的形式，而是有意味的形式，正是因为它是积淀了社会内容和人类情感的自然形式。③正如许之衡《饮流斋说瓷》记载："明代绘事，人物虽不甚精细，而古趣横溢，俨有武梁画像遗意。若绘仕女，又似古椠之列女传图也。成化人物，多半意笔，高古疏宕，纯似程孟阳。若花卉，有极整齐者，虽开锦纹夹花之权舆，然色泽深古，一望而知为朱明之物矣。若绘龙凤、众兽，则颜色深入釉骨，时露古拙之致，却非庸手所能及。若万历之九龙盘碗、五龙四凤盘等，古泽扑人眉宇，虽俪红妃绿，亦同于夏鼎商彝。"④每个时期纹饰本身的图案意义由于时代不同而有许多新的解释和寓意，最终是为了传达每个时代蕴含的纹饰意义与文化内涵。明代绘画，人物精细，古趣横溢，龙凤众兽，非庸手所能及，史料文献给予纹饰绘制以高度评价。绘画形式美主要取决于纹饰和造型两方面，纹饰占主导地位，用绘画语言加强整体的形式美感。在特定条件下，以造型为载体，表现装饰本身的文化意蕴。

明代青花瓷无论是人物形象刻画还是混水表现技法，都遵循中国传统的审美规律和美学思想，极具绘画的审美意趣和形式感。从广义上来讲，绘画形式美具有相对的独立性，建立在对绘画语言的直接感知基础之上，在人类的实践活动中逐步提炼，抽象概括而成。从深层次上讲，青花瓷艺

---

① 威廉·荷加斯. 美的分析［M］. 杨成寅、译. 上海：上海人民美术出版社，2022：48.
② 姚杰. 艺术概论［M］. 北京：中国传媒大学出版社，2015：228.
③ 李泽厚. 美学三书［M］. 天津：天津社会科学院出版社，2003：24.
④ 许之衡. 饮流斋说瓷［M］. 上海：上海人民美术出版社，2016：169-170.

术也是一种有意味的形式，它蕴含了陶瓷工艺文化、社会文化、精神文化、风俗文化等，并且被提炼成一种更为生动的表现形式，以自身独特的艺术美感承载着陶瓷文化交流与传播的作用。成化青花高士图狮钮荷叶盖罐（如图7-3所示），口径17cm，通高31cm，底径16.8cm，直口，短颈，圆肩，顶部置荷叶形盖，立狮铺顶。器型表面以青花手绘五层纹饰，主体通景为两组高士图，分别为"三茅"与"四皓"，上下以云纹、蕉叶纹、荷叶纹等装饰。"三茅"的典故出自晋葛洪《神仙传·茅君》：汉代茅盈，年轻时弃家学道，二十

图 7-3　成化青花高士图狮钮荷叶盖罐
（来源：《中国古代陶瓷艺术：元明清釉下彩》）

年后学成，可化为白鹤，栖止于句曲山。传说茅山道士乘鹤来，会风调雨顺，使民无忧。"四皓"的典故出自汉司马迁《史记·留侯世家》，秦末有四位隐士，名东园公、角里先生、绮里季、夏黄公，因避秦乱，隐居商山。均年高发白，故称四皓。汉高祖当政，欲聘四位出山为官而不应，后刘邦想换太子，吕后求张良用计礼聘四人出山辅佐太子。[1]此件盖罐造型独特，釉面洁白细润如羊脂美玉，腹部的青花通景画面云气缭绕，高士飘逸，正是"商岭采芝寻四老，紫阳收术访三茅"的形象写照。青花采用平等青料，主体人物吸收了中国人物画的表现方法，刻画精细传神，人物布局紧凑有致。整体构图疏朗、设色淡雅，与边饰的浓艳形成虚实对比，相得益彰，完美地再现了青花瓷的绘画形式美。此类成化青花罐目前传世的仅见四件，其余三件分别被收藏于德国德累斯顿国家艺术收藏馆、美国檀香山博物馆、

① 中国文物信息咨询中心.中国古代陶瓷艺术:元明清釉下彩[M].北京:人民美术出版社，2005:82.

美国弗利尔美术馆。但唯有此件罐、盖珠联璧合，为海外归来的弥足珍贵的精品。从这件盖罐的绘画纹饰布局中不难看出，青花瓷的装饰与平面绘画要求不同，它注重画面的连续性与风格的统一性。那时的人们还不习惯于在一个圆形的器皿上找出一个主要的面，或许在他们看来，圆形器皿上的纹饰就不应该有主次之分，所以不得不以重复、连续性的方式处理需要装饰的画面，这样也产生了丰富多变的形式美与韵律美。与此同时，也说明了明代早期的装饰纹样先由表现个体的物象图案，逐渐演化成连续的二方或四方装饰画面。在纹样的演变中，人起到决定性的主体作用，对事物抽象、概括和主观化的处理，都是以人为主体的创造性活动，以此产生了对称、均衡、连续等一系列基本法则。

绘画形式美包含两个方面，第一是指绘画的各种形式因素，是一种外在的自然形态，可以引起人的注意和心理反应。第二是指绘画形式美感的规律和法则。这里面主要包含对称与均衡、比例与尺度、节奏与韵律、多样与统一的关系问题。绘画与形式二者是辩证统一的关系，绘画内容决定形式，形式反过来作用于内容。

如果把艺术目的归结于艺术自身的形式必然导致艺术形式的扩张，艺术形式是一切艺术研究的基础，也包含艺术风尚。任何一种艺术形式作品的产生，都有其自身的规律，包括题材的选择、器型的设计、纹样的绘制及情感的表达。

青花瓷纹饰以线条的抒写和情感的表达为主要旋律，要求陶瓷画匠必须具备娴熟的勾线技巧，对物象的结构和审美功能进行熟练把握，掌握泥坯用线的规律和技巧。在这个从再现到表现、从形式到线条的转换过程中，人的情感起主导作用，创造以绘画为主题的纹饰画面是产生绘画形式美的关键。

明代青花瓷吸收了绘画的美学思想，充分利用了陶瓷的器型、纹饰的规律，在绘画形式美上做出大胆尝试，突破了以往的传统规范，通过造型的比例、块面的分割、色彩的对比等，创造出时代性与审美性相融合的艺术表现形式。这种艺术表现形式就是在传承中去巧妙地创新，有效地促进了青花瓷艺术在创新中不断向前发展。因此，在绘画形式美方面，明代景德镇陶匠们切实表现出了"非凡的能力"，将形形色色的"有意味的形式"符号表现得更加严谨分明、自然流畅、生动传神。

4. 工艺技术美

"工艺源于生活，通常情况下器物所体现的美就是工艺美，是从生活中产生而来。"工艺具有自然的美，就是内在的单纯、朴素的美。而技术是表现美的内容要素之一，包含人的主观能动性，贯穿人的精神，保持着经验、感性的特征。工艺技术作为人类技术的一部分，是工艺文化传承中的重要内容。"它是一种达到目的的手段，又表现为一个过程，是手段、过程与目的性统合的产物。"①

首先，青花瓷作为手工艺产品，既包含自身的工艺美，又包含独特的技术美。具体是指明代青花瓷工艺生产技术和内部管理技术，包括泥土的开采淘洗技术、釉料的调配技术、制坯的手工成型技术、烧窑的温度技术以及工匠的画瓷技术等等，正是这些看似不同的技术支撑了整个明代青花瓷的生产与发展。万历年间，景德镇著名制瓷工匠昊十九所造的"卵幕杯"，造型轻巧，薄如蛋膜，莹白可爱，又称蛋皮杯。《居易录》云："万历时，浮梁昊十九所制瓷器，妙极人巧。尝作卵幕杯，莹白可爱，一枚才半铢。"古人有诗形容这类薄如蝉翼的瓷器："只恐风吹去，还愁日炙销。"薄胎瓷的制作，关键在一个"薄"字，要将1至2毫米厚的粗坯修到蛋壳一样的薄度，且要做到薄不变形，薄有质感，并不容易。从配料、拉坯、修坯、上釉到装匣烧制，必须掌握一整套高超的技术，遵守严格的操作工艺流程，一丝一毫的差距就可能导致整个器物的失败。薄胎瓷的制作成功充分说明了景德镇陶瓷工匠惊人的智慧和创造力，也说明了明代御器厂制瓷技术的先进性与创新性。从"卵幕杯"器物本身以及"造物"角度来看，表达的是重"致用"、轻"巧饰"，也就是"重道轻器"的观念。如果说把制瓷技术严格限定在卵幕杯的器物造型上，就很难对其他绘瓷技术作出突破，超

① 李砚祖. 工艺美术概论 [M]. 长春:吉林美术出版社, 1991:117.

出这一界限，便被视为"奇技淫巧"。古代工匠的社会和经济地位低下，而此种生存境遇又缘于整个社会对技术的态度。此种技术创新大多是工匠阶层为满足个体生存需求所采取的生存策略与手段，且作为技术，秘不外传，这才有"以口代书，以手代口，远近叹服，然莫知所授"之说。

其次，民窑和官窑在制瓷技术上也稍有不同，但总体是相互促进、相互提高。官窑的工艺技术是为统治阶级和帝王服务的，必须用最好的工匠与制瓷原料，生产瓷胎精良、工艺精湛、纹饰精美的各类御用器物。这种器物只有在御器厂的生产管理机制下，不惜成本的前提下，才能研发出来。日本民艺家柳宗悦先生称："从技术史上看，是贵族工艺导致了工艺的异常之发达。"① 然而真正占生活主体的却是广大的普通民众，民窑生产的青花瓷偏实用器物的较多，相对官窑来说，少了封建礼制的束缚，呈现的生存方式比官窑轻松简单得多。不管是题材，还是器型、纹饰，都没有一个完善的监督管理体制，大部分是窑工的自由发挥，表现最为突出的就是青花瓷纹饰方面，体现的是一种轻松、自由、简练的表达方式。正如朱琰《陶说》所论："画器调色，与画家不同，器上诸色，必出火而后定。"② 窑炉结构、烧成温度、冷却方法、窑内气体成分及其浓度的变化，对于青花瓷呈色极为重要，即使同一配方，在不同烧成条件和气氛下，烧出来的色彩也是大不相同。

艺术在古代是技术的同义词，近代科学的分化从根本上带来了技术与艺术的分化。中国古代的散点透视法决定了中国传统绘画的整体风貌，技术的发展促进了艺术门类的细化与技术水平的提高，又间接促进了造型和纹饰的创新。托马斯·门罗把艺术与技术密切地联系起来："艺术和我们现在称为'应用科学'的那些更加具有功能性的技术之间没有基本的和明显的差别""艺术将在更大程度上被当作一种技术。"③ 唐代欧阳詹的《陶器铭》通过与玉器的对比，较早地对中国陶器从陶之道、陶之德、陶之用、陶之

① 柳宗悦.工艺文化［M］.徐艺乙，译.北京:中国轻工业出版社，1991:43.
② 熊寥，熊微.中国陶瓷古籍集成［M］.上海:上海文化出版社，2006:334.
③ 李砚祖.工艺美术概论［M］.长春:吉林美术出版社，1991:128.

美等方面作了高度概括，对于我们今天探讨中国古代陶瓷美的历程具有重要的启示意义。

技术在工艺美术领域中作为过程和手段而存在，它存在的具体化只有在器物上才能得到更好的反映，通俗地说，就是必须通过工艺材料、形式和功能三方面体现出来。那么什么是技术美？李泽厚在《美学三书》里讲道："技术美是形式美对器物结构的运用与理解，在技术工艺里对形式美的运用，不但要合规律性，更要包含人的主观性和目的性。"技术美包含材料、形式、内容，与一般美的结构相同。但技术美的存在方式与形式不同，技术美既是一种过程之美，又是一种综合之美，一种表现生产技术形式和结构功能的综合美。[①]

艺术是人对世界进行精神表达的一种方式，它所反映的对象是以人为主体的社会活动。艺术将外在的客观现实中隐含的生活真理，通过创作者的情感体验，而以特定的主观形式表达出来。艺术与技术作为一种生产形态，分别属于精神和物质两种不同的形式状态。艺术创作是一种精神生产，它通过某种物质媒介将艺术意象客观物质化。而技术是一种物质生产，它的产品首先要具有物质的使用功能，技术具有改造自然以及创造人工的作用。袁宏道对技术与艺术有自己独到的看法："人生何可一艺无成也……凡艺到极精处，皆可成名，强如世间浮泛诗文百倍。""艺到极精处，皆可成名"可以说是对传统"重道轻器"观念的极大突破。大英博物馆藏宣德青花扁壶（如图7-4所示），高25.5cm，口径3.4cm，足径6.1cm。腹部丰圆，前后微微鼓起，左右两侧平坦，颈部中央鼓起，往上至口沿处内收。颈部最细处伸出两耳，连接壶颈与壶肩。腹部前后各绘花卉纹，犹如万花筒，此壶颈部注有大明宣德年款。1982年，景德镇御窑遗址出土类似的扁壶，阿德比尔神庙的藏品中也有两只带有宣德年款的扁壶。这种扁壶的形制多来源于叙利亚的金属器皿，体现了当时中外文化交流的盛况。图7-5为清代雍正时期仿宣德青花扁壶，外在造型基本相似，纹饰的绘制大有不同，两

① 李砚祖.艺术与设计概论［M］.武汉:湖北美术出版社，2009:111.

图 7-4　宣德青花扁壶
（大英博物馆藏）

图 7-5　雍正仿宣德青花扁壶
（故宫博物院藏）

种团花纹饰虽相近，但在表现手法上还是存在很大的不同。绘制手法过于工细严谨，缺少生机与灵动，线条不够轻松活泼，发色没有达到宣德青花的沉稳浓艳。两幅图放在一起比较可以发现，宣德青花瓷的艺术与技术高度，清代仿制者还是无法超越。

　　明代青花瓷艺术是一个集纹饰自然美、绘画形式美、器型韵律美、工艺技术美于一身的工艺美术范畴。其显著特点表现为材料、工具、技艺三者相互制约下的融合。明嘉靖以来，景德镇民窑工匠在绘制青花瓷时，整体画风比较粗略简洁，缺乏耐读性。这是因为用水调制青花钴料在泥坯上作画，吸水特别快，使得画工必须快速描绘，所以很难画出纹饰画面的层次和空间关系。从万历年间开始，按照西方人喜好的样式绘制的瓷器纹样越来越多，反过来又影响了中国陶瓷艺术的发展。景德镇画工们开始研究稀释剂，把用水调青花料改为用胶水或油来调。这样摸索下来，青花较之前画得更细致深入，层次丰富，直接导致了陶瓷彩绘风格由粗犷转向细腻的时代变化。该变化主要体现在青花瓷器型从永宣大器古拙到成化小件精致再到万历粗糙，纹饰从单一缠枝到多元动植物纹再到流行纹饰，青花料发色从进口苏麻离青到国产平等青、回青，一系列的风尚变化都是在整个明代的艺术风尚观影响下发生并不断演化的。

工艺技术美的另一个重要表现是，运用自然的原料，追寻原始手工技艺，强调人的主观审美情趣，表现一种质朴的人与自然和谐共处的哲学理念。即器型的设计要以人的自然属性为依据，青花瓷的生产与发展不是技术加艺术，也不是技术要依赖艺术，而是一个技术与艺术相互作用、相互促进的过程，是明代统治者与制瓷工匠用能力去实现技术与艺术高度统一的造物方式。这种造物方式在价值上表现为实用价值与审美价值的统一，在存在方式上是实用形式与审美形式的统一。

第二节　审美观

风尚在青花瓷发展演变中所蕴含的审美观，主要体现在以下两个方面，一是备物致用审美观的应用；二是型饰合一的情感追求。器物最原本的自然属性和实用功能就是满足人类的物质生活需要，是集物质性与实用性为一体的艺术门类。它是伴随人的精神生产开始摆脱物质生产而试图获得独立的社会意识形态，苏联波斯彼洛夫称之为"混合的意识形态"。这种意识形态在晚明得到很好的应用，体现了主体与客体的高度统一。

1. 备物致用审美观的应用

审美是一种感性直观的活动，它通过对事物外在形式的观照来获得意义上的领悟和情感的激发。器物功能上的实用性和使用起来的方便性是日用瓷的基本特征，故在器物造型的设计上要先考虑其实用性。《易传·系辞上传》有云："备物致用，立成器，以为天下利，莫大乎圣人。"① 器物制造之初，大多都是观象制器，先强调器物的形象功能，再强调器物的实用功能，最后考虑的是物以载道，即器物的审美教化功能。古人"制器用物"，力求在日用器物中融入"观物"的感悟，进而塑造一种合乎"天道"或"自然"的日常生活。到了汉代，王符在《潜夫论·务本》中提出"制器用物"应"以致用为本，以巧饰为末"，成为后世所倡导的一般制器原则，任何不切

---

① 黄寿祺，张善文.周易译注：新修订本［M］.上海:上海古籍出版社，2018:719.

实用的华美、巧饰之物都被斥为"奇技淫巧"。

《景德镇陶录图说》中记载："夫古圣人制器尚象，以利生民，其切于饮食日用者，固非必智巧具而功能备也。"[1]古人制器，先考虑饮食日用功能，再考虑是否为巧具。备物致用是中国传统器物制造的价值评判标准，也是根本的成器态度。青花瓷的审美创造主要是通过器型的外在绘画形式表现出来，审美外化功能对器物的生产具有很大的影响。它规范器物成型的基本走向，可以根据不同功能需求和审美欣赏作出适度的修改与调整，使之符合实用性。随着人类审美意识的逐渐提高，在满足实用功能的基础上，运用美的规律来提升器物造型和装饰器型画面，从而满足人的精神需求。青花瓷作为人类社会实践的成果，包含明代统治者和陶瓷工匠的实践能力，体现了人的精神力量，实际上也是通过器物反映人类自身的审美情趣和艺术思想。

青花瓷是陶瓷艺术的一个门类，集材料、功能、技术与艺术于一体。按实用功能来分类的话，有日用青花瓷器、陈设礼仪青花瓷器、墓葬青花瓷器、建筑青花瓷器、青花瓷工具等类别。[2]青花瓷器皿作为一个三维立体的形象器物，其造型和装饰的形式美感都来源于线条、块面、体积的有机构成。它是实用性与审美性结合的时代产物，一方面满足人类生活所需，另一方面也给使用者一种视觉审美体验。青花瓷实用功能与审美功能的和谐性相对中国传统绘画、漆画、版画而言，更有特定的含义。从功能需求、工艺材料到造型样式，都要求和谐统一（如图7-6所示）。审美功能作为人类意识形态的一部分，侧重于精神层面的表达。就物质形态而言，必须通过一定的物质载体体现出来，人类物质文明的创造过程，融入了创造者的情感和精神表达，也包含了思想的运行轨迹。[3]因为物质生产与精神生产都是具体的历史事物本身积淀的文化产物，从而获得客观性和普遍性，是一种对事物的真理性认识。[4]

---

① 蓝浦，郑廷桂.景德镇陶录图说［M］.济南:山东画报出版社，2004:1.
② 曹建文.景德镇青花瓷器艺术发展史研究［M］.济南:山东美术出版社，2008:28.
③ 吴中杰.中国古代审美文化论:第一卷［M］.上海:上海古籍出版社，2003:10.
④ 李心峰.艺术类型学［M］.北京:文化艺术出版社，1998:217.

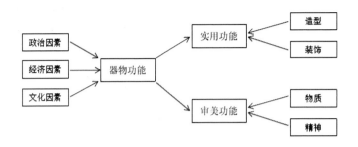

图 7-6　器物功能影响因素示意图（作者绘）

精神生产主要是指本身的艺术形象潜移默化地陶冶人的性情，美化人的生活品质，培养人类对美好事物的追求，故每个阶段所呈现的美学风貌不尽相同。精神生产是在满足物质生产基础之上的进一步追求，是人类潜在的对创造美和欣赏美的精神需要。而物质世界本身只是质料，只是潜能，与其说是存在，不如说是非存在。它们只有参与到精神世界中，才能成为实在的东西。①

由于官窑青花瓷的消费群体主要是以帝王为核心的贵族阶层，其实用价值不是普通意义上的实用，而是符合统治阶级皇权思想下的实用。从考古资料发掘可知，明代铭文内容大致有"赏赐""官用供器""内府""太原郡"等诸种。②洪武"赏赐"铭白釉梅瓶，1995 年南京明故宫遗址出土，经专家研究鉴定为洪武初年白釉器。梅瓶肩部用红彩竖写楷书"赏赐"二字铭文，明确地指出这类器物是专门为皇帝烧造的、用来赏赐臣属的奖品，而"官用供器"更是点明了此类碗盘是官用的供器，即祭礼器。"宣庙有尖足茶盏，料精式雅，质厚难冷，洁白如玉，可试茶色，盏中第一。世庙有坛盏，中有茶、汤、果、酒，后有金篆'大醮坛用'等字者，亦佳。"③明宣宗和明世宗时期，都流行茶盏和坛盏，其实用功能都是满足社会统治阶级之所需，但料精式雅，洁白如玉，盏中第一，可见审美功能的重要性。图

① 赫伯特·马尔库塞.审美之维［M］.李小兵，译.桂林:广西师范大学出版社，2001:5.
② 王光尧.中国古代官窑制度［M］.北京:紫禁城出版社，2004:116，118.
③ 蓝浦，郑廷桂.景德镇陶录图说［M］.济南:山东画报出版社，2004:205.

7-7、7-8 为宣德青花缠枝莲纹茶壶，高
15.3cm，口径 4.8cm，壶直口，圆腹，弧
形柄。肩部及足上饰仰俯莲瓣纹，腹部缠
枝莲纹，柄饰忍冬纹。此物为典型的官窑
宣德器物，风格朴实自然，清新独特，纹
饰清秀精美，应该为当时皇室的饮茶器具。
现藏于大英博物馆的明代宣德缠枝莲纹罐
（如图 7-9 所示），造型大气规整、雍容华
贵，纹饰端庄典雅。此等器物的纹饰、造
型体现了明代景德镇陶匠们的绘制水平。
陶匠们为了满足朝廷奢华富贵的备物致用
的审美需求，以皇帝的审美趣味去改变自
己的审美倾向，在官窑瓷器中融入制器尚
物的审美观。不同时代的流行纹样，反映
了不同时代审美风尚的变迁。审美是对所
有人类适用的普遍经验，或者说，个别经
验被赋予一种作为普遍人类潜能的崭新形
式。① 笠原仲二在其《古代中国人的美意
识》一书中有诸多考证：人们获得美感的

图 7-7、7-8　宣德缠枝莲纹茶壶
（故宫博物院藏）

对象——美的对象，初期主要在于感官的愉悦，而那些具有使人们日常生
活生机勃勃的事物，与感官接触后可直接产生一种快乐、喜悦的感受。

　　明代景德镇的每一件官窑青花瓷都是无数窑工对统治阶级、社会大众
的上天喻示和形式美感的心领神会，通过土与火的洗礼而凝成的时代经典。
明代瓷器也能像人一样改变身份，而在这样的过程中，明代瓷器也同时反
映出造成这种改变的社会状态。从日常实用的实践层面来讲，正如刘志琴
在《论儒家的百姓日用之学》中所述："历代王朝都以会典、律例、典章，

---

① 　赫伯特·马尔库塞.审美之维［M］.李小兵、译.桂林:广西师范大学出版社，2001:15.

图 7-9 宣德缠枝莲纹罐
（大英博物馆藏）

或车服志、舆服志等各式法制条文和律令，管理和统制人们的物质生活和精神生活……"权力通过器物消费的等级分配，物化为各个阶层消费生活的差异。因此，可以说这些官用器物并非简单的用品，而是权力身份在器物上的价值体现，是生活、观念在物质生活与精神生活上的体现。

从审美价值方面来看，青花瓷的审美价值是在其功能价值的基础之上产生的。明代青花瓷主要通过它自身的器物造型和使用功能，凭借其内在的艺术形式与观念去传达社会的兴衰变化和人类的审美情感变化。列·斯托洛维奇在《审美价值的本质》中认为："审美价值是客观的，这既因为它含有现实现象的，不取决于人而存在的自然性质，也因为它客观地、不取决于人的意识和意志而存在着这些现象同人和社会的相互联系，存在着社会历史实践过程中形成的相互关系。"[1]审美价值在实用价值基础上产生，

① 李砚祖.工艺设计概论［M］.武汉:湖北美术出版社，2009:99.

并成为它的对立面，所以说审美价值具有相对独立性。[①] 审美价值属于精神价值范畴，在审美情感中占据决定性地位。它把哲学、艺术、政治、经济、审美等不同层面的东西，放在一个综合的本体层面，捍卫着知识的价值、艺术的价值、精神的价值和人的价值。[②]

综上所述，青花瓷是实用功能与审美功能相结合的手工业产品，是包含众多劳动者思想与情感的结晶，除了满足实用功能外，具有很高的艺术欣赏价值，直接展现了当时陶匠们的一种创造力。纹饰作为青花瓷外在形式最为直观的特征，在物质生产与精神生产中扮演着重要的角色，体现了每个时期的审美情趣，是政治、经济、文化等因素的直接反映，其折射出的审美文化是人类社会实践过程中所创造的物质财富与精神财富的综合体，一方面反映了明代社会的物质生活面貌和生活方式，另一方面也体现了人们的审美观念和文化思想，是审美性与时代性的统一。

2. 型饰合一的情感追求

邓白先生认为，陶瓷是科学与艺术的综合产物，它既是物质产品，又是精神产品，属于上层建筑的范畴，为人类的物质生活和文化生活服务。陶瓷经过历代人民的智慧与创造，不断革新，不仅品种多，制作精良，用途广泛，还具有很高的艺术收藏价值，对世界文化有着深远的影响。在原始瓷器的彩陶文化中，先人们从渔猎、农耕生活中获得艺术创作的素材，把生活中的事物提炼成艺术形象，使之规律化、程式化，再配以适合器型的纹饰图案。正是如此，古人通过巧妙的布局安排，设计了符合规律的画面，创造了具有时代性的审美形式语言，包含了对称、均衡、对比、和谐、统一等美的形式法则和曲直、疏密、虚实、留白等艺术技巧，一直影响着纹饰的发展。

型饰合一，遵循了中国传统的造物理念，追求人与自然的和谐，顺应人和自然的本真关系。在西方，造物观念是建立在人类高于自然的基础上

---

① 李砚祖. 艺术与设计概论［M］. 武汉: 湖北美术出版社，2009: 99.
② 赫伯特·马尔库塞. 审美之维［M］. 李小兵，译. 桂林: 广西师范大学出版社，2001: 20.

的，认为人的主观能动作用大于自然的力量。这是西方人的观念，并不适合中国的传统陶瓷器物文化。明末清初，"西学东渐"之风传入中国，中国出口大量的外销瓷引领了全球的艺术风尚。青花瓷在欧洲备受尊重，成为宫廷的高级陈设品和上等人的生活器皿。青花瓷装饰作为反映封建统治阶级的审美意识和精神意蕴的重要手段，在风格上刻意追求富丽堂皇、奢华繁缛。作为一种社会现象，封建统治者和中国的文人阶层开始调整自己的审美趋向，广泛吸纳国外的器型与纹饰风格，如珐琅彩、广彩、洛可可艺术的装饰等，允许外销商品来样定制，融合东西方文化。由于当时西方新古典主义的形式理念适合欧洲宫廷的审美取向，因而它在一定程度上成为青花瓷艺术风尚流行的引领者，并且这种风尚很快在国外流行开来。

　　从东西方文化融合的角度来看，它是一种本地文化吸收外来文化，使本地文化焕发出新的生命力的过程，两种文化相互作用、相互渗透。外来文化融入中国传统的陶瓷文化体系中，既要防止它对固有的文化传统进行过分的冲击，又要通过它来改造自身。图7-10是一对造型纤长的啤酒杯。两杯杯身均以传统人物题材的青花图

图 7-10　晚明青花啤酒杯
（来源：《大英博物馆藏中国明代陶瓷》）

案装饰。右边的杯身上描绘了一仕人，头戴乌纱帽，身穿带官阶标志的圆领宽袍，脚蹬靴子，正与两侍从行走于风景中。一侍从自挑书籍，另一侍从紧跟主人身后，手持饰有花卉图案的大型障扇。左边的杯身上则绘有山水画面，画中二人，身穿低领宽袍。其中一人手持灵芝，另一人则携花篮，可能是八仙之一的蓝采和。

　　此种类型的瓷杯系以荷兰炻器或木器为原型，纹饰则为中国传统的人

物形象，只为出口欧洲而烧制。欧洲的形制加上中国的传统纹饰图案，体现了东西方文化的高度融合，中国的青花瓷走进欧洲贵族阶层的生活，也传达了这一时期西方人的审美观念开始转向实用与欣赏相融合。雷德侯（Lothar Ledderose）在《万物》中称："一个清代的小官僚用景德镇出产的瓷盘来宴请客人，便可扬扬得意地联想到皇宫中也使用来自景德镇的成套餐具，即使这些餐具的质量与装饰都不相同。"① 随着16世纪中国瓷器出口的数量越来越庞大，改变了欧洲人的饮食方式，并于17世纪末达到顶峰，产生了所谓的饮食革命，促使大量的欧洲人从中国定制成套的具有中国风格特征的餐具用于自己的生活所需。进入18世纪以后，欧洲上流社会的饮食演变成为一种社交活动，尤其是整套餐具的出现，使饮食文化中的餐桌礼仪变得日趋烦琐，餐具也不再是仅仅满足于实用功能，更多的是一种身份的彰显。

明代景德镇是中国瓷器发展的中心，所体现的不仅仅是制瓷技术和原料，当技术和生产能力已经达到一定的水平之后，对陶瓷文化的要求就是寻找新的文化元素。于是有了明代青花瓷纹饰上常体现的伊斯兰文化元素、藏传佛教元素、道教文化元素，所有的文化元素都是在型饰合一的情感追求中得以实现的。明朝对景德镇青花瓷的重视体现在每个时期的制作工艺、纹饰风格、烧成质量上。景德镇由于特殊的环境土壤、矿土资源、文化底蕴、艺术思潮，才有了青花瓷与众不同的时代风貌和艺术风尚，体现了独特的东方美学特征：一、题材的广泛性，如山水、人物、花鸟等不同的图案样式和纹饰特点。二、技法的综合性，明代的陶匠大多主动吸收国画、版画、刺绣等文化养料，丰富了表现技法。三、造型的多样性，主要体现在追求整体的审美效应和允许适当的夸张变形，以强化审美理想与情趣的表达为突破的各种尝试。②

青花瓷的生产制作一直贯穿型饰合一的审美理念，受审美主体与思想

① 齐彪.陶艺的起源与流变研究［M］.济南：山东美术出版社，2008：11.
② 彭吉象.中国艺术学［M］.北京：高等教育出版社，1997：250.

的影响，将人、器物等审美意识进行一种自由创造，是人类大脑皮质的一种功能活动，具有自身的独特性，是一种包含认知、情感和意志的完整心理活动。纹饰是青花瓷艺术风尚演变的重要组成部分，是陶匠将器型与风尚相统一的关键所在，型饰合一，人与自然和谐比什么都重要。青花瓷具备中国古代陶瓷器物的物质与精神相统一的审美功能，有着鲜明的时代特征与文化内涵，相对其他平面性的艺术门类如国画、版画、漆画等，除了实用功能之外，主要表现在它的精神性方面。文人画家参与青花瓷纹饰的绘制，将器型与纹饰结合，传达"型饰合一"的情感追求，反映出明代社会人们在满足基本的生存需求后，对精神世界的一种向往，体现着一种文人超越现实的理想情怀，使陶瓷有了一种纯粹的艺术品和纯粹的工艺品都不具备的双重意义。正因为如此，才有了明代沈周的雄浑壮发，仇英的精致唯美，戴进的水墨苍劲，朱耷、徐渭的孤傲随性，他们似与不似的写意画风在明末青花瓷民窑器物上得到了很好的体现与传播。

　　造成这一现象的原因是封建资本主义经济的萌芽和发展，带动了整体文化艺术氛围的活跃。青花瓷每个朝代的纹饰风格演进，都受到同时代的政治、经济、哲学观念、美学思潮的影响。[①]外观的纹饰美结合器物本身的造型美，促使青花瓷成为明代制瓷业发展中一种独特的文化现象。

第三节　社会观

　　作为审美意识物态化的体现，青花瓷是特定历史时期社会经济和政治的产物，社会经济、政治以及体现了时代特征的文化现象影响着青花瓷的发展走向。朱和平在其《艺术概论》中认为："人在艺术中流露的美学，常常是自己内在生命的品质，也常常是一个时代的精神品质。"[②]这种彰显时代风貌的艺术文化形态，伴随历史的变迁而产生巨大的变化，表现了当时人们对美好生活的追求，是明代最真实的审美写照，对历史的推进和社会

---

① 　熊寥．陶瓷美学与中国陶瓷审美的民族特征［M］．杭州：浙江美术学院出版社，1989：87.

② 　朱和平．艺术概论［M］．长沙：湖南美术出版社，2002：85.

的发展起着至关重要的作用。

蒂莫西·布鲁克（Timothy Brook）主要致力于研究明末的商业与文化，认为流行文化是新兴的富人阶级所带动的竞赛。人们以不断购买商品的形式来形成一种品位的追逐赛。他认为商人阶层固然从社会经济的变迁中得利，但传统士大夫在这个环境中加强了士绅阶层之间的凝聚力。这也是士绅阶层在明清朝代更迭过程中屹立不倒的重要原因。马塞尔·莫斯说："当一代人把手工艺知识和身体技术传给下一代时，权威和社会传统发挥了影响……这就是一种传统，一种持续。"在这里，莫斯就强调了对传统的继承与创新的问题。有西方学者认为，艺术是一种在人类文化和认知发展背景下出现的活动，其源头不仅包括大脑中最为抽象的综合性区域，也是使艺术家和观众得以生活其中的心灵社区。这些源头之间的互动创造了复杂的文化认知领域，这在艺术中得到了体现。艺术和艺术家是文化和认知共同进化的积极参与者。①

1. 多元思想的渗透

明代永乐时期，郑和七次下西洋，数量巨大的中国瓷器流传到了东南亚和西亚地区，同时也带回了丰富的外来文化养料。永乐、宣德时期有许多青花瓷纹饰和器型都渗透着文化交流的痕迹，器型方面有天球瓶、如意耳葫芦扁瓶、执壶、花浇、鱼篓尊、折沿盆、盘座、直流壶和扁壶等。这些造型为了适应明代宫廷的对外用瓷需求，在景德镇御器厂烧制时专门做了修改，带有明显的外来文化因素。如直流壶为永乐器型，具有典型的西亚地区金属器的特征；执壶是模仿伊朗 13 世纪银壶的造型烧制的；天球瓶是仿照叙利亚铜式瓶烧造的；纹饰方面大量使用阿拉伯文和花卉纹等。

嘉靖后期，随着城市交通、印刷术的发展，知识、文化的传播也越来越快，社会风气也出现多样化的发展格局。明代江南经济发达地区，逐

---

① Merlin Donald.Art and Cognitive Evolution，The Artfai Mind，Cognitive Science and the Riddie，of Human Creativity［M］.Oxford University Press，2006：20.

步培育和汇集了更多优秀的艺术人才，进而主导艺术风气的走向，形成了经济与艺术共生、互利的发展模式，市民工商阶层积累了巨大的物质财富，迫使他们寻找新的生活方式与精神追求。特别是苏州地区的工艺品，当时被称为"吴中绝技""苏样""苏意"，是引领全国流行风尚的代表样式。张岱《陶庵梦忆》列举了玉石、梳子、金银、扇子、笔砚、琴等工艺品，称如此精致的工艺技术，已经从"匠"的技术层面，提升到"道"的境界层面了。所以"苏样""苏意"等工艺品，被人们争相抢购，甚至成为工艺技术上追求的典范。而明代景德镇陶匠长期从事陶瓷手工技艺生产，他们对整个社会的意识形态有着深刻的理解，长期以来形成的价值观念与精神文化一直影响青花瓷的生产制作，对青花瓷器物更着重在精致、小巧、奢华的品位方面进行塑造。例如：成化时期的斗彩鸡缸杯，是皇家御用珍品，釉下以青花绘制，釉上再绘斗彩。从器型、工艺、色彩等技巧看，无不精巧细致，当时明代文人即有"成窑鸡缸杯，为酒器之最"的美誉。从鸡缸杯当时的烧造工艺和纹饰技巧来看其当时的社会价值，侧面反映了青花瓷作为日用器皿的审美观念的转换，由满足各阶层的消费需要出发而达到了一种欣赏艺术的升华，实现了一种技术化、程式化、知识化的时尚运动。

与此同时，这些观念、形态又通过民众的消费与海外贸易扩散到其他各个领域，刺激了当时民族工商业的高度繁荣。在文人高度聚集、经济繁荣的江南地区，文人具备较高的文化和艺术修养，同时具备一定的经济能力和社会地位。他们成为时代思潮和流行画风的引领者，导致整个社会风气朝着奢靡的方向发展，人们对金钱、权力等的追求越来越狂热。加上这一时期，社会上流行"三言""二拍"、春宫画等，民间服饰上也出现大量的僭越现象。事实上，追求财富、安于享乐，是皇室贵族、百姓商贾中普遍存在的价值取向。大部分的贵族阶层以赏玩的形式在家里摆放博古架，陈列各种陶瓷古玩器物，民间的文人雅士及普通民众也会在家里摆放几件陶瓷供瓶、香炉、烛台、文房用器等。一件画工精美、造型独特的青花瓷，在很大程度上能满足市民阶层对物质生活与精神生活的双层需求。奢靡化的消费观念与时尚化的生活方式，加快了青花瓷艺术风尚的时代变迁，如同绘画、雕塑一样，经历了一个由宫廷到民间、由文人到百姓、由高雅到世俗的演变过程。傅振伦在《中国伟大的发明——瓷器》中说："17 世纪景德镇小南街有小窑，人称蛤蟆窑，也称小南窑。所造日用品，质黄器粗，体薄而坚。有素器，有青花。蓝花者，图样多蓝朵及竹叶。器以碗为多，口边只描青圈一二道，俗称白饭碗。"这种瓷器朴素廉价、坚实耐用，多供百姓使用，在民间流行甚广。

明代青花瓷的发展与当时的社会经济发展有密切的关系，上层统治阶级占据雄厚的物质财富，对日用瓷器的使用非常讲究，促使景德镇的仿古瓷有了一定的市场。明末出现全国各窑场以宣德窑、成化窑为标本的大量仿造瓷器现象，说明了物质经济与审美趣味改变了市民阶层的日常生活用器习惯。在这样的社会环境下，商人不再是被人抨击只会谋利和投机取巧的阶层，而被认为是促进社会经济发展的重要组成部分。整体社会风气是鼓励各阶层百姓参与或转型成为商人，使商人形象和前景备受看好，整个社会变迁和思想改变使社会的消费能力有所提高。传统艺术理论关于"歌谣文理，与世推移""世道既变，文亦因之"等观点，蕴含朴素的唯物论和丰富的辩证法思想，在一定程度上阐明了艺术风尚的演变与社会、时代的关系，大致符合中国古代艺术创作的实际情况，因而基本上是科学的、正确的。^①

2. 商业生产的推动

明代中后期是一种高度发展的封建商品经济与资本主义经济萌芽并存的局面，商品经济的发达集中反映在城市的繁荣上对明代社会风貌产生了深刻的影响。社会生活的变异在一定程度上破坏了中国传统社会的稳定，但对中国进入近代文明具有先期导向作用，这也是此时中国社会结构变化的意义所在。当明代青花瓷在不同地区被消费的同时，也被该地区所接受，并进一步深入到当地文化之中，成为当地文化的一部分。最重要的是，在

---

① 彭吉象.中国艺术学［M］.北京:高等教育出版社，1997:180.

这样的过程之中，对于明代瓷器的消费也进一步改变，而导致了明代瓷器身份的改变。美国历史学家罗伯特·芬雷认为："中国瓷对世界史研究的最大价值，在于它反映了一项规模最为庞大的文化转型活动。"[①]16 世纪全球贸易往来繁荣，加速了世界各国之间进行互通有无的商品活动，在这种跨文化的交流中，中国的瓷器在全球化商业转型中超越了棉纺织品、茶叶、香料，而成为最核心的要素。其主要原因是当时的瓷器是日常生活、商业和艺术的交集点，它一身三角，同时是实用品、商品和艺术收藏品。[②]在青花瓷商业文化的驱动下，完全承载了实用品、商品以及艺术收藏品的三重社会功能。

明代早期，青花瓷的制瓷技术已传入越南。后黎朝时期（1428—1527年），越南东京北江烧制的白瓷和青瓷，皆模仿景德镇窑产品；同时，在中国制瓷技术影响下，成功研制了既有中国韵味又有越南民族风格的"越南青花瓷器"。明代景德镇瓷器"行于九域，施及外洋"，明朝政府与南洋群岛、印度、波斯、阿拉伯和非洲等地都有陶瓷贸易往来。正如《明史·西域传》载："永乐十七年，遣使偕亦思弗罕诸部贡狮子、文豹、名马，辞还。复命安等送之，赐其酋绒锦、文绮、纱罗、玉系腰、瓷器诸物。""嘉靖三年，与旁近三十二部并遣使贡马及方物。其使者各乞蟒衣、膝襕、磁器、布帛。天子不能却，量予之。"且《星槎胜览》记载："印度诸邦，如榜葛剌国货用金银、段绢、青花白瓷器。柯枝、古里货用青花白瓷器。"印度各国的青花瓷也从中国输入且在印度很是畅销。为了适应印度尼西亚伊斯兰文化，输入印度尼西亚的中国瓷器，有的便根据特殊要求专门定制，在器型上绘制专属文字图案，如雅加达博物馆展出的一件明成化年间的白底蓝花碗，上面绘五个圆圈，圈内有阿拉伯文"万物非主，惟有真主"。明代张燮在《东西洋考》中记载，在加里曼丹的文郎马神国，"初盛食以蕉叶为盘，及通中国，乃渐用磁器。又好市华人磁瓮，画龙其外，人死贮瓮中以葬。"加里曼土

①　朱虹.江西符号［M］.南昌:江西美术出版社，2019:44.
②　王鲁湘.天下之器［M］.南昌:江西美术出版社，2017:17.

著居民还用中国瓷器殉葬。①

当时中外交通路线有两条，印度各国走海道，阿拉伯各国则多走陆路。瓷器之输出，正如《万历野获编》所载："夷人市瓷器，会于京师，见北馆鞑靼女真天方诸夷，归国时，以瓷器装车，高至三丈，多至数十车。"1402年至1424年期间，明朝廷派了62个使团至东南亚各国，进行贸易输出和贸易交换，礼品包括丝绸、茶叶、瓷器、铜钱等。②可见当时瓷业海外市场之活跃。正是因为中国瓷器产销阿拉伯各国，又辗转欧洲，故欧洲的中国青花瓷市场也多以阿拉伯人运转。洪武七年，琉球王察度的弟弟泰期等入贡时，佐久间重男归国。据文献史料记载，除绢、纱、罗之外，还有七万五千五百余件陶瓷器。此外，马、硫黄作为琉球国朝贡贸易的贡品。

作为下赐品，这种朝贡、下赐的关系是借册封之名的朝贡贸易。七万五千五百件中国瓷器，作为下赐品，数量实在太多，反而有可能是作为面向日本、朝鲜、东南亚各国的商品而入手的。天顺年间，马匹通过与其他国家如朝鲜、日本甚至琉球群岛的易货贸易取得，琉球政府偶尔也以马换取丝绸、瓷器和铁器。③《明会典》载，弘治年间（1488—1505年）贸易使臣进贡到京者，每人许买青花瓷器五十付，并对瓷器价格也有规定：如青花白瓷盘每个五百贯，碗每个三百贯，瓶每个五百贯，酒海每个一千五百贯。与此同时，日本也深受中国瓷器影响，14世纪中叶以来，在输入日本的外国货物中，中国瓷器位列第三位。通过托布卡普宫博物馆馆藏矩阵图（如图7-11所示）可知，画面左侧的货车上是景德镇所产的青花瓷器，展现了当时贸易往来的繁荣景象。

嘉靖三十一年即1552年，葡萄牙人强行租占澳门，荷兰商人大量贩卖中国瓷器到海外，将中国所造青花瓷等大量推销到南洋一带。据粗略统

---

① 石云涛.中国陶瓷源流及域外传播［M］.北京:商务印书馆，2015:144.
② 牟复礼、崔瑞德.剑桥中国明代史［M］.张书生，等，译.北京:中国社会科学出版社，1992:632.
③ 牟复礼、崔瑞德.剑桥中国明代史［M］.张书生，等，译.北京:中国社会科学出版社，1992:633.

图 7-11　矩阵图《托布卡普宫博物馆馆藏 CBRIDGEMAN Uniphoto Press》
（来源：《青花之路——中国陶瓷器的东西交流》）

计，在 17 世纪的 80 年内，仅荷兰东印度公司就从景德镇等地运出中国瓷器达 1600 万件。[①]1635 年，即明崇祯八年，从我国台湾装运了四船瓷器到日本，这一次就有 135005 件之多，其中 38056 件是青花碗，2050 件是青花盘。《中日交通史》载："又伊势松阪人五郎太浦祥瑞者，在明学着色陶器。所谓着色陶器，陶瓷讲义载明为青肌玉骨青花器之制法。归国后在肥前之有田附近开窑，又在奈良附近之鹿脊山制造陶器，亦制陶史上重要之事实也。"16 世纪，日本饮茶之风盛行，对中国的茶器、杯器需求量剧增。一方面出样品在中国定制，另一方面开始试烧新瓷器。万历时期，田中长次郎向渡来人阿米夜学制瓷，在千利休的指导下，成功烧制出了窑温低且瓷质软的乐烧茶碗。16 世纪，英国成立东印度公司，开始进行香料、茶叶、丝绸、瓷器等贸易往来。一直发展到 17 世纪，在对中国的贸易往来中都处于主导地位，英国各地纷纷建立瓷厂，且开始模仿中国的青花瓷器，专门生产装饰有中国风景图案的瓷器。威廉·坦普尔在 17 世纪写的《论埃皮克鲁园林》一文中赞美中国美术中错落有致之美："谁要注意一下最好的印度袍子上的花纹，或者他们最好的屏风上、瓷器上的图画，就会看到这

①　刘昌兵.海外瓷器贸易影响下的景德镇瓷业［J］.南方文物，2005（03）:69.

种散乱的美。"中国瓷器上的图案对英国人的审美开始产生重要影响。发展到 18 世纪，欧洲出现"中国热"，主要表现在宫廷室内装饰、陶瓷制品、纺织品、建筑园林设计方面，处处都有中国式的图案、花纹。从此，中国的青花瓷走进欧洲普通阶层的日常生活中，英国开始设立仿制中国瓷器的工厂，如 1750 年，在英国西南部康瓦尔发现优质瓷土，建立伍斯特瓷厂；1756 年，建立罗斯托夫特瓷厂；1766 年建立斯特松福瓷厂，大部分的工厂、设备、原料都来自中国。由此可见，中国的青花瓷对后世影响重大。^① 到 18 世纪中后期，欧洲已有许多国家能够仿制各式中国瓷器，其中有不少既采用中国彩色纹样，又融入西欧风格的瓷器样式。但由于原料成分、配方、艺术手法、烧成条件的不同，以致达不到景德镇青花瓷古朴大方的艺术效果。^②

发展到 17 世纪晚期及 18 世纪，中国瓷器已经风靡欧洲宫廷和贵族家庭，在家中专门陈列中国的瓷器成为 18 世纪上流社会的流行风尚。各国君主纷纷以中国风格的青花瓷为元素装饰宫殿，最具代表性的是葡萄牙里斯本桑托斯宫的一个房间（如图 7-12 所示）。房间的金字塔式圆拱的三角形边上以 260 多件青花瓷盘覆盖。瓷器史专家约翰·卡斯维尔指出："桑托斯宫的收藏提供了一个从 16 世纪以后到达葡萄牙的令人惊奇的瓷器目录。"由此可见，葡萄牙最早引领了欧洲的中国风。^③

此外，在海外还有独具特色的克拉克瓷和纹章瓷的流行，器物非常独具特色，胎体较为轻薄，多模仿欧洲的银器或陶器。器物本身纹饰繁复，大量使用开光装饰，开光内饰有中国风格的花鸟、人物、风景、杂宝图案，部分器物底部有跳刀痕，口部有剥釉现象。明代万历至天启年间由景德镇生产的"克拉克瓷"成为风行于欧洲的青花瓷代表，这些专供外销的青花瓷，是景德镇陶瓷工匠依据众多外来信息所加工生产的，它融合了欧洲人

---

① 石云涛.中国陶瓷源流及域外传播［M］.北京：商务印书馆，2015：144.

② 朱顺龙，李建军.陶瓷与中国文化［M］.上海：汉语大词典出版社，2003：263.

③ 万明.海上寻踪：明代青花瓷的崛起与西传［C］// 上海中国航海博物馆.国家航海：第四辑.上海：上海古籍出版社，2013：130.

图 7-12　用青花瓷做成的桑托斯宫殿（天井局部）
（来源:《青花之路——中国陶瓷器的东西交流》）

的审美意趣，形成一种中西兼备的艺术风格，主要是为了迎合欧洲市场。这种流行的风尚从欧洲影响到日本，连荷兰生产的代尔夫特釉陶都对它进行模仿，模仿借鉴主要体现在器型和纹饰上。如锡釉青花开光花鸟纹长颈陶瓶（如图 7-13 所示）是 17 世纪荷兰东印度公司在明清朝代更迭，整个中国供欧洲的外销瓷货源中断的情况下，在伊朗或土耳其一带找的替代生产商模仿中国明代青花瓷器而生产出来的锡釉陶。该瓷胎是一种硬陶，是红褐土本身的颜色，无法在上面作画，因此在上面挂一层白色的化妆土，用钴料来模仿绘制中国明代嘉靖、万历时期外销青花瓷的图案，再挂上锡釉，从而烧制出来的外表酷似明青花的稀有青花陶。该瓶颈上前后两朵荷兰国花郁金香可以看出和荷兰的关系，然后再请欧洲的金银匠在颈肩部配上两只翼兽。由此图可以看出 16、17 世纪整个欧洲对中国青花瓷的喜爱，在想尽一切办法进行模仿，但很长一段时间没有解决胎的瓷化问题。

明末大量的对外出口贸易，把景德镇青花瓷推向了一个外销瓷发展的鼎盛时期。大量的青花瓷销售到西方国家，对进一步了解早期中国商人与外国买家之间的互动关系起到至为关键的作用。大量的青花瓷输出承载了明代陶瓷文化与审美意识的双向传播。这些传播也通过不同国家对于实用和审美的接收程度而呈现出不同的民族特性。一方面对世界物质文化和精神文化产生巨大的影响和推动作用；另一方面，中西文化互相影响、相互渗透，实现高度融合。景德镇生产的瓷器通过瓷商贩运经昌江运送到世界各地，瓷商们成立了行业组织，产销关系处理得也比较好，进而保障了景德镇瓷业

图7-13　青花开光花鸟纹长颈陶瓶
（大英博物馆藏）

的长远发展。正如清代学者王宗沐所说："今景德镇民以陶为业，弹丸之地，商人贾舶与不逞之徒皆聚其中。"其中以徽州瓷商潘仕"贾昌江，居陶器，分道并出，南售浙江，北售銮江"为代表。

3. 风尚彰显时代精神

从青花瓷纹饰图像的历史演变来看，纹饰表征也反映了时代的流行样式。一方面与传统的图案纹样保持密切联系，另一方面紧随绘画样式的流行而不断发展。通过两种不同的纹饰风格比较可以看出，其纹饰的演变，与同时期瓷器发展样式保持着时代的共同性，具有明显的时代性。时代性是青花瓷手工业生产反映现实生活的一种方式，审美趣味以及当时的科学技术水平所体现的时代特征，是对青花瓷精神特质和艺术风尚的集中概括。明代各个王朝的兴衰、经济的发展、时代的变迁、审美观念的嬗变，都在青花瓷器物上留下深深的时代印记，从而使青花瓷具有深刻的文化意义与审美内涵。六朝时期的刘勰在《文心雕龙》中提出"时运交移，质文代变""文变染乎世情，兴废系乎时序"等论点，说明文艺的变化受时代风气的影响，文艺的兴衰与时代发展的气象紧密相连。历史上不同时代有不同的美，如

唐代华丽富贵的美、宋代理性精致的美、明代敦厚圆润的美、清代精致工巧的美等。因此，时代性的体现要立足于现实生活，伴随历史的发展而不断地发生变化。

青花瓷由于自身的耐高温、耐酸碱、耐腐蚀、不怕火、不变形等特点，在明代不仅是实用美观的器皿，而是高雅的艺术观赏器物，既是物质产品，又是精神财富，还是技术与艺术融合的成果，体现了青花瓷器物不同于其他艺术门类所具有的独特性。这些独特性都影响了当时青花瓷艺术风尚的发展走向，准确生动地反映了明代人类社会实践所展开的创造性活动以及所传达的时代精神。海军在《视觉的诗学》中曾言："中国传统图像体系发展到明时，开始进入不拘一格的'繁象期'，向着变革演绎的新阶段发展，图像体系呈现多样化、丰富性特征的同时，图像表现也在发生着变化。远古至今的符号图像在结合明代独特的时代风格之后，实现表现形式的高度抽象化、图像寓意的丰富化，成为具有丰富意味的符号形式。"而中国美术学院的杭间先生也认为："一个时代的日用，体现了当时的生活方式，而生活方式中所表现出来的流行和时尚，总是以它物质的特性，可靠地映照出那个时代的文化品格和美学追求。"① 一个时代的艺术风尚如何形成，关键还是要看社会各阶层人的力量，最终还是通过具体的人或物来观察整个时代的精神面貌，如果把时代精神和风尚演变的主旋律联系起来，那么时代精神影响下的各个组成部分就是饮食文化、服饰消费、器物文化等生活的各个方面。

正如法国学者丹纳在《艺术哲学》中所说："时代精神与社会风俗对艺术作品的产生起着决定的作用，会为艺术发展提供路线，艺术只有顺应其趋势，才能得以发展，否则便会流产。"艺术风尚彰显时代精神，二者相互关联，密不可分。艺术风尚引领青花瓷的发展走向，青花瓷只有紧跟时代步伐，才能获得长久的生命力。明代青花瓷的大量输出，促使世界各国对中国的瓷器产生了重要的认知改变，体现在欧洲各国的生活方式与审美

---

① 杭间.中国工艺美学思想史［M］.太原:北岳文艺出版社，1994:121.

应用等方面，如传统手工艺的革新，国际贸易的顺差，制瓷技术和产品的创新，以及精英阶层的消费支出等。19世纪时的英语系国家，对中国青花瓷的认识由实体的物品转变为一个代表着易碎、珍贵或古董的全新英语词汇来认定其艺术价值，说明了明代青花瓷的历史地位和艺术价值。在欧洲王室最早大规模地拥有中国瓷器的国王是统治西班牙与葡萄牙两国的菲利普二世，他是16世纪中国瓷器最大的收藏家，达3000余件。[①]事实上，明代青花瓷并没有被认定为是一件特定的艺术品，而是一个时期陶瓷装饰语言的艺术器皿。不过，这样的艺术器皿，却从20世纪开始，跳脱了文学世界，进一步深入通俗的视觉文化之中，成为一种风格，影响了同时代人的审美倾向。

在非中国地区，明代青花瓷之所以能由工艺品提升至艺术品的地位，世界各地的收藏、展示、出版以及中国艺术品市场的发展都扮演了重要的角色。在日本大正、昭和时期，由于外国订货的减少，注重技巧表现的明治陶艺日趋没落。此后，虽然陶瓷产业界并未掀起模仿中国陶艺的新高潮，但在明治后期，赏玩中国古陶瓷的风尚流行一时。由于大正至昭和时期，中国陶瓷器作为艺术品而广受欢迎，日本成为收藏中国古陶瓷最多的国家。[②]

明代青花瓷作为中外文明交流的历史产物，商业的生产与推动，使青花瓷成为中国陶瓷的代表，一种流行于海外的艺术风尚逐渐成为中国本土的流行风尚。风尚的兴盛是社会快速发展变化的标志，体现了时代的进步，而青花瓷以独特的方式诠释了艺术风尚的演变与青花瓷器型纹饰的变化存在千丝万缕的联系，成为中国传统社会由单一走向多元的一个很好例证，也为中国瓷器由单色走向多彩奠定了一个良好的发展基础。

---

① 王鲁湘.天下之器［M］.南昌:江西美术出版社，2017:18.
② 王勇，上愿昭一.中日文化交流史大系艺术卷［M］.杭州:浙江人民出版社，1996:184.

第四节　本章小结

本章主要从艺术观、审美观、社会观三个方面总结明代青花瓷的风尚观，从历史演变的角度来看，一方面是器型延续器物等级制约影响下的形式结构演化，完成了从宫廷到民间的普及；另一方面，纹饰结合时代流行风貌，自身演绎着青花瓷从装饰图案走向人文表达的时代转变，从而推理出青花瓷的艺术风尚观，即纹饰自然美、器型韵律美、绘画形式美、工艺技术美。

青花瓷造型和纹饰的变化是本书论述的重点，贯穿于明代青花瓷发展的始终。其中，造型源于大自然物体的形状和自然美，纹饰是对自然界的山水、人物、花鸟美的物象进行提炼概括与运用。所以说，青花瓷记录了人类适应自然、改造自然的社会现象，包含了诸多陶匠的工艺技术与使用者的审美趣味。青花瓷器物同玉器、青铜器、金银器一样，也是一种文化载体，吸收了中国传统绘画、版画、漆画、宗教文化、西洋文化中的有利元素，根据它们所属的不同时代背景，将青花瓷在生产使用中所体现的备物致用的审美观、型饰合一的情感追求转化到青花瓷器物文化的精神塑造中。

明代景德镇青花瓷以其独特的工艺技术、色彩表达、装饰手法、绘制技巧而享誉世界，透过风尚演变可以看到整个明代社会物质文明与精神文明的进步。实践证明，艺术风尚引领了明代青花瓷由官窑走向民窑、由宫廷用器走向民间大众日常所需、由帝王赏赐专用走向世界各国文化交流。在青花瓷艺术风尚的演变中可以看出青花瓷在明代所承载的社会功能与文化价值，青花瓷加强了各民族之间的文化交流，促进了民族多元化的进一步融合，在国内外一时成为一种时尚而得到长足有效的发展，为中国瓷器走向世界打下了扎实的基础。

第八章　结语

第一节　研究结论

本书主要对明代青花瓷艺术风尚演变进行历史考察，首先从历史文化、皇权思想的角度去分析明代青花瓷发展由兴盛走向衰弱的社会原因；其次从器技之变、纹饰之变、文思之变三个维度（如图 8-1 所示）论述青花瓷艺术风尚演变的规律和时代特点；最后回归到青花瓷艺术风尚演变的历史观照中，可以推理出明代青花瓷艺术风尚的演变是集景德镇丰厚的地理环境资源、帝王统治阶级的皇家用瓷需求，以及儒释道多元文化的渗透融合为一体的社会审美思潮和流行风尚运动。

本书以青花瓷艺术风尚为研究视角，没有过多地阐述每个历史时期的发展特点和具体特征，而是从文思、器技、纹饰三方面的变化表征去梳理分析明代青花瓷每个时期的风格和审美的演变。通过分析与总结，得出以下认识：

第一，本书从艺术风尚影响下的青花瓷器型、纹饰变化的角度出发，归纳提炼了青花瓷在文思之变、器技之变、纹饰之变三个维度对明代御器厂乃至整个社会发展的影响，进而推理出青花瓷的风尚观，即艺术观、审美观、社会观。青花瓷艺术风尚的演变一方面说明了景德镇陶瓷工匠在传承青花瓷技艺基础上的创新，提高了青花瓷的整体审美趣味，是社会进步的有力表现；另一方面，对审美理念、流行思潮、时代画风、社会需求等进行深入分析，指出青花瓷纹饰的变化与时代画风的流行是艺术风尚演变的最直接体现，是青花瓷继承与创新的重要审美价值所在，也是明代景德镇陶瓷画匠创新能力的体现。这方面的论述是本书写作的重点，尤其是明

图 8-1　青花瓷艺术风尚演变结构示意图（作者绘）

代中后期青花瓷器物造型的多样化带动了纹饰画风的时代转变，加上文人画家开始参与景德镇的瓷器生产，在一定程度上也影响了青花瓷的发展走向，这些都给艺术风尚的演变提供了有利的外在条件。

第二，本书立足于明代御器厂的重建、兴盛、发展到衰退的时代背景，以青花瓷的发展演变来梳理当时的社会生产制度、制瓷工艺和不同社会阶层的生活方式，全方位地折射了大明王朝的兴衰以及社会价值观念的改变。本书从跨学科的角度去分析论证青花瓷生产背后所蕴含的宗教的、大众的、流行的审美观念，它带有明显的历史继承性、社会认同性和文化引领性，传达了中华民族的整体文化符号。这个文化符号从精神层面和物质层面构成了从形式到内容、从技术到艺术的研究脉络，必将涉及社会学、文化学、艺术学、美学等不同的学科门类。从社会学的角度看，它属于"民众艺术"；从艺术学的工艺角度看，也可以称为"工艺美术"。

第三，通过全文的分析与论证，可以得出明代青花瓷艺术风尚演变在时代特征、文思内涵、器技之变等相关问题上的结论。然而，对于青花瓷艺术风尚的研究，不能停留在器物本身，要学会站在历史的角度去审视未来的发展，这对全面理解明代青花瓷的历史地位以及其对清代青花瓷的影响都有重大意义。在以往对明代青花瓷的研究中，对器型、纹饰、工艺、风格特点谈论较多，就风尚演变角度而言，论述者甚少。这无疑在给本书的写作增加难度的同时，也带来巨大的发挥空间。通过对明代青花瓷典型器物的图例分析、演变对比等，论证了青花瓷器物上的纹饰变化与器型变化是艺术风尚演变的核心，从而揭示了艺术风尚所涵盖的审美文化内涵，这也是历代学者研究中所未涉及的领域。

当然，明代青花瓷艺术风尚演变所涵盖的内容远远大过于此。由于每个时代的工艺技术、器物种类、功能形式都不尽相同，青花瓷伴随艺术风尚的演变而呈现出与时俱进的时代变化，主要体现在青花瓷的种类、形制、功能、价值、审美等方面，这些变化又折射出明代社会、经济、文化、思想的起伏跌宕。就青花瓷本身的发展而言，人们所关注的焦点可能是青花瓷的艺术形式、文化载体、工艺技术以及它的风格特性，而忽略了整个演变过程中青花瓷所彰显的时代精神与文化内涵。事实上，艺术风尚演变所承载和传递的思想、政治、经济、文化、陶瓷技术与社会发展是同步的，只是风尚本身是含蓄的，是看不见的文化内涵与精神引领，故艺术风尚的研究显得格外有价值和意义。

第二节　明代青花瓷艺术风尚的演变对现当代青花瓷发展的启示

每个朝代的政治、经济、文化制度的变化，新的工艺技术的发展，以及人们对新器物审美情感的需求等，都会影响青花瓷艺术风尚的演变。总体看来，明代青花瓷艺术风尚的演变，符合社会发展的内在规律，是一个不断丰富、多元发展的过程。即使空白期曾出现青花瓷停止烧造或制瓷水平停滞不前的现象，那也只是艺术发展的暂时现象。明代是一个封建集权制国家，早期在社会经济飞速发展下迎来了制瓷业发展的高峰期，也创造了后人无法超越的永宣经典青花瓷。自嘉靖以后，社会出现奢侈化的倾向，万历以后进一步恶化，与此相适应的文学、艺术审美领域也出现商业化、世俗化的艺术潮流，整个社会风气和艺术思潮的演变，影响了景德镇青花瓷的发展。与其他艺术门类相比，景德镇青花瓷艺术风尚始终处于一个动态的、不断更新变化的过程中，且随着社会不断向前发展。朝代更替，艺术风尚总会以时尚的、流行的方式引领青花瓷器物的造型、纹饰向前发展，这正如《周易·系辞》所说："参伍以变，错综其数。通其变，遂成天地之文。"所有的演变都受中国传统儒释道精神的影响，它根植于民族的审美心理，深刻反映了明末清初社会动荡中景德镇瓷业发展的现实状况。

一、与时俱进：艺术风尚引领时代和文化的演进

青花瓷在当代社会转型发展中呈现出文化创意、观念创新、技艺传承等发展趋势，在继承优秀手工制瓷技艺的基础上，更强调文化创意在陶瓷作品中呈现的价值意义。事实上，转型升级下的青花瓷业与传统的手工制瓷业并不矛盾。青花瓷艺术的发展，从过去的纯手工拉坯到半机械化印坯和机械化生产，这是时代发展的必然。现代青花瓷艺术创作，依然要在传统陶瓷技艺的基础上，把青花瓷的艺术创作作为一种文化艺术活动进行创造性展开，做到与时代发展同步，在传承技艺的同时，更加注重创作者的主观情趣表达。

这种与时俱进的创造方式，势必推动现当代青花瓷艺术向前发展，引领中国陶瓷艺术的发展方向。青花瓷手工技艺，并不是为了技艺而技艺，学习技艺本身并不是目的。不管时代、社会如何变化，青花瓷艺术所表现的形式与技艺，都始终围绕中国传统文化所体现的社会价值观念和人文精神。传承技艺的价值在于运用传统的技术手段来创造符合现代人审美需求的文化产品，对消费者以及旁观者施以精神层面的影响，进而潜移默化地影响整体社会大众的审美意识，这种带有精神引领的艺术风尚正是促进不同时代的人对于美好事物的精神追求的直接动力。因此说，青花瓷的艺术风尚，在表现时代文化的同时，关键在于传递人类的情感价值。

二、活态传承:手工制瓷技艺的传承保护

青花瓷艺术风尚的演变是在长期的历史发展中形成并不断完善的,受时代画风、文人思想的影响,艺术风尚在继承中追求变革,在创新中传承经典。文化是传承与创新的根基,青花瓷艺术风尚的时代创新与转化,一方面要加强对陶瓷技艺的传承和陶瓷材料的跨界使用。景德镇御窑厂在明清时期代表了中国陶瓷生产技术的最高水平,为帝王统治阶级用瓷需求服务,它的烧制技术、制瓷原料、工艺门类都与当时御用瓷器的生产管理机制密不可分。这种官窑核心技术在清末民初伴随御窑厂的倒闭而流向民间,随后经历浅绛彩文人瓷画与珠山八友新粉彩的文化演绎,这些技艺部分得以传承下来,分布在景德镇陶瓷生产的各个手工行业中。诸多身怀绝技的能工巧匠,基本上都是通过师傅带徒弟式的口传心授以及家庭世代相传的形式加以传承。在传承陶瓷文化技艺的基础上,如何结合新时代以科技为先导的艺术引领新文化传播方式,从而进行青花瓷艺术在现当代文化转型下的艺术再创造,是新时代每一个陶瓷从业者所要思考的学术问题。

另一方面,要实现陶瓷艺术创新理念与审美情感的深度融合。现当代景德镇青花瓷艺术的发展受"西学东渐"艺术思潮的影响以及外来文化的冲击,传统的手工制瓷技艺逐渐被现代科技化生产所取代,诸多传统制瓷工艺与陶瓷文化习俗面临失传,保护和发展传统手工制瓷技艺,是对传统陶瓷艺术价值观念的一种追根溯源,是对隐藏其中的文化个性的挖掘、艺术观念的探索与实践,也是每个时代艺术创作者、手工制瓷业者的责任与使命。

在人类文化的历史进程中,人类对美好生活的精神追求是推动社会发展的直接动力。艺术总能让人类社会的精神文化生活变得丰富多彩,如何创造新的艺术生活方式与现代人的审美情感需求相适应,是当下关于活态传承思考命题的一个重要组成方面。当下,众多艺术家与陶瓷从业者从不同的时间与空间探寻青花瓷所蕴含的文化精神内涵,从理论梳理、创作实践、艺术审美、实用需求、功能消费等角度去启发更多的人在传承与创新

方面做进一步的深入思考。因此，青花瓷艺术风尚的传承与发展，必须加强手工制瓷技艺的传承保护，进而引发更多的人来参与青花瓷艺术风尚的人类实践活动探索。

三、时代创新：艺术与技术的深度融合

青花瓷艺术需要创新，创新是社会快速发展的标志。每个时代都有其自身的流行文化，通过对明代青花瓷制瓷技术、绘瓷工艺、造型特点等的深入考察，可以发现当代青花瓷艺术的发展已经具备手工制瓷技术更新以及原料开采、釉料研发、窑炉革新、纹饰绘制等时代技术，且大批量朝着色釉创新、抽象绘画、技艺传承、文化创意的发展方向转化。

与此同时，受艺术风尚的影响，新时代人们的审美趣味是建立在一定的社会物质文化与精神文化相融合的社会主义艺术风尚观基础之上的，符合当下蓬勃发展的社会文化背景以及艺术风尚引领下的青花瓷的与时俱进、创新图变。享誉世界的青花瓷蕴含了中国传统文化所凝练的审美情趣与价值观念，是中国传统陶瓷文化中最有代表性的艺术门类，在流行风尚的引领下，通过吸收借鉴、继承转化、时代创新而形成多元化发展模式，将外来文化与本土文化深度融合，最终代表中国的陶瓷文化而走向世界。

参考文献

一、古代史料文献

［1］朱熹.四书章句集注［M］.北京：中华书局，1983.

［2］宋应星.天工开物［M］.北京：中华书局，2021.

［3］沈德符.万历野获编［M］.北京：中华书局，1959.

［4］高濂.遵生八笺［M］.北京：中华书局，2013.

［5］陈植.长物志校注［M］.南京：江苏科学技术出版社，1984.

［6］项元汴.历代名瓷图谱［M］.香港：香港开发股份有限公司影印版，1970.

［7］李日华.六砚斋笔记 紫桃轩杂缀［M］.南京：凤凰出版社，2010.

［8］申时行.明会典［M］.北京：中华书局，1989.

［9］钱伯城.袁宏道集笺校［M］.上海：上海古籍出版社，2008.

［10］顾炎武.天下郡国利病书［M］.北京：商务印书馆，1936.

［11］陆容.菽园杂记［M］.北京：中华书局，1997.

［12］焦竑.玉堂丛语［M］.北京：中华书局，1981.

［13］范文澜.文心雕龙注［M］.北京：人民文学出版社，1958.

［14］黄宗羲.明儒学案［M］.北京：中华书局，1985.

［15］张廷玉，等.明史［M］.北京：中华书局,1974.

［16］中国古代陶瓷文献辑录［M］.北京：全国图书馆文献微缩复制中心，2003.

二、中文著作

［1］傅振伦.中国伟大的发明——瓷器［M］.北京:轻工业出版社,1988.

［2］童书业.童书业瓷器史论集［M］.北京:中华书局,2008.

［3］耿宝昌.明清瓷器鉴定［M］.北京:紫禁城出版社,两木出版社,1993.

［4］王光尧.明代宫廷陶瓷史［M］.北京:紫禁城出版社,2010.

［5］傅振伦.明代瓷器工艺［M］.北京:朝花美术出版社,1955.

［6］刘新园.明宣德官窑蟋蟀罐［M］.南昌:江西美术出版社,2002.

［7］王光尧.中国古代官窑制度［M］.北京:紫禁城出版社,2004.

［8］朱培初.明清陶瓷和世界文化的交流［M］.北京:轻工业出版社,1984.

［9］谢国贞.明代野史笔记资料辑录之一:明代社会经济史料选编［J］.福州:福建人民出版社,1980.

［10］彭泽益.中国近代手工业史资料(1840—1949):第1卷[M].北京:中华书局,1962.

［11］陈荣华.江西经济史［M］.南昌:江西人民出版社,2004.

［12］胡凡,等.中国古代史研读要览［M］.哈尔滨:黑龙江人民出版社,1990.

［13］陈宝良.明代社会生活史［M］.北京:中国社会科学出版社,2004.

［14］徐朝晖.图解明代瓷器工艺痕迹:明青花瓷卷［M］.成都:四川美术出版社,2012.

［15］铁源.江西藏瓷全集:明代［M］.北京:朝花出版社,2007.

［16］桂林博物馆.古瓷风韵:桂林博物馆藏明代梅瓶赏析［M］.北京:文物出版社,2012.

［17］刘勇.明清瓷器过手录［M］.天津:天津大学出版社,2008.

［18］朱裕平.明代青花瓷［M］.上海:上海科学技术出版社，2015.

［19］李辉柄，陈焕伦.元明瓷器研究［M］.北京:北京燕山出版社，2013.

［20］牟复礼,崔瑞德.剑桥中国明代史[M]北京:中国社会科学出版社，1992.

［21］北大考古文物学院，等.景德镇出土明代御窑瓷器［M］.北京:文物出版社，2009.

［22］王莉英.中国陶瓷全集13：明代［M］.北京:人民美术出版社，2000.

［23］孔令伟.风尚与思潮:清末民国初中国美术史的流行观念［M］.北京:中国美术学院出版社，2008.

［24］吕成龙.中国古代颜色釉瓷器［M］.北京:紫禁城出版社，1999.

［25］沈福伟.中西文化交流史［M］.上海:上海人民出版社，1985.

［26］沈光耀.中国古代对外贸易史［M］.广州:广东人民出版社，1985.

［27］郭学雷.明代磁州窑瓷器［M］.北京:文物出版社，2005.

［28］方李莉.中国陶瓷史［M］.济南:齐鲁出版社，2013.

［29］冯先铭.中国陶瓷［M］.上海:上海古籍出版社，2001.

［30］叶喆民.中国陶瓷史［M］.增订版，北京:生活·读书·新知三联书店，2011.

［31］冯先铭.中国古陶瓷图典［M］.北京:文物出版社，2013.

［32］秦大树.宋元明考古［M］.北京:文物出版社，2004.

［33］李国桢，郭演仪.中国名瓷工艺基础［M］.上海:上海科学技术出版社，1988.

［34］张甘霖.中国陶艺批评学［M］.石家庄:河北美术出版社，2013.

［35］赵宏.中国陶瓷史学史［M］.北京:中国文史出版社，2014.

［36］汪庆正.中国陶瓷研究［M］.上海:上海人民出版社，2008.

［37］胡洪波,等.景德镇明代御窑遗址出土瓷器分析研究［M］.北京:

科学出版社，2011.

［38］裴亚静.陶冶之美：明代瓷器典藏［M］.北京：文物出版社，2004.

［39］梁淼泰.明清景德镇城市经济研究［M］.南昌：江西人民出版社，2004.

［40］周觉民，黄云鹏，陈孟龙.景德镇古陶瓷纹样［M］.北京：人民美术出版社，1983.

［41］轻工业部陶瓷工业科学研究所.景德镇明清瓷器纹饰［M］.北京：文物出版社，1987.

［42］中国硅酸盐学会.中国陶瓷史［M］.北京：文物出版社，1982.

［43］尚刚.中国工艺美术史新编［M］.北京：高等教育出版社，2007.

［44］陈大康.明代商贾与世风［M］.上海：上海文艺出版社，1996.

［45］陈绍闻.中国古代经济文选［M］.上海：上海人民出版社，1980.

［46］方志远.明代城市与市民文学［M］.北京：中华书局，2004.

［47］《辞海》编辑委员会.辞海：普及本［M］.上海：上海辞书出版社，1999.

［48］龚鹏程.晚明思潮［M］.北京：商务印书馆，2005.

［49］韩大成.明代城市研究：修订本［M］.北京：中华书局，2009.

［50］刘志琴.晚明史论——重新认识末世衰变［M］.南昌：江西高校出版社，2004.

［51］罗宗强.明代后期士人心态研究［M］.天津：南开大学出版社，2006.

［52］赵强.“物”的崛起——前现代晚期中国审美风尚的变迁［M］.北京：商务印书馆，2016.

［53］田川流，刘家亮.艺术学导论［M］.济南：齐鲁书社，2004.

［54］金丹元.中国艺术思维史［M］.上海：上海文化出版社，2004.

［55］王宏建.艺术概论［M］.北京：中国传媒大学出版社，2015.

［56］张显清.明代后期社会转型研究［M］.北京：中国社会科学出版社，

2008.

　　［57］张明富.明清商人文化研究［M］.重庆:西南师范大学出版社,
1998.

　　［58］左东岭.王学与中晚明士人心态［M］.北京:人民文学出版社,
2000.

　　［59］王阳明.王阳明全集［M］.上海:上海古籍出版社,1992.

　　［60］华彬.中国宫廷绘画史［M］.沈阳:辽宁美术出版社,2003.

　　［61］江西省轻工业厅陶瓷研究所.景德镇陶瓷史稿［M］.北京:生活·读
书·新知三联书店,1959.

　　［62］江思清.景德镇瓷业史［M］.北京:中华书局,1936.

　　［63］唐力行.明清以来徽州区域社会经济研究［M］.合肥:安徽大学
出版社,1999.

　　［64］周宪.中国当代审美文化研究［M］.北京:北京大学出版社,
1998.

　　［65］刘道广.中国古代艺术思想史［M］.上海:上海人民出版社,
1998.

　　［66］王小舒.中国审美文化史:元明清卷［M］.济南:山东画报出版社,
2000.

　　［67］朱光潜.西方美学史［M］.北京:人民文学出版社,2002.

　　［68］杭间.中国工艺美学思想史［M］.太原:北岳文艺出版社,1994.

　　［69］邱国珍.景德镇瓷俗［M］.南昌:江西高校出版社,1994.

　　［70］马希桂.中国青花瓷［M］.上海:上海古籍出版社,1999.

　　［71］杨永善.中国传统工艺全集·陶瓷［M］.郑州:大象出版社,2004.

　　［72］轻工业部陶瓷工业研究所.中国的瓷器［M］.修订版.北京:轻
工业出版社,1983.

　　［73］黄义军.宋代青白瓷的历史地理研究［M］.北京:文物出版社,
2010.

　　［74］李心峰.艺术类型学［M］.北京:文化艺术出版社,1998.

［75］杨立华.宋明理学十五讲［M］.北京:北京大学出版社,2015.

［76］余家栋.江西陶瓷史［M］.郑州:河南大学出版社,1997.

［77］熊寥,熊微.中国陶瓷古籍集成［M］.上海:上海文化出版社,2006.

［78］田自秉,吴淑生,田青.中国纹样史［M］.北京:高等教育出版社,
2003.

［79］李泽厚,刘纲纪.中国美学史［M］.北京:中国社会科学出版社,
1987.

［80］张亚林,江岸飞.中国陶瓷设计史［M］.南昌:江西美术出版社,
2016.

［81］熊寥.陶瓷美学与中国陶瓷审美的民族特征［M］.杭州:浙江美
术学院出版社,1989.

［82］詹嘉.中外陶瓷文化交流［M］.北京:中国社会出版社,2004.

［83］孔六庆.中国陶瓷艺术绘画史［M］.南京:东南大学出版社,
2004.

［84］曹建文.景德镇青花瓷器艺术发展史研究［M］.济南:山东美术
出版社,2008.

［85］霍吉淑.大英博物馆藏中国明代陶瓷［M］.赵伟,陈谊,文微,
译.北京:故宫出版社,2014.

［86］卜正明.明代的社会与国家［M］.陈时龙,译.北京:商务印书馆,
2014.

［87］甘雪莉.中国外销瓷［M］.上海:东方出版中心,2008.

［88］黑格尔.历史哲学［M］.王造时,译.上海:上海书店出版社,2006.

［89］黑格尔.美学:第一卷［M］.朱光潜,译.上海:商务印书馆,1979.

［90］哈里·加纳.东方的青花瓷器［M］.叶文程,罗立华,译.上海:
上海人民美术出版社,1992.

［91］雷德侯.万物:中国艺术中的模件化和规模化生产［M］.张总,等,
译.北京:生活·读书·新知三联书店,2005.

［92］迈克尔·苏立文.中国艺术史［M］.徐坚,译.上海:上海人民

出版社，2014.

［93］城一夫.东西方纹样比较［M］.孙基亮,译.北京:中国纺织出版社,
2002.

［94］罗伯特·克雷.设计之美［M］.尹弢,译.济南:山东书画出版社,
2010.

三、期刊和学位论文

［1］刘新园.明宣宗与宣德官窑［J］.南方文物,2001（01）.

［2］李沙颖.中国牡丹纹装饰特征演变研究［D］.杭州:浙江农林大学,
2016.

［3］陈卓.中国传统装饰纹样——缠枝纹的演变［D］.长沙：中南林
业科技大学,2009.

［4］邓白.略谈我国古代陶瓷的装饰艺术（续）［J］.硅酸盐学报,
1979（01）.

［5］邓白.中国陶瓷美术史教学大纲［J］.新美术,1986（03）.

［6］刘志阁.浅议文人画的产生与审美特征［J］.美术大观,2007（03）.

［7］李砚祖.物质与非物质:传统工艺美术的保护与发展［J］.文艺研
究,2006（12）.

［8］吴荫祥.景德镇瓷业的民营之路［J］.景德镇陶瓷,1998（02）.

［9］诸葛铠.中国传统手工艺的蜕变与再生［J］.论坛,2006（06）.

［10］邹建金.试谈景德镇传统手工成型制瓷工艺［J］.景德镇陶瓷.
1984（01）.

［11］刘志国.日本注重陶瓷窑炉技术更新［J］.建材工业信息,2002(12）.

［12］刘新园,白银.景德镇湖田窑考察纪要［J］.文物,1980（11）.

［13］许垂旭,刘桢.景德镇传统釉灰烧制过程的查证［J］.景德镇陶瓷,
1987（01）.

［14］许垂旭,刘桢.传统釉灰的制法及其工艺原理［J］.景德镇陶瓷
学院学报,1986（01）.

［15］林利.中国传统灰釉的工艺与艺术特色［J］.装饰，2006（05）.

［16］熊理卿，卢瑞清.景德镇传统制瓷作坊的研究［J］.景德镇陶瓷学院学报，1985（01）.

［17］郑乃章.中国传统陶瓷窑炉结构与烧成方法［J］.陶瓷工程，1999（05）.

［18］欧阳世彬.十五世纪景德镇民窑研究［J］.陶瓷学报，2000（02）.

［19］张慧.论中国传统文化在现代艺术设计中的运用［J］.美术教育研究，2011（06）.

［20］赵灵委，等.几件明代斗彩和清代粉彩瓷片的科学分析［J］.文物保护与考古科学，2018（05）.

［21］王清丽.从宫廷到民间的花鸟镜像——试论林良绘画与明代中后期陶瓷花鸟纹饰表现风格之关联［J］.美术学报，2013（02）.

［22］王清丽，马莉.文化生态学视阈下的景德镇陶瓷工匠与作坊的保护［J］.艺术评论，2018（12）.

［23］彭涛.明代宦官政治与景德镇的陶政［J］.南方文物，2006（02）.

［24］詹嘉，等.景德镇陶瓷烧制与生态景观的演变［J］.陶瓷学报，2010（04）.

四、外文著作

［1］佐久间重男.明初の陶磁と历史的背景［M］.世界陶瓷全集:第14册.东京:小学馆，1982.

［2］佐々木達夫.元明時代窯業史研究［M］.东京:吉川弘文館株式會社，1985.

［3］藤岡了一.陶瓷大系—明の染付［M］.东京:平凡社，1975.

［4］矢部良明，長谷部樂爾.明代の地方窯［M］.世界陶瓷全集:第14册.东京:小学馆，1982.

［5］Ming porcelains［M］.China Institure in America,1971.

附录 A 明代各个时期划分一览表

序号	年号	庙号	姓名	在位年数	在位时间	时期划分
1	洪武	明太祖	朱元璋	31 年	1368—1398 年	明早期
2	建文	明惠帝	朱允炆	4 年	1399—1402 年	明早期
3	永乐	明成祖	朱棣	22 年	1403—1424 年	明早期
4	洪熙	明仁宗	朱高炽	1 年	1425—1425 年	明早期
5	宣德	明宣宗	朱瞻基	10 年	1426—1435 年	明早期
6	正统	明英宗	朱祁镇	14 年	1436—1449 年	明中期
	天顺			8 年	1457—1464 年	
7	景泰	明代宗	朱祁钰	8 年	1450—1457 年	明中期
8	成化	明宪宗	朱见深	23 年	1465—1487 年	明中期
9	弘治	明孝宗	朱祐樘	18 年	1488—1505 年	明中期
10	正德	明武宗	朱厚照	16 年	1506—1521 年	转折期
11	嘉靖	明世宗	朱厚熜	45 年	1522—1566 年	明晚期
12	隆庆	明穆宗	朱载垕	6 年	1567—1572 年	明晚期
13	万历	明神宗	朱翊钧	48 年	1573—1620 年	明晚期
14	泰昌	明光宗	朱常洛	1 年	1620—1620 年	明晚期
15	天启	明熹宗	朱由校	7 年	1621—1627 年	明晚期
16	崇祯	明思宗	朱由检	17 年	1628—1643 年	明晚期

附录 B 明代早中晚时期器型纹饰演变特征分析汇总

序号	时期	名称	图例	器型特征	纹饰特征	备注
1	早期	洪武青花缠枝莲菊纹执壶		壶身如玉壶春瓶，柄高、流长、俊秀俏丽	菊纹为扁椭圆形，官窑纹饰相对单调，简练流畅，豪放生动	采用国产青料，发色偏暗、偏黄
2	早期	永乐青花折枝纹执壶		颈部较洪武时期短而粗，体型略显敦厚	壶身纹饰以开光形式，将缠枝纹、折枝纹、花果纹很好地串联在一起，构图饱满，纹饰多样	采用苏麻离青，出现部分黑铁斑点
3	早期	永乐青花缠枝花纹折沿盆		坦口、折腰形状，顺口沿而下，胎骨渐厚	缠枝莲纹与元代不同，花大而叶小、线条圆润，构图疏朗秀丽、笔意自然	采用苏麻离青，出现部分黑铁斑点
4	早期	永乐青花菱花口餐盘		此盘体型较大，折沿，口沿边呈波浪形，胎体厚实，是典型的永乐流行重器	中心葡萄纹，中间掺杂枝叶纹、内壁装饰六枝灵芝纹，间隔不同的花卉，包括山茶花、菊花、栀子花、莲花等	采用苏麻离青，出现部分黑铁斑点

续表

序号	时期	名称	图例	器型特征	纹饰特征	备注
5	早期	永乐青花云龙纹碗		撇口，圈足，器壁斜直呈喇叭形，造型优美、线条流畅	云龙纹饰描绘精美秀丽，采用双勾填色，小笔填绘，颜色深浅不一	采用苏麻离青，出现部分黑铁斑点
6	早期	宣德青花扁壶		壶身为圆形，横截面为椭圆形，圈足卵圆形，造型受近东地区的金属或玻璃器皿影响	颈部以缠枝灵芝纹绘制，壶身通体装饰缠枝莲纹，疏密相间，留白恰到好处	采用苏麻离青，发色鲜艳，呈蓝宝石色泽，有黑铁斑点
7	早期	宣德青花云龙纹高足杯		撇口、垂腹，柄足外撇，器足为平底高足。上下比例协调、高雅、古朴、端庄	龙纹种类繁多，主要有云龙、海水龙、白龙、双龙等，此图纹饰细致优美、形象生动，对比鲜明	采用苏麻离青，发色鲜艳，呈蓝宝石色泽，有黑铁斑点
8	早期	宣德青花缠枝花卉纹梅瓶		古朴庄重，小口外卷，下腹消瘦，外形修长	青花缠枝莲纹饰装饰全身，画意豪放生动、笔法酣畅流利	采用苏麻离青，发色鲜艳，呈蓝宝石色泽，有黑铁斑点
9	早期	宣德青花缠枝纹扁壶		15世纪出土，腹部扁圆，通过落款可得知是朝贡外交礼物	通体以山茶花纹饰图案为主，采用缠枝的布局形式，疏密对比强烈	采用苏麻离青，发色鲜艳，呈蓝宝石色泽，有黑铁斑点

续表

序号	时期	名称	图例	器型特征	纹饰特征	备注
10	早期	宣德黄地青花折枝花果纹盘		撇口，弧腹，矮圈足外撇。淡黄色地留出青花纹饰，色彩对比鲜明	盘底中心绘正在盛开的栀子花，内壁一周饰石榴、柿子、葡萄、莲花。外壁绘连绵的缠枝山茶纹	采用苏麻离青，发色鲜艳，呈蓝宝石色泽，有黑铁斑点
11	中期（空白期）	天顺青花梅瓶		梅瓶颈部纤细内敛，口沿加厚，溜肩，足部外撇，底部没有施釉	此瓶为人物场景描写，两个仙人正在交谈，粗线勾云朵纹饰，施以不规则的晕染，是典型的天顺时期纹饰	—
12	中期（空白期）	正统青花梅瓶		胎体厚重，小口径，口沿加厚，底部无釉。此瓶造型与宣德、正统时期的梅瓶接近	鸳鸯戏水于大型荷花水草间，肩部绘折枝花卉，下面绘一圈羽状蕉叶纹。画面寓意吉祥，当时可能用作盛酒器	—
13	中期（空白期）	正统至景泰青花净瓶		瓶颈细长，沿瓶口方向内收，腹部圆鼓。胎体粗糙，釉中含有铁杂质，应为民窑器	通体釉色泛黄，青花发色明亮，瓶身绘缠枝莲及三朵莲花，画风随意，缺少官窑的严谨细腻	—
14	中期	成化青花缠枝莲八宝纹三足炉		三足香炉，造型敦厚古朴，瓷胎细腻，釉面温润	以装饰图案纹样为主，三足炉以缠枝莲花八宝纹作主体纹样，纹饰精美，发色清新淡雅	早期用进口苏麻离青，后期用乐平坡塘青

续表

序号	时期	名称	图例	器型特征	纹饰特征	备注
15	中期	成化青花九龙闹海纹碗		碗型饱满大方，撇口，满足其实用功能，与纹饰结合相得益彰	九龙纹饰生动凝重，与海水波浪纹的淡雅形成鲜明对比	早期用进口苏麻离青，后期用乐平坡塘青
16	中期	成化青花灵芝纹碗		造型精巧，瓷胎莹润通透，供宫廷赏玩	灵芝纹缠枝装饰，疏密相间，形态各异，双勾小笔点色，深浅不一	早期用进口苏麻离青，后期用乐平坡塘青
17	中期	成化岁寒三友青花盘		浅盘、撇口，矮圈足，内敛。内饰岁寒三友，外绘人物图案的瓷盘首次出现在宣德朝。此盘较宣德构图更加生动活泼	青花色泽柔和淡雅。盘内松、竹、梅构图生动活泼，穿插疏密有致。外壁绘有一位花园中的女子，旁边有三位仕女。台北故宫博物院学者认为该场景描绘的是宫廷女子生活	早期用进口苏麻离青，后期用乐平坡塘青
18	中期	弘治青花荷塘游龙纹碗		接近成化风格，器型端庄大方，游龙形象生动活泼，与碗的器型结合得十分完美	纹饰生动，以荷花配游龙，在明代并不多见	早期用进口苏麻离青，后期用乐平坡塘青
19	中期	弘治青花茅山道士图三足炉		相比成化三足炉，造型华丽精致，更趋精巧	纹饰刻画精细，茅山道士为主题的生活场景，加上口沿、足部纹饰的呼应，融为一体	早期用进口苏麻离青，后期用乐平坡塘青

续表

序号	时期	名称	图例	器型特征	纹饰特征	备注
20	中期	正德青花盘		此盘做工精良,盘口较浅,弧腹,圈足内敛。据推测为正德朝宫廷烧制	通盘以龙纹和缠枝莲为主体装饰,画工精细,龙的形态张牙舞爪,各具神态,富有张力	早期用进口苏麻离青,后期用乐平坡塘青
21	中期	正德青花山形笔架		瓷胎较厚,形状如五座山峰组成的山脉。中峰最高,底部有两个大孔	底座以如意云足纹装饰,笔架两面是波斯语的阿拉伯文书写,带有变音符号和短元音标记	早期用进口苏麻离青,后期用乐平坡塘青
22	中期	正德青花阿拉伯文七孔花插		底座上部为球体,顶部中心有一孔,周围环绕六孔,孔的大小为手指粗细。主要用于花插或笔筒	球体为莲纹、缠枝如意云纹、卷草纹。中心菱形框为阿拉伯铭文	早期用进口苏麻离青,后期用乐平坡塘青
23	晚期	嘉靖青花葫芦大瓶		胎体厚重,上部较小、下部较大,足外展,底部施釉	青花色泽鲜亮,瓶上绘海景、陆景众神仙朝拜或进献礼品的活动场景。是嘉靖朝后期流行瓷器画风的典型特征	采用回青料,掺用石子青、坡塘青,色泽浓艳,不见黑斑
24	晚期	嘉靖青花八方笔插		造型为八方笔插菱形方盒,顶部中心有凸起的顶端,周围环绕一个长方孔和三个圆孔	纹饰为仕人焚香闻道之文人雅集的生活场景,配上松、竹、梅、仙鹤等吉祥寓意的文人题材,展现晚明的生活状态	采用回青料,掺用石子青、坡塘青,色泽浓艳,不见黑斑

续表

序号	时期	名称	图例	器型特征	纹饰特征	备注
25	晚期	嘉靖青花大盖罐		造型敦厚大气、富丽堂皇，整体呈卵圆形，口沿加厚，圈足广阔	青花呈色深清，一般被描述为墨蓝或蓝紫色。纹饰主体为婴戏图，肩部有开光，绘桃花、牡丹、柿子、萱草等植物题材	采用回青料，掺用石子青、坡塘青，色泽浓艳，不见黑斑
26	晚期	嘉靖青花花鸟纹梅瓶		与早期永乐、宣德梅瓶的造型有很大不同，整体造型修长，颈部加长，撇口	以缠枝莲和石榴、小鸟为主要题材的综合装饰，采用黄金分割的艺术形式，以绘画题材纹样为主，缠枝莲为辅的装饰形式	采用回青料，掺用石子青、坡塘青，色泽浓艳，不见黑斑
27	晚期	隆庆青花长方盒		长方形盒子，盖子已佚。瓷胎厚重，瓷质粗糙，做工、画工均不及明早期、中期	以婴戏童子和人物为主要表现题材，纹饰画工不够精细，线条勾勒不够严谨，青花色泽不够分明	采用回青料，掺用石子青、坡塘青，色泽浓艳，不见黑斑
28	晚期	隆庆青花红彩碗		碗的造型比较传统，撇口、圈足内敛。青花与釉上红彩结合明末比较流行	青花部分为缠枝如意云纹，粗线勾边，线内晕染青料。红彩龙纹形态纤细，缺少早期龙纹的凶悍与霸气	采用回青料，掺用石子青、坡塘青，色泽浓艳，不见黑斑
29	晚期	万历青花云龙纹穿花碗		胎体较中期厚重，釉面、胎质粗糙，纹饰工整，略显呆板	以云龙和缠枝莲图案做通体装饰，纹饰精细，但不够生动，画工略显粗糙	采用回青料，掺用石子青、坡塘青，色泽浓艳，不见黑斑

续表

序号	时期	名称	图例	器型特征	纹饰特征	备注
30	晚期	万历龙凤纹出戟花觚		明末花觚造型较多，多流行实用器皿，此花觚造型厚重大方，兼备实用与观赏功能	青花发色浓艳，浓淡不一。龙纹形象相对早期不够生动，缺乏生机	采用回青料，掺用石子青、坡塘青，色泽浓艳，不见黑斑
31	晚期	万历青花龙穿花纹梅瓶		瓷胎笨重，造型敦厚，做工不够精致	纹饰粗线勾勒，龙纹主体形象突出，但线条与混水工艺结合方面，略显呆板	采用回青料，掺用石子青、坡塘青，色泽浓艳，不见黑斑
32	晚期	万历青花克拉克瓷壶		此壶造型奇特，以堆雕与手工雕刻为表现形式，配合青花纹饰，出口欧洲	风格、纹饰题材与明早期、中期完全不同，受西方文化影响，纹样题材丰富多样，自由排列组合	采用回青料，掺用石子青、坡塘青，色泽浓艳，不见黑斑
33	末期	崇祯花鸟提梁壶		民窑实用器物占明末主要消费市场。此提梁壶造型大方，瓷胎、釉色不够精良	纹饰轻松随意，表现手法活泼自由。采用花鸟纹饰与缠枝纹样结合的表现形式，突出主体花鸟纹样	—

续表

序号	时期	名称	图例	器型特征	纹饰特征	备注
34	末期	崇祯青花祥瑞岁寒三友山水诗文图瓶		造型受西方思潮影响，呈多样化发展趋势，逐渐脱离传统器型的束缚，表现形式与器型都有重大突破	受吉祥纹饰画风影响，以梅、竹、松为表现题材，配以诗文，表现诗中有画、画中有诗的山水意境。与早、中、晚期的时代画风明显不同	—
35	末期	天启青花凤叶纹军持		此军持长颈，腹部圆鼓，通体较矮，直流较长，主要用于瓶装盛水器，明末大量出口	以青花凤叶纹为主要装饰纹样。表现手法轻松自由。缺乏官窑器物的严谨和工整	—

附录 C　明代景德镇督陶官一览表

时期	姓名	督陶资料	督陶身份
洪武	段廷珪	段廷珪，字宝持，清泉人，洪武进士，以工部员外郎董陶务，建署于珠山之南。轸民艰念，物力陶务之外，进士民训诲之	官员
	赵万初	1994 年 6 月至 8 月，在明御器厂东院故址出土明初官窑瓷器残片。……残片下层中出土了一块挂黑釉的残瓦，残瓦上用铁料书写有"监工浮梁县丞赵万初"等字	官员
永乐	祁泓	永乐间，部使祁鸿莅事至厂	官员
	郑弘	郑弘，字仲耀，诸暨人。永乐初，以明经判安庆府，改饶州，升南安同知。所历皆有善政，饶民以烧瓷为业，故多官府造作之所	官员
	王士嘉	公讳士嘉，字道享，五岁而孤。……永乐初，公复起监饶州陶器，凡三十余万皆如期而办	官员
宣德	张善	洪熙间，少监张善始祀佑陶之神，建庙厂内。宣宗始遣中官张善至饶州，造奉先殿几筵龙凤纹白瓷祭器	太监
天顺	崔和	伏望查照天顺年间停差事例，将江西镇守太监崔和取回别用，一应地方事宜，俱责成巡抚三司等官综理，将烧造太监永久查革	太监
成化	周芳誉	周芳誉，字明良，潞安长治人，景泰进士，成化二年监临御器	官员
	何瓛	字廷玉，号西野。……成化初年，得豫章饶州之别驾。……公日夕兢兢，一意恪共乃事，取材既细，造样复佳，每铸一窑，不下百千万器	官员
	朱元佐	明成化间，内翰朱元佐奉命视陶	太监
	邓原	成化间，太监邓原贤而知书，谓镇民多陶，悉资神佑，乃徙庙于厂东门外之通衢东北百武许，以便祈祀，即今所也	太监

续表

时期	姓名	督陶资料	督陶身份
正德	梁太监	正德间，梁太监开报民户，占籍在官	太监
	李和	司礼监奉圣旨："着尚膳监太监李和去，写敕与他。钦此"	太监
	邱得	未几，镇守烧造太监相继差出。百姓闻之，相顾失色，且惧且泣曰："人祸乃至乎？"顷蒙圣明，将邱得拿问，尹辅取回	太监
	尹辅	正德十五年十二月己酉，命太监尹铺往饶州烧造瓷器	太监
	刘勋	刘勋，字时勉，刚方有志操，不妄交与。正德中，由国子生除饶州府推官，号能持法，尤以清节著。尝董景德镇陶事，减陶户冗费数千金。后以丁忧解职	官员
嘉靖	刘良	嘉靖八年十月，太监刘良奉旨督造弘治正德中未完瓷器三十余万	太监
	祁敕	嘉靖十一年春二月乙巳，逮饶州知府祁敕下狱，以稽圜邱磁器也，寻降边方杂职	官员
	黄裳	嘉靖十六年五月己卯朔，遣太常寺典簿黄裳往江西烧造长陵等陵白磁盘爵祭器	官员
	陈衷	嘉靖十七年春正月壬午，谪江西巡按御史陈衷为韶州府推官，以烧造磁器违限也	官员
	戴鼞	升副使兵备饶州，兼督造尚方磁器。先是窑户争利，时持矛相杀，乃为条画禁治，争斗遂息	官员
	杨锡文、陈炼	嘉靖三十四年，下饶州府同知杨锡文、通判陈炼于抚臣逮问，以磁器不堪也	官员
	范永官	管该厂推官范永官，烧造除官厂外，定给民窑每二样，一口给赏银二十两	官员
	潘元度	工夫该工食银两四千四十四两，俱行七县，于丁粮四差银内追征，解厂查给各夫。近该管厂通判潘元度径呈裁减	官员
	王允武	该管厂通判王允武定，给大样缸每口给银二十两，二样缸每口给银一十八两	官员
	钱复初	该管厂推官钱复初议呈，每大样缸一口给银二十三两，二样缸一口给银二十两	官员
	方叔猷	近该饶州府通判方叔猷管厂，设造木天平，分与各匠作类称，由是器皿大小轻重适匀，无有厚薄轻重之不同矣	官员
	罗钦	通判南康，监烧御窑	官员

续表

时期	姓名	督陶资料	督陶身份
隆庆	陈学乾	隆庆五年，通判陈学乾议称，上工夫三百六十七名，多被在官人役包占。先是，南康通判陈学乾议得：烧造事关通省，合无除南、赣二府极远外，于附近府佐内遴选委管	官员
	洪一夔	（隆庆六年）本年八月内，奉诏停止烧造，随该管厂委官九江府同知洪一夔，将前发回青贰百壹拾斤解回本司，贮收银库	官员
万历	蒋建	万历六年，内该管厂同知蒋建，见得该所军匠疲困，相应抚恤，尽行停征	官员
	张化美	万历十一年间，该管厂同知张化美见得麻仓老坑土膏已竭，掘挖甚难，每百斤加银三分。	官员
	潘相	万历二十七年二月，潘相督理江西瓷厂	太监
	沈榜	原任饶州府通判今升荣府审理沈榜，有窑户连名保留，乞令以原官专管烧造	官员
	刘岳	万历三十年，布政司发各县合银盖造，鄱阳县丞刘岳带管厂务，督立牌坊，重建堂庑，颇称壮丽	官员

后记

  本书是在我博士论文的基础上修订与完善而成的。从 2015 年在武汉理工大学攻读博士学位，确定将明代青花瓷艺术风尚作为自己的研究方向，到 2021 年博士毕业，同年顺利评上正高，一路走来，博士生导师潘长学先生给予我极大的信任与很多指导，导师严谨的治学态度、丰富的学识修养、敏锐的观察能力和跨学科领域研究的开阔视野，深深影响了我，让我深知博士论文写作的严谨与规范，研究内容的深度与广度。我的博士指导老师方楚雄先生也是我的硕士研究生导师，他也给予我无限的帮助与精神指引，十几年来在艺术创作上的言传身教与耳濡目染，让我在传道、授业、解惑的教师职业生涯中实现了自己的人生价值，老师深厚的艺术造诣与德艺双馨的人品一直引领我在艺术创作道路上奋发向上，努力进取，从不敢懈怠。人生何其幸运，遇到两位导师，他们对我寄予的厚望，更是让我深感肩上的责任重大，唯有不断努力，才能不负老师的精心栽培。

  此外，还要由衷地感谢中国艺术研究院的导师姜宝林先生给予我陶瓷艺术创作方面的指导，姜老师既要笔墨又要现代的艺术主张一直推动着我现阶段的陶瓷艺术创作。2019 年在中国艺术研究院做访问学者，除了跟随姜宝林老师学习国画、陶瓷绘画艺术创作外，还多次去第一历史档案馆查阅古籍文献，到故宫博物院、国家博物馆、中国陶瓷馆进行实物考证，对明代遗存窑址进行实地考察走访。还曾多次赴大英博物馆、阿尔伯特美术馆、国家美术馆、剑桥博物馆等地参观考察，使我对中国古代青花瓷以及明代外销瓷有了一个最直观的了解，这种实地考察得来的感受与民族认同感让我受益匪浅。

与此同时，还要感谢武汉理工大学杨先艺教授、喻仲文教授，湖北美术学院周益民教授，武汉大学范明华教授，武汉科技大学管家庆教授，感谢他们对我论文选题方面的指导与帮助。本书从选题、立意、资料收集到写作出版，耗费了我大量的时间、精力与心血，也使我深深体会到平衡读书与工作的艰辛与不易。如果没有老师们的悉心指导和父母、家人、朋友的支持，就没有现在的学术成果。为此，我心存感激，正是因为有你们背后的默默付出，才有了我一直努力向前的动力。

在今天看来，商品经济的高度发达，使人们的日常生活趋向艺术化、审美趋向时尚化。青花瓷的艺术风尚与我们的生活息息相关，我作为一个新时代的陶瓷绘画艺术创作者，通过对明代青花瓷的技术工艺、器型纹饰、审美意蕴、文化内涵等方面的研究与探索，深刻领会到中国传统陶瓷文化的博大精深。青花瓷艺术风尚演变伴随每个时代的流行画风与艺术思潮，无时无刻不影响着每个时代的发展。面对青花瓷艺术风尚的时代引领，如何从理论与实践结合的角度去看待青花瓷艺术风尚在现当代社会的发展转型，如何在继承传统优秀文化的基础上有所创新，是未来几年所要研究的重点。在此需要说明的是，陶瓷风尚学研究在目前还是一个比较年轻时尚、具有前沿性的研究领域，所涉及的观点及研究方法是笔者的一个尝试，还有许多核心问题尚待突破。如有不足之处，还请专家学者给予指正。